Arbeits- und Prüfungsbuch Sozialassistenz heute

Sozialpädagogische Grundlagen

von

Dr. Ulrike Kamende

Hanna Heinz

2., aktualisierte Auflage

Handwerk und Technik – Hamburg

Vorwort

Liebe Lernende:

Sie nutzen das **„Arbeits- und Prüfungsbuch Sozialassistenz heute“** als **ARBEITSBUCH** für Ihre 2-jährige Ausbildung in der Sozialassistenz? Dann will es Ihr Ausbildungsbegleiter sein und Ihnen abwechslungsreiche Aufgaben (Wiederholung, Vertiefung, Transfer) zum Selbststudium, für die Arbeit in der Klasse oder für Ihre Lerngruppe liefern.

Welche kompetenzorientierten Lernmethoden den Aufgaben zugrunde liegen, erfahren Sie in der „Einführung“ (Seiten 6–17). Dieses Buch legt unter anderem Wert auf Aufgaben aus dem kooperativen und selbst organisierten (SOL) Spektrum, die Sie in Ihrem Kompetenzerwerb unterstützen.

Dann leisten Ihnen

PRAXIS die Praxisaufgaben,

Formular die (Praktikums-)Formulare der Seiten 24–33

Hilfestellung bei der Verknüpfung Ihres Lernprozesses zwischen Schule und Praktikumsstelle.

PRÜFUNG Sie nutzen das Buch als **PRÜFUNGSBUCH** zur Vorbereitung auf die schriftliche Prüfung Ihrer sozialpädagogischen Ausbildung? Dann werden Sie besonders von den fallorientierten Prüfungsaufgaben profitieren. Diese bereiten durch komplexe Situationen mit umfangreichen Aufgaben auf den möglichen Aufbau einer schriftlichen Prüfung vor.

Wir wünschen Ihnen eine bereichernde Ausbildungszeit und eine erfolgreiche Prüfung!
Autorinnen und Verlag

SERVICE: Alle Formulare aus diesem Buch finden Sie zum Download auf www.handwerk-technik.de/links/47881

[Aus Gründen der besseren Lesbarkeit wird im Text entweder die weibliche oder die männliche Personenbezeichnung verwendet. Alle übrigen Formen werden dabei stets mitgedacht.]

TIPP Lernpartnerschaften: Nicht nur in Prüfungszeiten empfiehlt es sich, innerhalb der Klassengemeinschaft Lernpartnerschaften einzugehen: Wenn Sie kollegial, also gemeinsam lernen, ist der gegenseitige Austausch eine gute Vorbereitung auf die spätere Kooperation in beruflichen Teams.

FÜR DEN LERNBEGLEITER: Vorteilhaft sind regelmäßige Entwicklungsgespräche zwischen dem einzelnen Schüler und der Lehrkraft. Nicht zuletzt die Weiterentwicklung der Reflexionsfähigkeit im Laufe der Ausbildung kann darin thematisiert werden.

Zur Erstellung dieses Arbeitsbuchs wurden Aufgaben und Texte übernommen und bearbeitet aus:

Kompetent in der Kita (Godje Jeannot, Julia Stinsmeier, Dorothea Strodtmann); Erziehen Bilden Betreuen im Kindesalter (Christine Neumann, Lucia Niederwestberg, Martina Wenning); Vom Säugling zum Kleinkind (Nicole Eckelmann, Diane Gerner); Gesundheit und Umwelt im pädagogischen Alltag (Ursula Hoenig-Drost, Dr. Eva Höll-Stüber); Kinder, Kunst und Kompetenzen (Akkela Dienstbier); Pädagogisches Handeln professionalisieren (Cornelia Averhoff, Dr. Lotte Herkommer, Godje Jeannot, Dorothea Strodtmann, Elke Weiß); Lehrerhandbuch Erzieherausbildung Band 1–4 (Hanna Heinz)

Inhalt

Kap. 14
Rechtliche Grundlagen

- Aufsichtspflicht
- KJHG

Kap. 1
Kinderpflege als Beruf

Kap. 2
Bedürfnisse

- Bindung

Kap. 3
Das Wesen Kind

- Partizipation

Kap. 21
Gesundheit

Kap. 22
Ernährung
und Hauswirtschaft

Kap. 16
Lernen und
Motivation

- Ko-Konstruktion

Kap. 18
Das Spiel

Kap. 9
Die kindliche Entwicklung
von 1–10 Jahren

+

Kap. 20
Säuglingskunde

ENTWICKLUNGS-
ANGEMESSENHEIT

ENTWICKLUNG
FÖRDERN!

ENTWICKLUNG

- Sprache
- kognitive
- motorische
- sozial-emotionale
- Sinneswahrnehmung
- Sexualentwicklung
- Resilienz

Kap. 19
Medienkompetenz

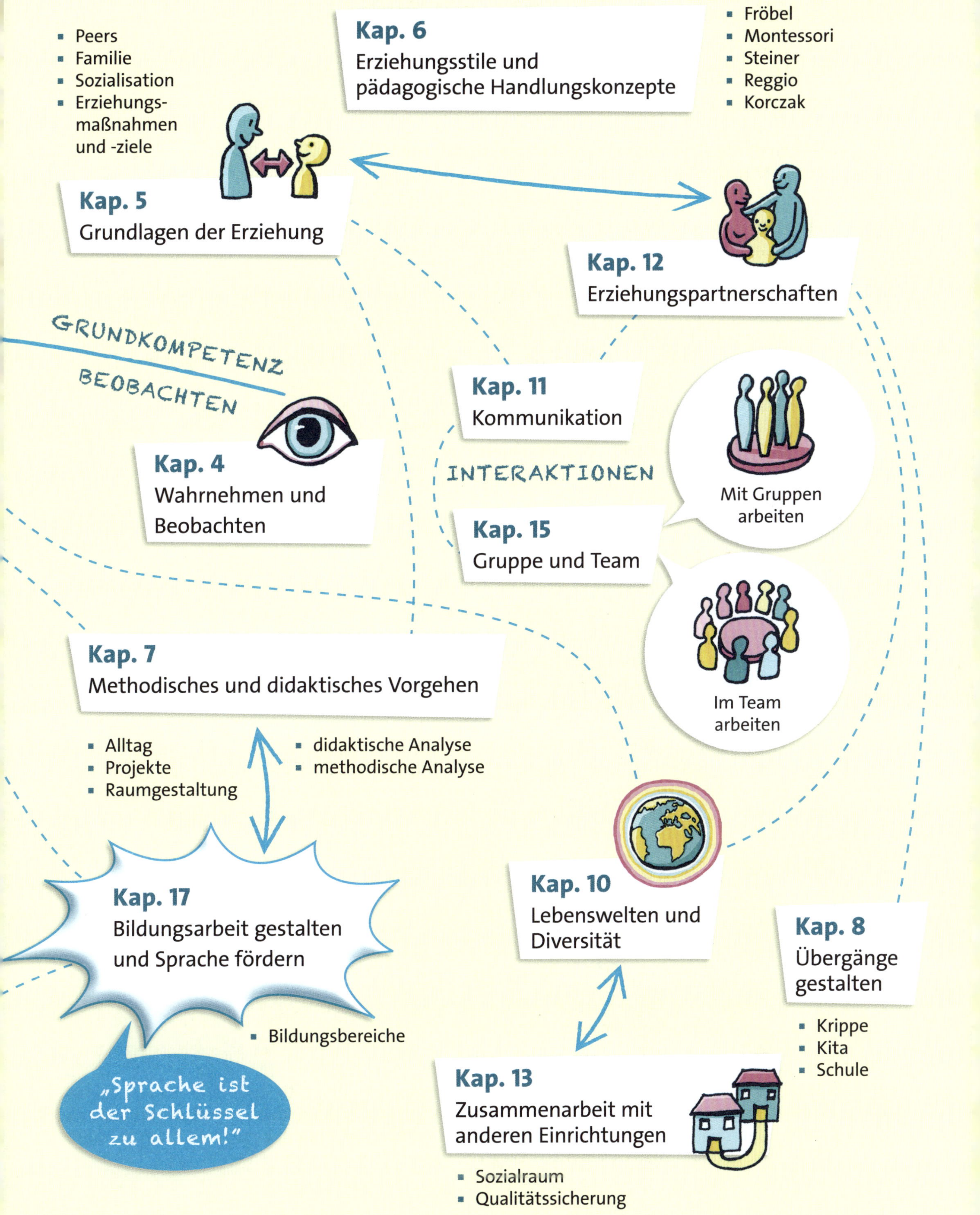

Peers
Familie
Sozialisation
Erziehungsmaßnahmen und -ziele
Kap. 5
Grundlagen der Erziehung
Kap. 6
Erziehungsstile und pädagogische Handlungskonzepte
Fröbel
Montessori
Steiner
Reggio
Korczak
Kap. 12
Erziehungspartnerschaften
GRUNDKOMPETENZ
BEOBACHTEN
Kap. 4
Wahrnehmen und Beobachten
Kap. 11
Kommunikation
INTERAKTIONEN
Kap. 15
Gruppe und Team
Mit Gruppen arbeiten
Im Team arbeiten
Kap. 7
Methodisches und didaktisches Vorgehen
Alltag
Projekte
Raumgestaltung
didaktische Analyse
methodische Analyse
Kap. 17
Bildungsarbeit gestalten und Sprache fördern
Bildungsbereiche
„Sprache ist der Schlüssel zu allem!"
Kap. 10
Lebenswelten und Diversität
Kap. 8
Übergänge gestalten
Krippe
Kita
Schule
Kap. 13
Zusammenarbeit mit anderen Einrichtungen
Sozialraum
Qualitätssicherung

Einführung

in die aktiven, kooperativen, kompetenz- und handlungsorientierten Lernmethoden im Arbeitsbuch

„Lernen ist Konstruktion, Lernen ist Interaktion, Lernen ist Leben."
(Herold/Herold, 2016)

Sie wollen das Beste aus Ihrem Lernprozess herausholen, möglichst effektiv, zielgerichtet und ergebnisorientiert lernen? Dann brauchen Sie eine Vielzahl verschiedenster Lernmethoden, die Sie entsprechend den Lernzielen, den Lerninhalten und Ihren individuellen Lernzugängen anwenden können.
Es ist wichtig, zu erkennen, wo Sie Ihre Ressourcen nutzen, Ihre Lernumgebung optimieren, den Lernprozess aktivieren und organisieren, sich in Lerngruppen vernetzen und mit Kolleginnen und Kollegen kooperieren können. Lernen heißt, sich kontinuierlich zu entwickeln: Wer lernt, der lebt!
Das Arbeits- und Prüfungsbuch orientiert sich in den Fachinhalten am Grundlagenwerk „Sozialassistenz heute" und stellt konstruktive Lernwege zu diesen Inhalten zur Verfügung. Diese erlauben es Ihnen, die Fachinhalte selbsttätig und kooperativ sowie aktiv zu erschließen.
Die vielfältigen Lernmethoden werden hier jeweils anhand eines Beispiels veranschaulicht, kurz beschrieben und sind in den einzelnen Kapiteln als solche erkennbar gekennzeichnet.

Arbeitsaufgaben

6. ICH und meine Familie

6.1 Beschreiben Sie Aktivitäten, die Sie heutzutage noch mit Ihrer Familie gemeinsam unternehmen.

6.2 Geben Sie schriftlich Unternehmungen wieder, die Sie als Kleinkind/Kind mit Ihrer Herkunftsfamilie erlebt haben; gehen Sie auf den Stellenwert dieser Unternehmungen für Sie persönlich ein.

6.3 Fragen Sie Ihre Eltern oder Großeltern, wo und wie sie in ihrer Kindheit ihre Freizeit verbracht haben, und vergleichen Sie die Schilderungen mit dem Leben in der heutigen Zeit. Gehen Sie auf Unterschiede und deren Ursachen ein.

Hier finden Sie Aufgaben, die Sie anregen, Ihr bereits erworbenes Wissen und Ihre unterschiedlichen Kompetenzen in einem sozialpädagogischen Arbeitsbereich anzuwenden und zu überprüfen. Unterschiedliche Ausrichtungen der Aufgaben sprechen verschiedene Lerntypen an und motivieren zu individuell interessanten und herausfordernden Handlungen und Überlegungen.

Praxisaufgaben

PRAXIS

12. Machen Sie eine „Stille-Übung" – erst für sich allein, dann mit Kindern Ihrer Gruppe.

13. Informieren Sie sich über die 3-Stufen-Lektion nach Montessori und wenden Sie diese in einem konkreten Bildungsangebot mit Kindern an.

Dieser Aufgabentyp verbindet Ihr erworbenes Wissen mit Ihrer Tätigkeit in der sozialpädagogischen Praxis in einer elementarpädagogischen Einrichtung. Spannende Anregungen, zu überprüfende Fragen und Aussagen, die zu reflektieren und evaluieren sind, begegnen Ihnen an dieser Stelle. Es wird Ihnen Spaß machen, das Gelernte in die Praxis einzubringen.

Begriffekarten

Feinfühligkeit	Bezugspersonen	intuitive Kompetenz	Ausdruckskanäle der Feinfühligkeit

In verschiedenen Lernfeldern finden sich unterschiedliche Fachbegriffe zu einem Fachthema. Ihr Ziel ist, diese zu definieren und damit eine Selbstkontrolle über fachtheoretische Inhalte vorzunehmen.
In der Gruppe lässt sich damit folgendermaßen arbeiten: Zunächst arbeitet jeder Schüler für sich an der Begriffekarte und kennzeichnet Begriffe, die er kennt und fachlich erläutern kann, mit einem grünen Haken: abgehakt!
Begriffe, die nicht abgehakt werden konnten, sollen Sie jetzt zu zweit/kollegial erfassen: Jeder Schüler macht sich auf die Suche nach einem Partner, der diesen Begriff für sich abgehakt hat – also in der Lage ist, den Begriff fachlich klar zu definieren.
Dieser Vorgang wird wiederholt, bis jeder alle Begriffe abhaken konnte. Bleiben Begriffe offen, d. h. ohne adäquate Definition, muss eine andere Erkenntnisquelle gesucht werden: Befragung des Lernbegleiters, Fachlehrers, Recherche in der Fachliteratur, mediale Suche o. a.

Placemat-Methode

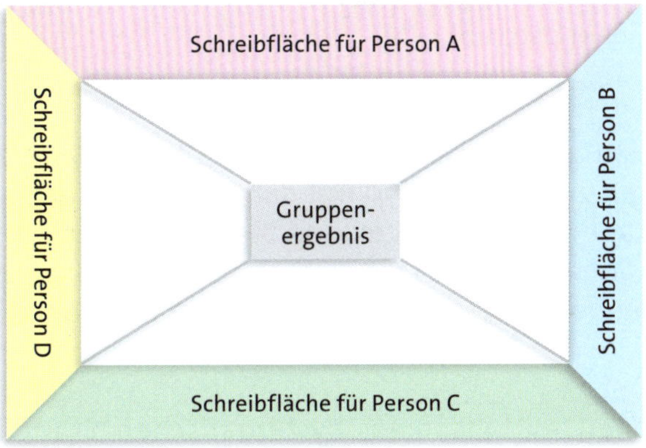

Die Placemat-Methode ist eine Form des *kooperativen Lernens*. Mithilfe einer grafischen Struktur werden die individuellen Arbeitsergebnisse festgehalten, um sie später zu einem gemeinsamen Gruppenergebnis zusammenzuführen.

Dazu finden Sie sich in Gruppen zusammen und haben zunächst die Möglichkeit, zu einer bestimmten Fragestellung eigene Gedanken zu entwickeln. Anschließend treten Sie in eine schriftliche Diskussion mit den anderen Gruppenmitgliedern:

Je ein Lernender bearbeitet ein Feld des Placemats zu einer vorgegebenen Fragestellung. Alle Teilnehmer starten mit unterschiedlichen Feldern des Placemats. Jeder Lernende notiert in einer festgelegten Zeit seine Gedanken und Ergebnisse und tauscht sich anschließend mit den übrigen Gruppenmitgliedern darüber aus. Dieser Austausch erfolgt, indem das Blatt im Uhrzeigersinn gedreht wird und die nächste Person die vorherigen Aufzeichnungen liest, ergänzt und mit Kommentaren versieht (ebenfalls in einer festgelegten Zeit).
Dies wird so oft wiederholt, bis jedes Gruppenmitglied wieder sein ursprüngliches Feld des Placemats vor sich hat. Nun haben alle Personen alle Aufzeichnungen gelesen.
Anschließend einigt sich die Gruppe gemeinschaftlich auf 2 bis 3 Aussagen und Antworten auf die ursprüngliche Aufgabe. In der Diskussion hierzu ist wichtig, dass ein Austausch über *alle* eingebrachten Ideen der Lernenden erfolgt und die Zusammenhänge darin erkannt werden. Sie sollen einen Konsens finden, welche der notierten Einzelaussagen die Meinung der gesamten Gruppe repräsentieren und somit als gemeinsame Antwort auf die Eingangsfrage festgehalten werden können. Diese werden in der Mitte des Placemats notiert.

(Vgl. Reich, 2012)

Fallbeispiele

15. **FALLBEISPIEL** Während eines Bewegungsangebots im Turnraum der *Kita Regenbogen* ist Ihnen als pädagogischer Fachkraft aufgefallen, dass Eliane (5;8 Jahre) nicht auf der umgedrehten Bank balancieren kann. Immer wieder versucht sie es, doch fällt wieder und wieder von der Bank herunter.

Fallbeispiele sind kleinteilige Handlungssituationen, die geeignet erscheinen, gezielt fachtheoretische Inhalte in Anwendung zu bringen, z. B. mit gezielten Fragestellungen.
Sie unterstreichen das Bemühen, handlungsorientiert zu lernen, indem sie konkrete Fälle mit Fachinhalten verbinden.

Lernen mit Handlungssituationen

22.

Handlungssituation

In der *Kinderkrippe Kükennest* fühlen sich die Kinder wohl. Ihrem jeweiligen Entwicklungsstand entsprechend, können sie sich ausprobieren und Erfahrungen sammeln, um so individuelle Fortschritte zu machen. Zweitkraft Tanja legt großen Wert auf das selbstständige Handeln und ko-konstruktive Lernen der Kleinen. Sie beobachtet viel, damit sie bei Bedarf gezielt unterstützen kann. Seit einiger Zeit unterstützt eine zusätzliche Praktikantin Tanja in ihrer Arbeit. Tanja ist sehr zufrieden mit ihr, da sie zuverlässig ist, empathisch handelt, bei Unklarheiten nachfragt und ihre Arbeit in der Krippe liebt.

Jede berufliche Handlungssituation findet in einem komplexen systemischen Handlungszusammenhang statt. Um diese gut zu erfassen und mit den gelernten Fachinhalten konstruktiv zu verknüpfen, gilt es, als Erstes Rahmenbedingungen und Lernsituationen handlungsorientiert zu lesen: Die *Rahmenbedingungen* können zunächst die komplexen systemischen Zusammenhänge eröffnen, während die nachfolgenden *Lern- oder Handlungssituationen* den Handlungszusammenhang differenzieren.

Handlungssituationen können mithilfe eines **systematischen Erarbeitungsvorgangs** erschlossen und Schritt für Schritt lösungsorientiert bearbeitet werden (siehe Formulare S. 10 f. und 13 ff.): [1] Situationsanalyse – [2] pädagogisches Handlungskonzept mit Zielformulierungen, methodisch-didaktischem Vorgehen und Dokumentation/Reflexion/Evaluation.
Dabei kommen nicht bei jeder Handlungssituation alle Aspekte oder Fragestellungen einer Situation zum Tragen: z. B. erfährt man nur einzelne Fakten in der Handlungssituation, die eine Situationsanalyse kennzeichnen. Immer dort, wo gängige Angaben vorgegeben sind wie beispielsweise „Kindergartengruppe", dürfen auch die gängigen Rahmenbedingungen angenommen werden, also z. B. Gruppengröße, Heterogenität bezüglich Alterszusammensetzung u. Ä.
Fragen, die offen bleiben, aber für den Handlungszusammenhang wichtig erscheinen, sollen als solche auch formuliert werden.

Beachte: Es gibt fachliche Inhalte und zentrale Aspekte, die unerlässlich und begründet erschlossen und methodisch-didaktisch umgesetzt werden sollen, aber es gibt **nicht** die **eine** richtige Lösung! So unterschiedlich die fachlichen Beobachtungen interpretiert, Erziehungsziele formuliert und erzieherische Maßnahmen der Fachkollegen in der sozialpädagogischen Praxis geplant werden, so unterschiedlich sind die zu erarbeitenden Lösungsansätze für einen Handlungskomplex, der in einer Handlungssituation dargestellt wird: Kinder sind so unterschiedlich wie ihre Erziehenden; Lösungen immer individuell – und das ist gut so!

Fallorientierte Prüfungsaufgaben

13.6 Sie wissen, Worte sind Erinnerung: Erläutern Sie die Bedeutung dieser Kenntnis für den erzieherischen Umgang mit den Kindern Ihrer Gruppe.

> **Prüfung**
>
> **Svetlana und die Zwillinge Esra und Onur**
>
> Svetlana (3;4 Jahre) kam vor 2 Jahren aus der Ukraine. Sie hat sich erstaunlich schnell in die Gruppe integriert und kann sich gut mit den Kindern sprachlich verständigen. Ihr Wortschatz zeigt noch Lücken auf und manchmal, vor allem, wenn sie schon müde ist, spricht sie auch undeutlich und damit unverständlich. Sie sprechen mit Svetlana, um sie zum Spiel in der Puppenecke einzuladen. Sie hört gar nicht zu, springt schnell weiter zum nächsten Tisch. Dieses Verhalten ist typisch für den Umgang mit ihr. Auch bemerken Sie, dass Svetlana einen Schritt zurückweicht, wenn Sie sich ihr nähern.

Die fallorientierten Prüfungsaufgaben sind beispielhafte Aufgaben, wie Sie Ihnen in Ihrer Abschlussprüfung zur sozialpädagogischen Fachkraft begegnen könnten. Durch die Bearbeitung der Aufgaben können Sie Ihre vorhandenen Kenntnisse und Anwendungskompetenzen selbst herausfinden. Transferaufgaben bieten Ihnen die Möglichkeit, weiterführende Ideen zu einem festgelegten Themenbereich zu entwickeln und Überlegungen in Bezug auf die Übertragung von Inhalten anzustellen.
Gerade für die Prüfungsaufgaben ist eine professionelle Bearbeitung mittels der vorliegenden, *strukturellen Formulare* (s. folgende Seiten) zu empfehlen. Sie geben dem Prüfling Sicherheit in der Umsetzung der Verarbeitungspraxis in folgerichtigen methodischen Schritten, erlauben ihm umfassende Erörterungen zu den geforderten Ergebnissen und verhindern eine möglicherweise teilinhaltliche Betrachtung.

Formulare

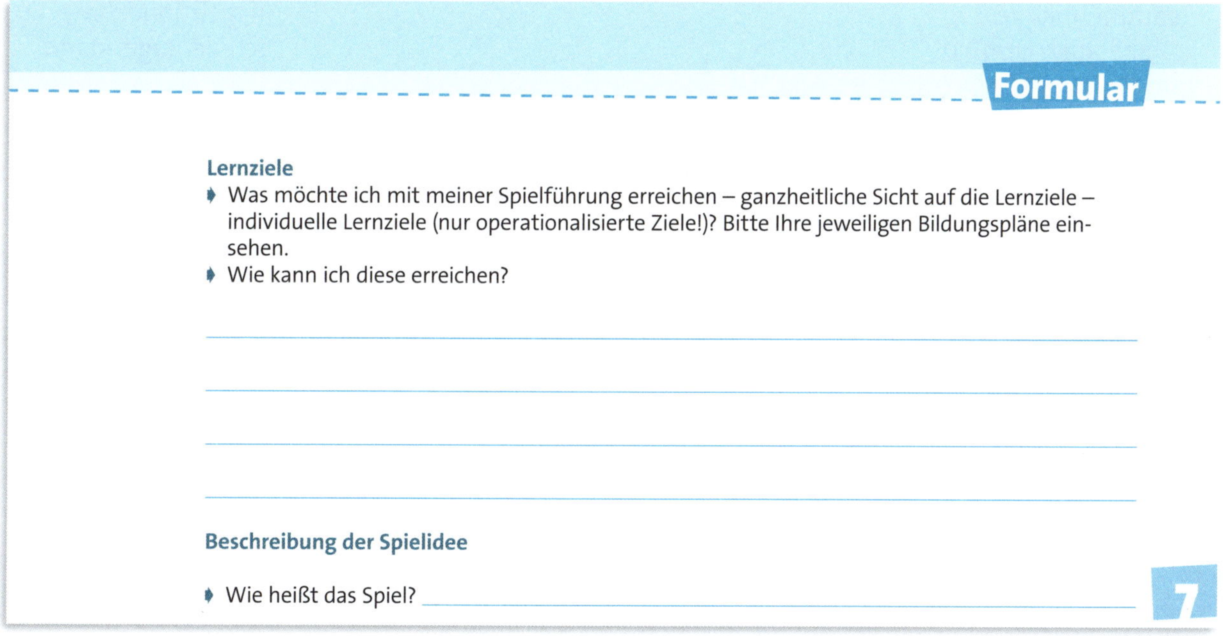
Formular

Lernziele
- Was möchte ich mit meiner Spielführung erreichen – ganzheitliche Sicht auf die Lernziele – individuelle Lernziele (nur operationalisierte Ziele!)? Bitte Ihre jeweiligen Bildungspläne einsehen.
- Wie kann ich diese erreichen?

Beschreibung der Spielidee
- Wie heißt das Spiel? ____

7

Die mit dem Reiter „Formular“ gekennzeichneten Seiten sind zur mehrmaligen Verwendung gedacht. Sie sollen kopiert und dann zur Bearbeitung der jeweiligen Aufgabe oder Reflexionstätigkeit ausgefüllt werden.
Neben dem **Kopieren** haben Sie außerdem die Möglichkeit, die Formulare unter folgendem Link: www.handwerk-technik.de/links/47881 herunterzuladen und **auszudrucken**. Auch eine **Bearbeitung am PC** ist mit diesen Dateien möglich.

Formular

Bearbeitung einer beruflichen Handlungssituation

Lernfeld / Kapitel / Lernsituation

Nr. ____________

Situations-analyse

ANALYSE-EBENEN			
Person	**Gruppe**	**Umfeld**	**Institution**
▪ Entwicklungsstand ▪ Kompetenzen ▪ Interessen, Bedürfnisse ▪ aktuelle Befindlichkeit ▪ Beeinträchtigungen, Auffälligkeiten/ Behinderungen ▪ bestehende Förderungen ▪ bisherige und gegenwärtige lebensgeschichtliche Zusammenhänge (siehe auch Umfeld und Gruppe)	▪ Zusammensetzung der Gruppe ▪ Beziehungen und Interaktionsformen ▪ Gruppenphasen ▪ Rollen	▪ Familie ▪ Freunde ▪ andere Institutionen ▪ Ämter, Behörden u. a.	▪ Art der Institution ▪ Träger ▪ Erzieher/Team ▪ sonstige Rahmenbedingungen wie Tagesablauf, Raum und Ausstattung, Aufgaben und Freiräume ▪ Zusammenarbeit mit Fachdiensten: heilpädagogische, therapeutische, ärztliche Dienste ▪ andere vernetzte Institutionen wie Schule, Jugendamt

Welche Fragen stellen sich mir in der gegebenen Situation?
Welche Informationen brauche ich noch?
Welche Schwerpunkte setze ich?

- ____________________
- ____________________
- ____________________
- ____________________
- ____________________

Pädagogisches Handlungskonzept

Leitziele von Erziehung, Bildung und Betreuung

Der Mensch in seiner Ganzheitlichkeit, in seiner Individualität, mit seinen Ressourcen, in seinem System (vgl. Lebensbezüge)

Das Bild vom kompetenten Kind als Konstrukteur seiner Entwicklung, mit seinem „inneren Bauplan", den „sensiblen Phasen" (nach Maria Montessori)

Basisziele Bildungsplan:

- Stärkung von Selbstbestimmung/Autonomie und sozialer Mitverantwortung
- Stärkung der lernmethodischen Kompetenz
- Stärkung des kompetenten Umgangs mit Veränderungen und Belastungen (Resilienz) oder im heilpädagogischen Arbeitsbereich:
- Prävention und Frühförderung, Empowerment und Selbstbestimmung, Normalisierung, personale und soziale Integration

Zielformulierung

Zu berücksichtigen sind grundsätzlich

- **einrichtungsspezifische Besonderheiten** (z. B. Kita, Krippe, Förderbereich, Heim),
- **altersspezifische Besonderheiten** (Kinder/Jugendliche),
- **Entwicklungsangemessenheit,**
- **beeinträchtigungs- bzw. behinderungsspezifische Besonderheiten** (Art und Schwere der Behinderung bzw. der Verhaltensauffälligkeit).

Die Zielformulierung muss

- sich aus der Situationsanalyse ergeben,
- Hierarchie der Ziele beinhalten: Ebenen beachten, d. h. Kompetenzen, Grobziele in Feinziele operationalisieren (differenzieren und individualisieren), SMART-Formel beachten,
- das Prinzip der Ganzheitlichkeit berücksichtigen, d. h. Ziele aus unterschiedlichen Bildungsbereichen,
- an den Kompetenzen/Ressourcen ansetzen und
- ggf. die systemische Perspektive beinhalten.

Das Setzen von Schwerpunkten (Was ist wichtig?) sowie ggf. von Zeitperspektiven (kurz-, mittel- und langfristige Ziele) ist erwünscht.

Methodisch-didaktisches Vorgehen

Die konkrete Umsetzung des sozialpädagogischen Vorgehens muss sich aus der Situationsanalyse und der Zielformulierung ergeben.

- **Erzieherische Haltung und Beziehungsgestaltung,** z. B. Rogers-Variablen: Empathie, Akzeptanz, Kongruenz
- **Prinzipien pädagogischen Handelns,** z. B. ganzheitliches Lernen, entdeckendes Lernen, Individualisierung und Differenzierung, Eigenaktivität und Selbsttätigkeit, Anschaulichkeit, kooperatives Lernen, Lernen am Modell (Vorbild), Entwicklungsangemessenheit (z. B. Spiel als kindliche Lernform), Partizipation: Demokratieprinzip und Partnerschaft (Gegenseitigkeit, Gleichberechtigung und Wertschätzung), ko-konstruktives Lernen
- **Förderliche Rahmenbedingungen**: Raum/vorbereiteter Raum, Ort, Zeit, Medien/Material
- **Methoden,** z. B. didaktische Prinzipien, Spiel/Spielbegleitung im Freispiel, kreative Angebote, Wahrnehmungsförderung, Bildungsangebote
- **Sozialformen**: Einzelförderung, Partnerarbeit, Gruppenarbeit
- **Zusammenarbeit** mit Eltern, Fachdiensten, anderen Einrichtungen

Dokumentation, Reflexion und Evaluation

– werden hier exemplarisch eher kurz dargelegt, sonst ausführlich –

- Notwendigkeit von Dokumentation und Reflexion
- Formen der Dokumentation und Reflexion, die in der Einrichtung üblich sind bzw. für die Einrichtung geeignet erscheinen
- Beteiligte Personen
- Reflexionskriterien
- Grenzen und Probleme
- Weiterarbeit und Zukunftsperspektiven

(in Anlehnung an Stockmann/FAKS Regensburg, 2006)

Sie finden dieses Formblatt nachfolgend blanko zu Ihrer eigenen Verwendung nach obigem Muster.

Bearbeitung einer beruflichen Handlungssituation

Lernfeld / Kapitel / Lernsituation

Nr. ____________

Situations-analyse

ANALYSE-EBENEN			
Person	Gruppe	Umfeld	Institution

Welche Fragen stellen sich mir in der gegebenen Situation?
Welche Informationen brauche ich noch?
Welche Schwerpunkte setze ich?

- ____________
- ____________
- ____________

Formular

Pädagogisches Handlungskonzept

Leitziele von Erziehung, Bildung und Betreuung

Zielformulierung

Einrichtungs-, alters- und beeinträchtigungs- bzw. behinderungsspezifisch, operationalisiert (SMART), ganzheitlich, ressourcen- und kompetenzorientiert

Methodisch-didaktisches Vorgehen

- Erzieherische Haltung und Beziehungsgestaltung

- Förderliche Rahmenbedingungen

- Prinzipien pädagogischen Handelns

- Methoden

- Sozialformen

- Kooperationspartner

Dokumentation und Evaluation

- Formen der Dokumentation und Reflexion, die in der Einrichtung üblich sind bzw. für die Einrichtung geeignet erscheinen

- Beteiligte Personen

- Reflexionskriterien

- Grenzen und Probleme

- Weiterarbeit und Zukunftsperspektiven

(in Anlehnung an Stockmann/FAKS Regensburg, 2006)

Lernen im Lernatelier

Atelierkarte Bildungsbereich Sprache
Arbeitsziel: Anwendung methodischer Prinzipien
Arbeitsaufgabe: Gestalten Sie eine Bilderbuchbetrachtung.
▪ Wählen Sie ein zum Thema passendes Bilderbuch. ▪ Legen Sie ein pädagogisch-didaktisches Hauptziel entsprechend Ihrer Zielgruppe fest. ▪ Legen Sie den methodischen Ablauf fest. ▪ Führen Sie die Bilderbuchbetrachtung praktisch durch und zeichnen diese in einem Video auf. ▪ Reflektieren Sie Ihr Bildungsangebot und dokumentieren Sie das Ergebnis in Ihrem (Portfolio-) Ordner.

Was ist ein „Lernatelier"? Ein Lernatelier ist eine Methode, kein festgelegter Raum. Es ist (in der Idealform) eine Kombination aus Begegnungsfläche, Raum für praktische Erprobung, Expertenauskunft, Beratung, Lernbegleitung (wenn im schulischen Rahmen angesiedelt) und nicht zuletzt Präsentation des Erarbeiteten untereinander.
Wo finde ich die Karten? In den Kapiteln 17, 18, 19, 21 und 22 finden Sie spezielle Karten, sogenannte „Atelierkarten" mit Arbeitsaufträgen für diese selbst organisierte Lernform.
Was steht auf den „Atelierkarten"? Hier finden Sie Arbeitsaufträge, die bestimmte Fachthemen bewusst mit der sozialpädagogischen Praxis verknüpfen – und somit das Experimentieren, praktische Durchführungen, Präsentationen sowie deren Reflexion anregen. Thema: „Sozialpädagogische Bildungsarbeit in verschiedenen Bildungsbereichen".
Wie arbeite ich damit? Im „Lernatelier" können Sie in wechselnden Sozialformen arbeiten: allein, zu zweit und in Teams. Nutzen Sie individuelle Ressourcen, um auch voneinander zu lernen. Arbeiten Sie mit Fachliteratur. Tauschen Sie sich ebenso mit anderen Teams aus (wenn vorhanden, z. B. in der Schule). Dokumentieren Sie Arbeitsergebnisse in einem Ordner oder in Ihrem Ausbildungsportfolio.

Folgende Vereinbarungen gelten, wenn Sie in einem größeren Rahmen (Klasse, größere Lerngruppe) arbeiten. Zu zweit oder allein sind Sie freier bei der Bearbeitung der Aufgaben.

Regeln fürs Lernatelier in der Großgruppe

- **Ich entscheide, ob ich allein oder mit einem Partner oder in einer Gruppe arbeiten möchte.**
  Regel: Ich darf nicht immer mit denselben Partnern/derselben Gruppe arbeiten. Ich soll mal allein, mal zu zweit, mal in der Gruppe arbeiten.

- **Ich suche mir (mit meinem Partner/meiner Partnerin) einen Arbeitsauftrag entsprechend meinem fachlichen Bedarf aus.**
  Regel: Wenn ich einen Arbeitsauftrag bearbeitet habe, soll ich mir neue Aufgaben wählen, die ich noch nicht bearbeitet habe.

- **Wenn ich fertig bin, zeige ich das Ergebnis dem Lernpartner (oder, wenn verfügbar, dem Lernbegleiter). Ich dokumentiere es schriftlich oder bildlich (Foto, Video).**
  Regel: Ich nehme Tipps an, vielleicht kann ich noch etwas verbessern. Wir überlegen, wie man das Ergebnis präsentieren kann.

- **Ich reflektiere meine Arbeit.**
  Regel: Ich muss bei der Arbeit immer zu einem Ergebnis kommen, das man präsentieren kann.

- **Ich kann mir nun eine neue Aufgabe aussuchen.**
  Regel: Erst wenn eine Arbeit beendet und für eine Präsentation/den eigenen Ordner vorbereitet ist, darf ich eine neue Aufgabe angehen.

1 Kinderpflege als Beruf

1. **Handlungssituation**

Lena trifft ihre ehemalige Schulkameradin Nicole, die eine Ausbildung zur Friseurin macht. Lena erzählt, dass sie eine Ausbildung als Sozialassistentin begonnen hat und dieser Beruf auch als sozialpädagogische Assistentin oder Kinderpflegerin bezeichnet wird. Beide tauschen sich über die besonderen Aufgaben und Anforderungen ihrer Berufe aus.
„Mir war klar, dass ich irgendwas mit Kindern machen will. Kinder sind zutraulich und es macht mir Spaß, mit ihnen zu spielen. Also habe ich mich dafür beworben. Jetzt mache ich erst mal die Ausbildung. Vielleicht kann ich danach im pädagogischen Bereich weitermachen, mal sehen."
Nicole fragt überrascht nach: „Wo arbeitest du denn? Was müsst ihr denn da noch lernen? Kinder hüten kann doch jeder!" Lena widerspricht ihr energisch. Sie erinnert sich an ihren ersten Tag als Praktikantin im Kindergarten:

Lenas erster Tag im evangelischen Kindergarten *Abraham* ist sehr verwirrend für sie. Eigentlich dachte sie, dass sie Kindergärten kennt. Sie war als Kind ja schließlich selbst in einem Kindergarten. Aber ab ihrem ersten Tag merkte sie, dass jetzt vieles anders ist:
Ihr Anleiter, Simon, begrüßt sie sehr freundlich, sagt jedoch direkt, dass er heute wenig Zeit für sie hat. Zu Beginn des Kindergartenjahres ist er immer noch beschäftigt damit, die Kinder gut in den Tag zu begleiten. Wenn sie etwas wissen will, könne sie ihn jedoch jederzeit fragen. Lena hat tausend Fragen. Sie will aber ihren Anleiter nicht nerven und hält keine Frage für so wichtig, ihn damit zu belästigen.
Nach der kurzen Begrüßung geht sie mit Simon in die *Blaue Gruppe*. In der Gruppe sind 20 Kinder im Alter von 3 bis 6 Jahren, die sich alle auf vielfältige Weise beschäftigen. Zwei kleine Mädchen kommen auf sie zu und wollen mit ihr malen. Lena ist froh, dass sie etwas tun kann, und sucht mit den Kindern die Stifte. Sie ist ganz überrascht, als sie nach einer Weile angesprochen wird: „Lena, du kennst Frau Schröder ja schon aus dem Vorstellungsgespräch. Sie leitet unseren 3-gruppigen Kindergarten", sagt ihr Anleiter Simon zu ihr. Lena sagt: „Hallo". Soll sie noch etwas sagen? Sie schweigt lieber. „Viel Spaß noch", sagt Frau Schröder und geht mit einem amüsierten Lächeln davon.
Nach einer Stunde geht Simon aus dem Raum, die Kinder folgen ihm. Auch Lena geht hinterher und stellt fest, dass es in einer Art Restaurant Frühstück gibt. Sie setzt sich an den Tisch, an dem die 2 kleinen Mädchen sitzen, mit denen sie gemalt hat.
Nach dem Frühstück hilft sie dem Tischdienst, die Tische abzuräumen, und geht zurück in den Gruppenraum. Dort findet eine gemeinsame Gesprächsrunde statt. Schnell setzt sie sich mit in den Kreis. Simon sammelt gemeinsam mit den Kindern Ideen für ein Kindergartenfest. Die gemeinsame Runde, so erfährt Lena später, ist ihm besonders wichtig: Sie entspricht seinem Bild vom Kind und steht auch in den Leitzielen der Einrichtung. Morgen werden auch Eltern da sein, um an der Vorbesprechung des Festes teilzunehmen. Das ist Frau Schröder und den anderen Mitarbeitenden wichtig. Lena staunt, was den Kindern alles einfällt. Sie fragt sich, ob sie als Kind auch so viele Ideen hatte. Was kann sie den Kindern eigentlich noch beibringen?
Nach dem Gesprächskreis geht Lena zu einigen Kindern, die auf dem Bauteppich spielen, und fragt, ob sie mitspielen könne. Ein Kind drückt ihr eine Figur in die Hand und sagt: „Du bist der Polizist, du regelst den Verkehr." Lena nimmt die Figur und beginnt mitzuspielen. Nach wenigen Minuten weiß sie nicht mehr, was sie noch sagen kann. Glücklicherweise ist jetzt Mittagszeit und die Kinder strömen wieder ins Restaurant.
Da sie nun weiß, wo es ist, geht sie ruhig hinterher. Die meisten Kinder sind schon fertig und haben ihr Geschirr und Besteck weggeräumt, als Simon zu ihr kommt. Er zeigt auf ein Mädchen, das sich in Ruhe noch eine Kartoffel nimmt: „Das ist Sina. Sina ist ein Integrationskind und genießt das Essen gern länger. Normalerweise kommt sie dann etwas später allein nach oder wird von der Integrationskraft betreut, aber vielleicht möchtest du ihr ja Gesellschaft leisten? Ich bin nebenan und helfe den Kindern beim Anziehen." Lena setzt sich zu Sina.

Das Restaurant ist mittlerweile leer. Plötzlich schießt es Lena durch den Kopf: Was mache ich eigentlich, wenn jetzt irgendwas passiert?
Nach dem Essen gehen die Kinder aller Gruppen der Einrichtung in den Garten. Einige werden jetzt auch schon von ihren Eltern abgeholt. Eine Mutter erkundigt sich bei Simon danach, ob ihr Sohn heute an der Musikstunde teilgenommen hat – immer mittwochs kommt eine Musikpädagogin ins Haus, um musikalische Früherziehung für die Kinder anzubieten. Dabei stellt der Anleiter Lena gleich der Mutter vor. An die Eltern der Kinder hatte Lena bisher noch gar nicht gedacht. Werden sie sie später dann auch mit ihren Fragen überfallen? Viele Kinder bleiben bis nach 17 Uhr im Kindergarten. Simon erklärt Lena, dass in vielen Familien beide Elternteile arbeiten müssen und auf den Kindergartenplatz angewiesen sind. Eine nahegelegene Firma beschäftigt viele Mitarbeitende im Schichtdienst.
Später setzt sich ihr Anleiter mit Lena zum Anleitungsgespräch zusammen. „Wie hat dir dein erster Tag bei uns gefallen? Was ist dir aufgefallen? Erzähl einfach deine Beobachtungen und stell deine Fragen." Lena ist verunsichert: Womit soll sie anfangen? Am Nachmittag ist Lena ganz schön geschafft. Von wegen, Kinder hüten kann jeder!

1.1 Versetzen Sie sich in Lenas Situation und übernehmen Sie ihre Perspektive. Wie geht es Ihnen damit?

1.2 Erstellen Sie mithilfe des Formulars „Bearbeitung einer beruflichen Handlungssituation" von S. 13 ff. eine Situationsanalyse zu den Rahmenbedingungen der Handlungssituation.

2. Beschreiben Sie Personal-, Fach-, Methoden- und Sozialkompetenzen, die die sozialpädagogische Fachkraft in Einrichtungen für Kinder aufweisen muss, um professionell arbeiten zu können.

3. Stellen Sie Ihre persönlichen Handlungskompetenzen in den einzelnen Bereichen in Bezug auf die Anforderungen an die pädagogische Zweitkraft (Kinderpfleger/-in, Sozialassistent/-in) dar. In der folgenden Tabelle finden Sie die Elemente der 4 Kompetenzbereiche. Die kleinen Dreiecke zeigen die möglichen Abstufungen an: niedriges – mittleres – hohes Niveau.

Die **Kompetenzbereiche** sind

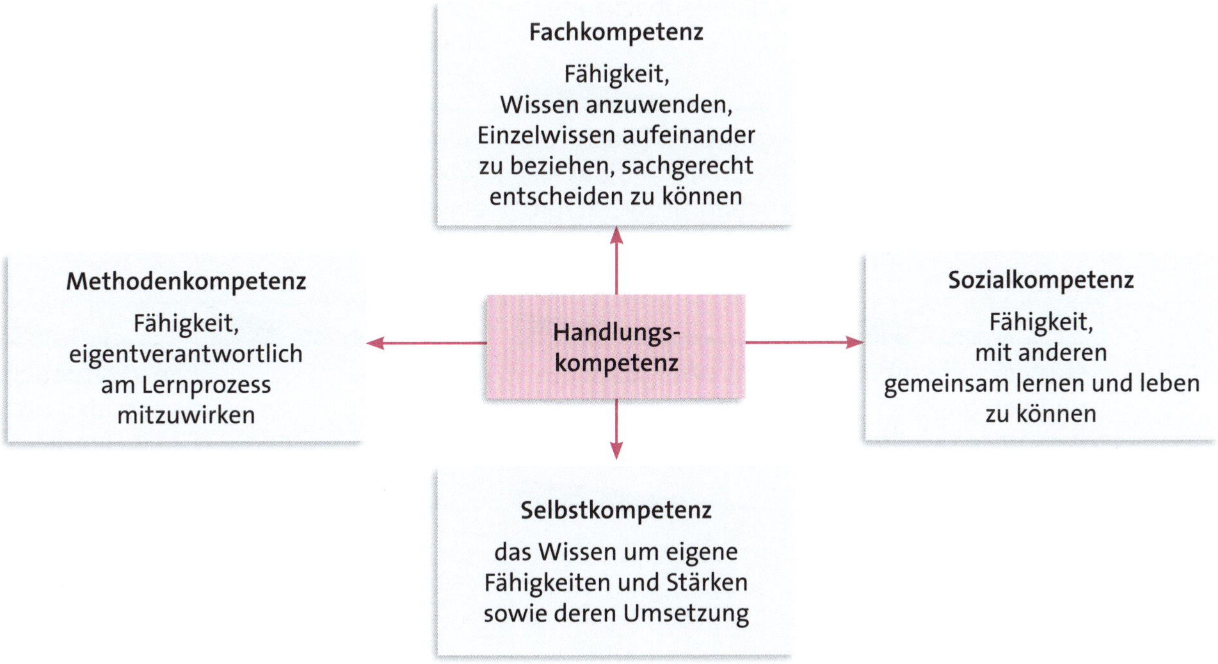

1

Die Elemente meiner erzieherischen Handlungskompetenz sind

ICH-Kompetenz (Selbst-, Personal-)	**Fachkompetenz**	**Methodenkompetenz**	**Sozialkompetenz**
kennt eigene Stärken und Schwächen	hat fachtheoretisches Wissen, z. B. Entwicklungspsychologie	arbeitet zielgerichtet	zeigt angemessene Wahrnehmung Dritter
reflektiert eigene biografische Zusammenhänge	erkennt erzieherische Aufgaben und Problemstellungen	wendet unterschiedliche Methoden an	kommuniziert mit am Erziehungsprozess Beteiligten angemessen
übernimmt Verantwortung	entwickelt Fertigkeit, fachliche Aufgaben umzusetzen	analysiert berufliche Situationen angemessen	hat Fähigkeit, mit anderen z. B. im Team zu kooperieren
hat eine Wahrnehmung von sich und eigenem Handeln	entwickelt sich in erzieherischen Grundfragen weiter durch fachliche Reflexion	wendet Verfahren flexibel an	kann Konflikte konstruktiv bearbeiten
ist selbstständig im Umgang mit Herausforderungen	angemessener Umgang mit Fachsprache	wendet Lern- und Arbeitstechniken an	ist empathisch und wertschätzend im Umgang mit Dritten
organisiert sich und beruflichen Alltag angemessen	ist fähig zu professioneller Beobachtung	macht sich eigene Lernstrategien zu eigen	gestaltet Arbeitswelt aktiv mit
reflektiert eigene Wertvorstellungen im Zusammenhang mit beruflichen Aufgaben	strukturiert nach methodisch-didaktischen Grundsätzen	wendet Gesprächsführungsmethoden an	übernimmt angemessen Führung
entwickelt berufliche und persönliche Ressourcen weiter	plant pädagogische Arbeit zielgerichtet		zeigt situationsgerechtes Auftreten und Handeln
hat angemessene Frustrationstoleranz			stellt sich gesellschaftlichen Herausforderungen

4. Legen Sie ein Ausbildungsbuch (oder Lerntagebuch) an und tragen Sie wöchentliche Fortschritte, Kompetenzerweiterungen sowie neue Ziele und bewältigte Aufgaben ein. Gehen Sie dabei reflektorisch vor.

Biografische Selbstreflexion

Dort, wo Erziehungs- und Bildungsarbeit geleistet wird, macht diese Einsicht eine *biografische Selbstreflexion* notwendig. Darunter „verstehen wir eine (Wieder-)Aneignung der eigenen Biografie, den Versuch, die Erfahrungen, die unsere Identität geprägt haben und in unser heutiges Handeln eingehen, transparent zu machen. Durch rückschauendes Betrachten, durch das Aktualisieren der zu den vergangenen Erfahrungen gehörigen Gefühle, durch Vergegenwärtigung der damaligen Lebenssituation sollen die Erfahrungen, die unsere Persönlichkeit geformt haben, ins Bewusstsein gerufen und wiederbelebt werden. Die so gewonnenen Erinnerungen werden einer Reflexion unterzogen." *(Gudjons, 1996, S. 24)*

Mit anderen Worten: Erkenne dich selbst.

5. Führen Sie mit einem Lernpartner ein „biografisches Interview". Folgende Einzelkärtchen mit Themenbereichen sollten Sie dazu vorbereiten:

Kleinkindzeit | Einschulung | Erste Freunde | Meine Familie | Schulzeit

Lieblingsspielzeug | Meine Kindergartenzeit | Mein bester Freund/meine beste Freundin

Erste Liebe | Meine Stärke | Kleinkindzeit | Berufswahl

6. Gehen Sie in eine eigene biografische Reflexion:

6.1 Informieren Sie sich über Ziele und Inhalte biografischer Selbstreflexion, indem Sie den folgenden Text lesen.

6.2 Welche individuellen Ziele biografischer Selbstreflexion können Sie für sich selbst ausmachen? Welche Impulse gehen davon für Ihr Praktikum aus? Fixieren Sie diese schriftlich.

Ziele einer biografischen Selbstreflexion nach Gudjons sind:

- **Selbsterkenntnis**: Verstehen der „eigenen Gewordenheit", d. h. Verstehen gegenwärtiger Handlungen vor dem Hintergrund der eigenen Lebensgeschichte, Erkennen von Zusammenhängen, Verdeutlichung von Verhaltens- und Beziehungsmustern
- **Identitätsfindung**: Verstehen kann zum Annehmen, auch zur Aussöhnung mit der eigenen Geschichte sowie eigener Persönlichkeitsanteile beitragen. Dies schafft die Basis für Weiterentwicklung und Entfaltung der Persönlichkeit.
- **Begreifen gesellschaftlicher Bedingungen**:
  Eigene Erfahrungen mit gesellschaftlichen Prozessen zu verbinden, ermöglicht Einsicht in gesellschaftliche Zusammenhänge und kann als Motivation dienen zum Tätigwerden, Eingreifen in gesellschaftliche oder politische Praxisfelder (Teilhabe).

Für die Berufswahl gibt es unterschiedliche Motive:
- Die Arbeit mit Menschen anstatt mit „toter Materie" wird als sinnhaft erlebt.
- Die Arbeit mit Kindern macht Freude, weil Kinder unbefangen und frei sind.
- Selbstverwirklichung wird angestrebt.
- Die Arbeit mit Kindern ist voller Aktivität und spaßbetont.
- Die Rolle als pädagogische Fachkraft bereitet auch auf die Elternrolle vor.
- Selbst erfahrene Ungerechtigkeiten könnten wiedergutgemacht werden.
- Gefühlsmäßige Qualitäten sind entscheidend für den Umgang mit Kindern.
- Kindertagesstätten sind stressfreie Räume.

Kinderkrippen, PEKIP und Kindertageseinrichtungen

7. Betreuungsformen im Kleinkindalter

7.1 Welche Möglichkeiten der familienergänzenden Betreuung und Begleitung von Kindern unter 3 Jahren gibt es? Informieren Sie sich und tauschen Sie sich zu zweit zu folgenden Fragen aus:

7.2 Welche Erfahrungen prägen meine Einstellung zur Betreuung von Kindern unter 3 Jahren als Ergänzung zum Aufwachsen in der Familie?

7.3 Welche Gründe sprechen für und welche gegen die familienergänzende Betreuung von jungen Kindern?

7.4 Welches Bild habe ich von Kindern unter 3 Jahren?

8. Diskutieren Sie schriftlich, welche Gründe Paare oder Alleinerziehende bewegen könnten, ihr Kind in eine Krippe zu geben.

9. Erläutern Sie Vor- bzw. Nachteile, die der Besuch einer Krippe gegenüber anderen Betreuungssituationen haben kann.

10. Erläutern Sie, welche kindlichen Bedürfnisse in einer Krippe besonders gut befriedigt werden können.

11. Bildung, Erziehung und Betreuung im außerfamiliären Kontext hat viele Gesichter.

11.1 Nennen Sie 3 unterschiedliche Tageseinrichtungen für Kinder und beschreiben Sie diese.

11.2 Woran erkennen Sie die Intentionalität der pädagogischen Arbeit der genannten Tageseinrichtungen? Schildern Sie Ihre Beobachtungen.

12. Eine besondere Form der Frühförderung stellen die Gruppen des Prager-Eltern-Kind-Programms (PEKIP) dar. Mit speziell geschulten Fachkräften findet hier Förderung im Bereich der frühkindlichen Entwicklung und der Elternfähigkeit statt. Schwerpunkte des Konzepts sind:

- „das Kind durch Bewegungs-, Sinnes- und Spielanregungen in seiner Entwicklung zu begleiten und zu fördern;
- die Beziehung zwischen Kind und Eltern zu stärken und zu vertiefen;
- den Erfahrungsaustausch und den Kontakt der Eltern untereinander zu fördern;
- Kontakte der Kinder zu Gleichaltrigen zu ermöglichen.“ (PEKIP, Leitbild, S. 2)

12.1 Recherchieren Sie zum Thema PEKIP: Finden Sie heraus, seit wann es PEKIP-Gruppen gibt, wer der Begründer ist und aus welcher Motivation heraus die PEKIP-Gruppen entstanden sind.

12.2 Finden Sie Informationen von PEKIP-Gruppen in Ihrer Nähe und präsentieren Sie diese auf einer Stellwand.

Praxis

13. Beschaffen Sie sich Informationen über die Kindertageseinrichtung, in der Sie im kommenden Praktikum eingesetzt werden.

13.1 Nutzen Sie dazu Informationsquellen wie Webseite der Kita, Broschüren oder Besuch Ihrer zukünftigen Einrichtung. Berücksichtigen Sie folgende Aspekte:

- Alter der Kinder
- Tagesablauf
- Betreuungsschlüssel (Verhältnis Erzieher : Kind)
- Träger
- Konzept
- räumliche und materielle Ausstattung

13.2 Notieren Sie, welchen Einfluss die unterschiedlichen Rahmenbedingungen (Gruppengröße, Betreuungsschlüssel, Ausstattung, Träger) auf die Arbeit mit Kindern haben können.

Bewerbungen

14. Antworten Sie auf eine der folgenden Stellenausschreibungen mit einem fiktiven Bewerbungsschreiben, in dem Sie darlegen, warum Sie für die Stelle geeignet sind.

Hamburg:

Sozialpädagogische/r Assistent/-in 30,0 Std./Woche, Teilzeit, flexibel, unbefristet ab 01.11.20...

Eine kleine Einrichtung in Hamburg-Harvestehude sucht Unterstützung für sein junges, ehrgeiziges Team.
Aufgaben: Alle berufsüblichen Tätigkeiten. Wir arbeiten in unseren Teams gleichberechtigt und mit hoher Eigenverantwortung. Eigeninitiative, Umsicht, Spontaneität sind in einem kleinen Team unerlässlich.
Anforderungen: ausgebildete Fachkraft – Freude an der Arbeit mit Kindern und deren Eltern – Freude an der Arbeit mit einem kleinen, jungen Team – Ideenreichtum – Einsatzbereitschaft und Flexibilität – 1 bis 2 Jahre Berufserfahrung. Qualifizierte Bewerbungen bitte postalisch oder per E-Mail an ...

Passau:

Kinderpfleger/-in 38,5 Std./Woche, Vollzeit, befristet bis 31.08.20..., Schwangerschaftsvertretung

Anforderungen: Betreuung von Schülern nach der Schule, Hausaufgaben-, Freizeitbetreuung, Kooperation mit Lehrenden, Eltern, Verbänden, Institutionen

Neumünster:

Sozialassistent/-in 39,0 Std./Woche, Vollzeit, unbefristet

Das Diakonische Werk des Kirchenkreises sucht zum 01.03.20... für den Aufbau von zwei integrativen Krippengruppen zwei engagierte, teamfähige, belastbare, flexible und einfühlsame Sozialassistenten (m/w/d) zur Förderung, Begleitung und Bildung von Kindern unter 3 Jahren. Berufserfahrung in einer Kindertagesstätte wird vorausgesetzt.
Arbeitszeit: 7:30 – 15:30 Uhr
Vergütung: nach KAT, K4
Voraussetzung ist die Zugehörigkeit zu einer christlichen Kirche.

Hannover:

Sozialassistent/-in Elternzeitvertretung, 30 Std./Woche, ab sofort

Gruppendienst in einer altersgemischten Elementar-Krippengruppe mit Übernahme aller pflegerischen und päd. Aufgaben, inkl. Elterngesprächen, schriftl. Reflexionen und Beobachtungen, pädagogischen Angeboten in Kleingruppen und Projekten.
Wir suchen eine/n kommunikative/n und engagierte/n Mitarbeiter/in, die/der möglichst über Erfahrungen mit dem Konzept der offenen Arbeit und des situationsorientierten Ansatzes verfügt. Bereitschaft, sich in einer anspruchsvollen Teamarbeit zu engagieren. Erfahrungen mit unterschiedl. Altersgruppen (Elementar-, Krippenkinder) erwünscht. Wir erwarten außerdem didaktische und methodische Handlungskompetenz, musisch-kreative Kompetenzen, einen guten Zeugnisdurchschnitt sowie gute Sprachkenntnisse (Deutsch). Gute Hauswirtschafts- und pflegerische Kenntnisse.

Umgang mit Stress

15. Recherchieren Sie, was man unter positivem und negativem Stress versteht.

16. Stress bewältigen

16.1 Wie könnte man mit den beiden „Stresssituationen" Problem und Druck umgehen und so Entspannung erreichen?

16.2 Erläutern Sie Strategien zur Bewältigung der Stressbelastung, die die berufliche Tätigkeit im sozialpädagogischen Arbeitsfeld mit sich bringt.

16.3 Beschreiben Sie 5 Punkte, die Sie persönlich in der Erhaltung Ihrer Gesundheit unterstützen; führen Sie aus, wodurch die genannten Punkte stressentlastend wirken.

Schulische Ausbildung und Praktikum

PRAXIS

17. Die Praktikumsvereinbarung (s. Formular S. 26/27) ist ein Dokument zur Unterstützung der praktischen Arbeit in einer neuen Praktikumsstelle und zur regelmäßigen Zielkontrolle (Revision) während des Praktikums.

17.1 Legen Sie dar, welche Erwartungen Sie an Ihre Praxisausbildungsstätte und an Ihre schulische Ausbildung haben.

17.2 Überlegen Sie schriftlich, welche Erwartungen in der Praxis vonseiten der Praxisanleitenden, Eltern und Kinder sowie in der Schule an Sie gestellt werden könnten.

17.3 Beschreiben Sie Schritte, die dazu beitragen könnten, dass Ihre Erwartungen erfüllt werden.

17.4 Wiederholen Sie die Überlegungen in regelmäßigen zeitlich vereinbarten Abständen mit der Praktikumsrevision, um das Ergebnis des Praktikums zu optimieren.

Formulare und Hilfen für Ihr Praktikum

Formular

Auf den folgenden Seiten finden Sie Formulare, die Ihnen den Einstieg in die sozialpädagogische Arbeit erleichtern. Die beiden Lernorte, Schule und Praxis, werden so miteinander vernetzt. Außerdem bieten die Formulare Ihnen Unterstützung in der Durchführung von Reflexionen und systematischen Veränderungsprozessen.

- **Praktikumsvereinbarung**
  Ein Dokument zur Unterstützung der praktischen Arbeit in einer neuen Praktikumsstelle und zur regelmäßigen Zielkontrolle (Revision) während des Praktikums mit Ihrer/Ihrem Ausbilder/-in.
- **Reflexives Praxistagebuch**
  Ein persönliches und vertrauliches Dokument zur Reflexion von einzelnen Praktikumstagen

  Dokumentieren Sie ...
  - Vorbereitungen und Tätigkeiten,
  - Eindrücke und Erfahrungen,
  - Fragestellungen und Probleme,
  - Reflexionen und Perspektiven u.v.m.

Erfahren Sie mehr über ...
- ganz persönliche Gedanken und Gefühle, die im Prozess des Aufschreibens und später Lesens bedeutsam und erkennbar werden.
- Auf eigenen Wunsch können Sie Inhalte vertrauten Personen zum Austausch anvertrauen. Fremdkommentierungen können hilfreich sein.

Erfüllen Sie Ihre Ziele ...
- der Reflexion eigener und fremder fachlicher Beobachtungen,
- der Entwicklung von prozesshaften Strukturen,
- in der Vorbereitung von Elterngesprächen, Teamsitzungen, Praxisberichten.

Nutzen Sie ein Notizbuch ...
- für Ihre Sammlung von beobachtbaren Tätigkeiten, Erlebnissen und Eindrücken in Verbindung mit Ihren emotionalen Befindlichkeiten.

- **Reflexiver Wochenrückblick im Praktikum**
  Mit dieser Vorlage kann die Reflexion einer Praktikumswoche umfassend und gut strukturiert vorgenommen werden. Vergegenwärtigen Sie sich stets, in welcher Phase des Praktikums Sie sich gerade befinden.

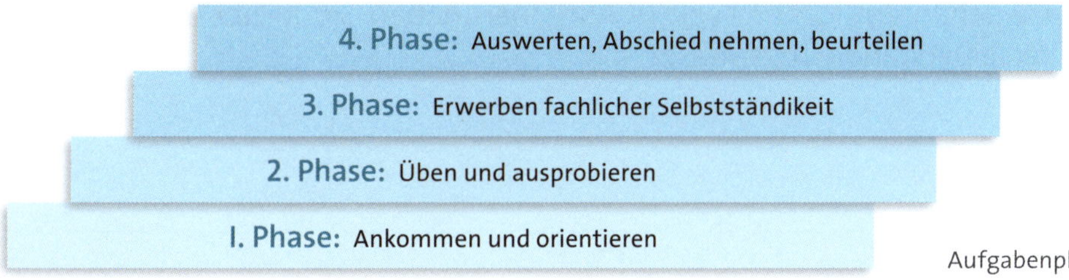

Aufgabenphasen im Praktikum

- **Entwicklungsskala im Praktikum**
  Dokumentieren Sie in dieser Skala entsprechend den unterschiedlichen Praktikumsphasen Ihre persönliche berufliche Entwicklung. Die Angaben auf der Vorlage geben Ihnen Anhaltspunkte für Erwartungen/Aufgaben in der jeweiligen Praktikumsphase.

- **Dokumentation eines Praxisgesprächs**
  Zur Unterstützung eines Gesprächs mit Ihrer Praxisanleitung. Beachten Sie hierzu auch die folgende Abbildung.

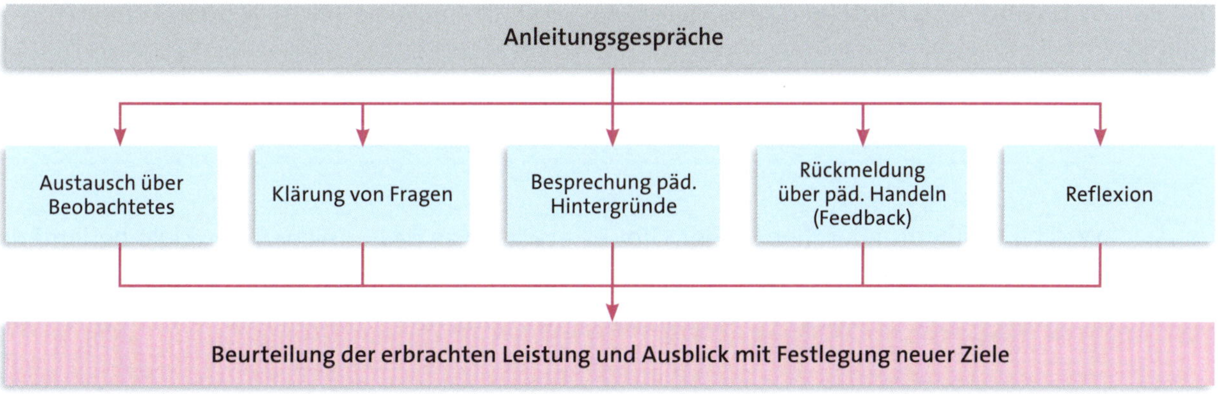

Formular

Praktikumsvereinbarung

zwischen ______________________________

Ausbilder/Ausbilderin

und ______________________________

Praktikant/Praktikantin

Liebe Praktikantin, lieber Praktikant: Welche Erwartungen haben Sie an das bevorstehende Praktikum?

____

____

Welche Aufgaben sind jetzt zu erfüllen in der Orientierungsphase, was möchten Sie in den ersten Praktikumswochen erreichen? Welche Aufgaben haben Sie in der Erprobungsphase? In der Vertiefungs-/Verselbstständigungsphase?

____

____

____

Was erwarten Sie von mir als Ausbilder/-in? Was erwarte ich von Ihnen als Praktikant/-in?

____

____

Was werden Sie dazu beitragen, dass die vereinbarten Ziele erreicht werden können?

____

____

Welche Befürchtungen haben Sie? Gibt es etwas, was das Erreichen der Ziele behindern könnte? Haben Sie Ideen für Lösungsansätze?

____

____

Welche Vereinbarungen helfen uns, in der Orientierungsphase des Praktikums einen regelmäßigen Austausch zu finden?

____

____

[Bei der nächsten Ausbilderkonferenz erfolgt eine Vereinbarungsrevision (→ Download Formulare) – bitte wieder mitbringen.]

Wir vereinbaren somit:

-
-
-

Datum

Unterschrift Praktikant/-in

Datum

Unterschrift Ausbilder/-in

Merkmale „nützlicher" Verträge

- eindeutig (nichts zwischen den Zeilen)
- kurz (ohne Bedingungen und Nebensätze)
- positiv formuliert (enthält keine Verneinungen)
- überprüfbar (die Beteiligten und auch Außenstehende können die Entwicklungsfortschritte wahrnehmen)
- erfüllbar (angesichts der Zeit und Möglichkeiten von Anleiter/-in und Praktikant/-in)

(vgl. Hennig/Pelz 2002)

[Bitte im Laufe der Blockpraktikumswoche bei einem Ausbildungsgespräch mit der Anleitung thematisieren und gemeinsam nach den „Merkmalen nützlicher Verträge" (siehe Kasten) ausfüllen. Bei der nächsten Ausbilderkonferenz erfolgt eine Vereinbarungsrevision (→ Download Formulare) – bitte wieder mitbringen.]

Formular

1 Das reflexive Praxistagebuch

Was habe ich heute gemacht? ➧ Dokumentation von Tätigkeiten, Beobachtungen, Erfahrungen	
Wie habe ich mich dabei gefühlt? ➧ Im Handlungskontext wahrgenommene emotionale Befindlichkeiten	
Was ist gut gelungen, was weniger gut? ➧ Erfolge und Schwierigkeiten/Probleme	
Was bleibt zu tun? ➧ Arbeitsvorhaben/Perspektive	
Eigenkommentierung: ➧ Reflexion von Skizzierungen, Eintragungen	
Fremdkommentierung(en): ➧ z. B. Lernbegleiter, Praxis-anleitung	

Reflexiver Wochenrückblick

Woche vom ______________________ bis zum ______________________	
Planungen für die Woche	
Besondere Ereignisse/Vorkommnisse	
Aktualitäten	
Beobachtungen bei Kindern	
Selbstbeobachtungen	
Kollegiales Feedback und Ausbildungsgespräche	

Formular

Ergebnisse reflexiver Wochenrückblick	
Fachliche Erkenntnisse	
Erworbene Kompetenzen ➧ fachliche ➧ methodische ➧ soziale ➧ personale	
Weitere Ausbildungs-/ Entwicklungsziele	
Persönliche Anmerkungen	

Entwicklungsskala im Praktikum

Meine Entwicklung im Praktikum Für: ______________________

entsprechend den Zielsetzungen in den Phasen (Fachkompetenz, Personalkompetenz, Sozialkompetenz)

Orientierungsphase	Erprobungsphase	Vertiefungs-/ Verselbstständigungsphase	Abschluss & Rückblick
➧ Kennenlernen sozialpädagogischer Arbeitsfelder ➧ Rechtliche, institutionelle, finanzielle Regelungen erfahren ➧ Sozialpädagogisch handeln können ➧ Zusammenhänge von Theorie und Praxis erkennen ➧ Kollegial reflektieren und kritisch handeln können ➧ Vorerfahrungen und Erwartungen reflektieren ➧ Lernsituationen beobachten, beurteilen lernen ➧ Einrichtungsspezifische Konzeption kennen und verstehen	➧ Sich mit Fragen des beruflichen Alltags auseinandersetzen ➧ Sozialpädagogische Grundhaltung entwickeln ➧ Sich planvoll mit Aspekten und Aktivitäten der Praxis auseinandersetzen ➧ Beobachten, Beschreiben, Analysieren lernen ➧ Pädagogische Angebote entwickeln, konkretisieren, erproben und üben ➧ Reflektieren, verbessern, ausprobieren und dokumentieren ➧ Konzeptionelle, inhaltliche, methodische Vorstellungen entwickeln	➧ Fallbesprechung/Teilhabe an Bildungspartnerschaft ➧ Kollegiale Beratung ➧ Teilhabe an gruppenübergreifenden Prozessen und Aktivitäten der Gesamteinrichtung (Teamarbeit, Konzeptionelles, Feste, Vernetzung mit Kooperationspartnern u.a.) ➧ Berichte/Beobachtungen zu Spielbegleitungsmaßnahmen, Bildungsangeboten, Hospitationen bilden zunehmend Ausgangspunkt für Reflexionsgespräche	➧ Reflexion des Gesamtprozesses ➧ Konstruktiver Abschluss: Resümee ➧ Ablösung von Kindern, Mitarbeitenden, Anleitung

PRAKTIKUM – PRAKTIKUM – PRAKTIKUM

Praxisstelle: ______________________ *[Beachte dabei: Fachkompetenz, Personalkompetenz, Sozialkompetenz]*

Individuelle Entwicklungsprozesse	Individuelle Entwicklungsprozesse	Individuelle Entwicklungsprozesse	Individuelle Entwicklungsprozesse

[Blatt bei Bedarf verlängern]

Formular

1

Dokumentation eines Praxisgesprächs

am ________________ von ________________ bis ________________

anwesend ________________

____

Kompetenzbereiche	Selbst- und Fremdwahrnehmung Entwicklungspotenziale	Zielvereinbarung(en) Handlungsschritt(e)
Fachkompetenz ▪ Fachkenntnisse ▪ Fachsprache ▪ Zielformulierungen ▪ u. a.		
Methodenkompetenz ▪ Methodenwahl ▪ Strukturen (Raum, Zeit ...) ▪ Planung ▪ Materialien/Medien ▪ Binnendifferenzierung ▪ u. a.		

Kompetenzbereiche	Selbst- und Fremdwahrnehmung Entwicklungspotenziale	Zielvereinbarung(en) Handlungsschritt(e)
Personale Kompetenz ▪ Authentizität ▪ Offenheit ▪ Sprache/Gesprächs-führung		
Soziale Kompetenz ▪ Beziehungen ▪ wertschätzende Haltung ▪ Erziehungsmittel		
Reflexionskompetenz		
für das Protokoll (Schüler/-in/Ausbilder/-in) am ______________________________ ______________________________ ______________________________		

2 Bedürfnisse

1.

Handlungssituation

Die sozialpädagogische Assistentin Mia arbeitet im mehrgruppigen, städtischen Kindergarten *Kleine Engel* in Hamburg. Das 12-köpfige Team besteht mehrheitlich aus Erzieherinnen und sozialpädagogischen Assistentinnen als Zweitkräfte. Ein Frühkindpädagoge leitet die Einrichtung. Entsprechend des hohen Bedarfs wird der Kindergarten zur Kindertagesstätte ausgebaut und eröffnet im Herbst 2 Krippengruppen. Zu der altersheterogenen Stammgruppe, in der Mia tätig ist, ist vor Kurzem ein neues Kind hinzugekommen: Said (3;7 Jahre) ist mit seinen Eltern aus einem Krisengebiet geflohen. Die Eltern sprechen kaum Deutsch und müssen sich um ihre Einbürgerung kümmern.
Im Personalzimmer hat Mia gerade wieder einen Blick auf das Poster mit der Bedürfnispyramide nach Maslow geworfen und überlegt, inwieweit diese ihr in gegebener Situation helfen kann.

In der Erstunterkunft, in der Said im Moment wohnt, hat er kaum Spielkameraden oder Spielsachen. In den letzten Monaten kam beides ohnehin viel zu kurz. Auch andere für Kinder interessante Dinge oder Orte fehlen, er langweilt sich oft.
Seine Mutter kümmert sich sehr um ihn und macht alles für ihren Sohn: Sie bindet ihm die Schuhe, schmiert seine Brote und sagt ihm, was er anziehen soll. Wenn seine Mutter ihm beim Abholen die Schuhe anziehen will, sagt Said oft „Nein, ich kann das selber!“ oder er läuft mit offenen Schuhen von seiner Mutter weg.
Saids liebstes Thema sind Autos: Sobald Mia ihn dazu ermuntert, erzählt er ihr von Autos und kennt auch viele Marken. Sonst spricht er kaum. Vor allem mit den anderen Kindern redet er nicht. Er hört zu, zieht sich in die Beobachterrolle zurück. Said schaut gern dem Vorschulkind Max beim Spielen in der Bauecke zu. Heute hat Said sich sogar zu ihm gesetzt und ein Holzauto neben den Turm von Max gestellt. Als Max das Auto zwischen den Bauklötzen fahren lässt, lächelt Said und brummt leise dazu.

Bedürfnispyramide nach Maslow

1.1 Bearbeiten Sie die Handlungssituation mithilfe des Formulars „Bearbeitung einer beruflichen Handlungssituation“ von S. 13 ff.

1.2 Gehen Sie in Ihren Ausführungen besonders auf die Bedürfnisse ein, die Said zeigt, und wie Mia diese berücksichtigen kann.

2. Die eigenen Bedürfnisse wahrnehmen

2.1 Überprüfen Sie, inwieweit *Ihre* Bedürfnisse auf den einzelnen Stufen der Bedürfnispyramide von Maslow erfüllt sind. Belegen Sie Ihre Zustimmung zur Erfüllung einer Stufe mit Beispielen.

2.2 Stellen Sie fest, welche individuellen Bedürfnisse bei Ihnen bestehen.

2.3 Überlegen Sie schriftlich, was Sie tun könnten, um die Bedürfnisbefriedigung zu erreichen.

2.4 Notieren Sie 4 konkrete Ziele, die Sie in der nahen Zukunft umsetzen möchten, und erläutern Sie Schritte zur Erreichung der Ziele.

PRAXIS

3. Suchen Sie sich während eines Praxistags ein Kind aus, das Sie gezielt im Hinblick auf seine Bedürfnisäußerungen beobachten wollen.

3.1 Fertigen Sie sich eine Tabelle nach dem folgenden Muster und notieren Sie am Ende des Arbeitstags für ungefähr eine halbe Stunde lang stichwortartig, welche Bedürfnisäußerungen Sie an diesem Tag von Ihrem Beobachtungskind wahrgenommen haben.

Sozial-emotionales Bedürfnis	Situation	Was brauchte das Kind genau?	Wie hat es das gezeigt? Was hat es getan?	Wie haben die pädagogischen Fachkräfte oder andere Kinder darauf reagiert?
Sicherheit und Schutz				
Verständnis				
Geborgenheit				
Zugehörigkeit				
Anerkennung				

3.2 Haben Sie bei dem beobachteten Kind auch körperliche Bedürfnisse (z. B. motorische) wahrgenommen? Fertigen Sie sich auch hierzu eine Tabelle und notieren Sie Ihre Wahrnehmungen.

4. Mit Kindern NAIS („nice") interagieren: Kinder brauchen das Gefühl, verstanden zu werden, gesehen und anerkannt zu sein und sich zugehörig zu fühlen.

4.1 Beachten Sie in den nächsten Wochen bei der Ansprache der Kinder folgende Reihenfolge in der Interaktion:

Den **N**amen sagen,
in die **A**ugen schauen,
Innehalten,
Sprechen, ... was ich dem Kind sagen möchte.

4.2 Beschreiben Sie Ihre Erfahrungen.

- Wie hat sich Ihr Kontakt zu den Kindern entwickelt?
- Was hat sich in Ihnen durch diese Form des Sprechens mit den Kindern verändert?

5. Bedürfnisse von Kindern kennen und wahrnehmen

5.1 Notieren Sie die zentralen Grundbedürfnisse von Kindern, indem Sie das Schaubild vervollständigen.

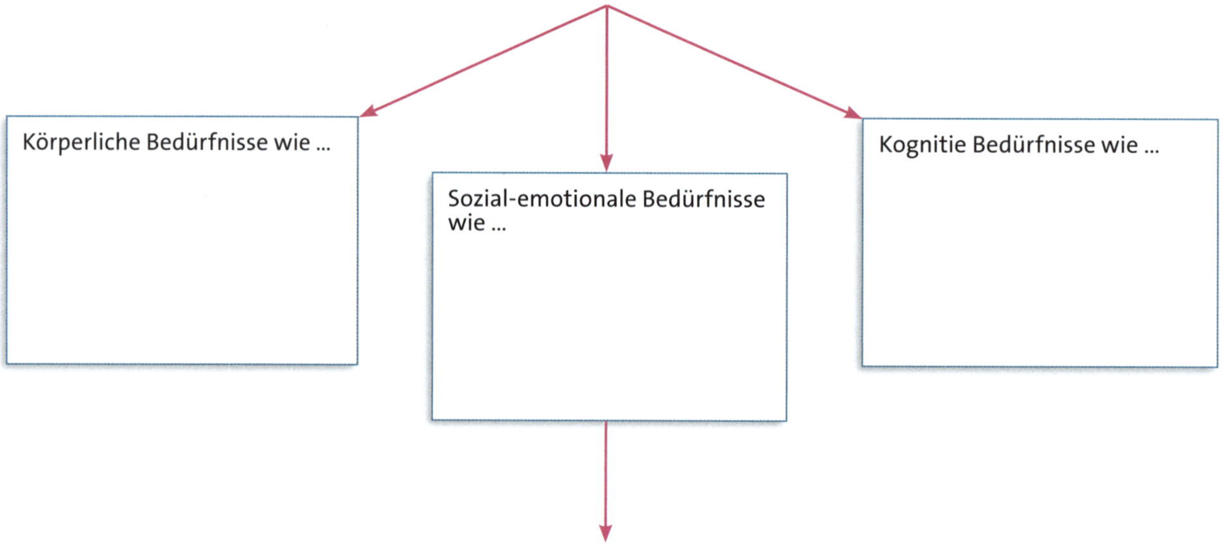

5.2 Beschreiben Sie in Kürze die Konsequenzen für den sozialpädagogischen Alltag.

5.3 Geben Sie konkrete Beispiele aus der Praxis, wie Sie diesen Bedürfnissen entgegenkommen. Tragen Sie sie in die Schaubilder ein.

körperliche Bedürfnisse

sozial-emotionale Bedürfnisse

kognitive Bedürfnisse

PRAXIS

6. Ihre Aufgabe ist es, in der Einrichtung 3 Kinder eine Zeitlang zu beobachten: Verhalten, Gestik, Mimik und was sie sagen. Versuchen Sie, daraus die Bedürfnisse des Kindes bewusst wahrzunehmen. Tragen Sie Ihre Notizen später in diese Felder ein.

Kind ... zeigt folgendes beobachtbares Verhalten:	→	Bedürfnis könnte sein
Kind ... zeigt folgendes beobachtbares Verhalten:	→	Bedürfnis könnte sein
Kind ... zeigt folgendes beobachtbares Verhalten:	→	Bedürfnis könnte sein

Achtung Datenschutz! Den Vornamen des Kindes nur abkürzen sowie Geschlecht und Alter fachgemäß angeben, z. B. M., w, 3;6 Jahre

7. Begriffekarte Erzieherische Grundhaltungen
Lesen Sie die Begriffekarte für sich. Versehen Sie die Begriffe, die Sie erläutern können, mit einem grünen Haken.
Tauschen Sie sich über nicht abgehakte Begriffe zu zweit oder im Team aus. Noch keine Klarheit? Recherchieren Sie in der Fachliteratur oder in digitalen Medien.

Feinfühligkeit	**Bezugspersonen**	**intuitive Kompetenz**	**Ausdruckskanäle der Feinfühligkeit**
Körperkontakt	**Empathie**	**Urvertrauen**	**Bindungssicherheit**
Personenpermanenz	**Bindungserfahrung**	**Repertoire des Bindungsverhaltens**	**Kindliche Bedürfnisse**
Selbstwirksamkeits-erfahrungen	**Bindungsentwicklung**	**Exploration des Verhaltens**	**Bindungsqualität**
?	**Vorhersehbarkeit**	**?**	**Verfügbarkeit**
8-Monats-Angst	**Bindungstypen**	**Hospitalismus**	**„social-referencing“**

8. Kindliche Bedürfnisse konzeptionell verankern

8.1 Entwickeln Sie eigene konzeptorientierte Ideen für einen Kindergarten oder eine Kinderkrippe, in der möglichst viele körperliche, sozial-emotionale und kognitive Bedürfnisse der Kinder erfüllt werden. Beziehen Sie sich dabei auf Räume, deren Einrichtung/Ausstattung und Spiel-/Verbrauchsmaterialien, den Tagesablauf und die Einstellungen sowie das Verhalten der Pädagogen.

8.2 Erstellen Sie eine Übersicht darüber, welche Bedürfnisse bspw. bei der Ausstattung Ihres Raums wie berücksichtigt wurden. Fertigen Sie ggf. eine Skizze dazu an.

Bindung

9. **FALLBEISPIEL** Kira (10 Monate) ist heute nach fast einer Woche wieder in der Krippe. Obwohl sie die eigentliche Eingewöhnungsphase bereits vor Wochen gut abgeschlossen hat, weint sie jetzt wieder, klammert sich an ihrer Mutter fest und ist untröstlich. Frau Decker hat im Moment wenig Zeit, weil sie recht kurzfristig für eine Kollegin einspringen muss. Das Winken vom Fenster aus hilft Kira zwar kurzfristig, aber sie fällt immer wieder zurück in den Trennungsschmerz.

9.1 Lesen Sie das Fallbeispiel und analysieren Sie es in Bezug auf die Phasen von Bindung.

9.2 Legen Sie dar, welche Schritte notwendig sind, um Kira eine sicher-gebundene Bindung weiter ausprägen zu lassen.

9.3 Entwickeln Sie einen Dialog mit der Mutter, in dem Sie ihr die Bedürfnisse ihrer Tochter näherbringen. Nutzen Sie dazu ggf. die Broschüre des Jugendamts Bielefeld „Was Kinder brauchen – Sieben Grundbedürfnisse", die Sie im Internet kostenfrei als pdf-Datei finden können:
https://www.bielefeld.de/ftp/dokumente/WasKinderbrauchen_Internetneu.pdf

9.4 Beschreiben Sie anhand von 3 konkreten Beispielen, wie Sie Kira in der beschriebenen Situation dabei unterstützen können, über den akuten Trennungsschmerz hinwegzukommen. Geben Sie Gründe für Ihre Ausführungen an.
[Hinweis: Die Begleitung einer Transition wird auch im Kap. 8 vertiefend behandelt.]

Die 7 Grundbedürfnisse von Kindern nach Brazelton/Greenspan

1. Das Bedürfnis nach beständigen liebevollen Beziehungen
2. Das Bedürfnis nach körperlicher Unversehrtheit und Sicherheit
3. Das Bedürfnis nach individuellen Erfahrungen
4. Das Bedürfnis nach entwicklungsgerechten Erfahrungen
5. Das Bedürfnis nach Grenzen und Strukturen
6. Das Bedürfnis nach stabilen und unterstützenden Gemeinschaften
7. Das Bedürfnis nach einer sicheren Zukunft für die Menschheit

PRAXIS

10. Das Thema „Bindung" in der Praxis

10.1 Erstellen Sie ein Faltblatt mit Tipps zur Förderung der sicheren Bindung, die Sie Eltern eines Neugeborenen an die Hand geben könnten.

10.2 Beschreiben Sie feinfühliges Verhalten in der Fachkraft-Kind-Beziehung. Lesen Sie hierzu den Text zu Aufgabe 12 in Kap. 20.

10.3 Wie bauen Sie eine Beziehung zu Kindern ohne sichere Bindung auf? Nutzen Sie ggf. folgenden Literaturtipp: „Bildung, Erziehung und Betreuung von Kindern in den ersten drei Lebensjahren" (Hrsg. Bayerisches Staatsministerium für Arbeit und Soziales, Familie und Integration)

3 Das Wesen Kind – Menschenbild und Haltung

1. Das Bild vom Kind

1.1 Malen Sie Ihr Bild vom Kind oder schreiben Sie einen Text, in dem Ihre eigenen Vorstellungen über Kinder und Kindheit heute deutlich werden. Tauschen Sie sich zu zweit oder im Team aus und notieren Sie Gemeinsamkeiten und Unterschiede.

1.2 Vergleichen Sie Ihre Ergebnisse mit der folgenden Abbildung.

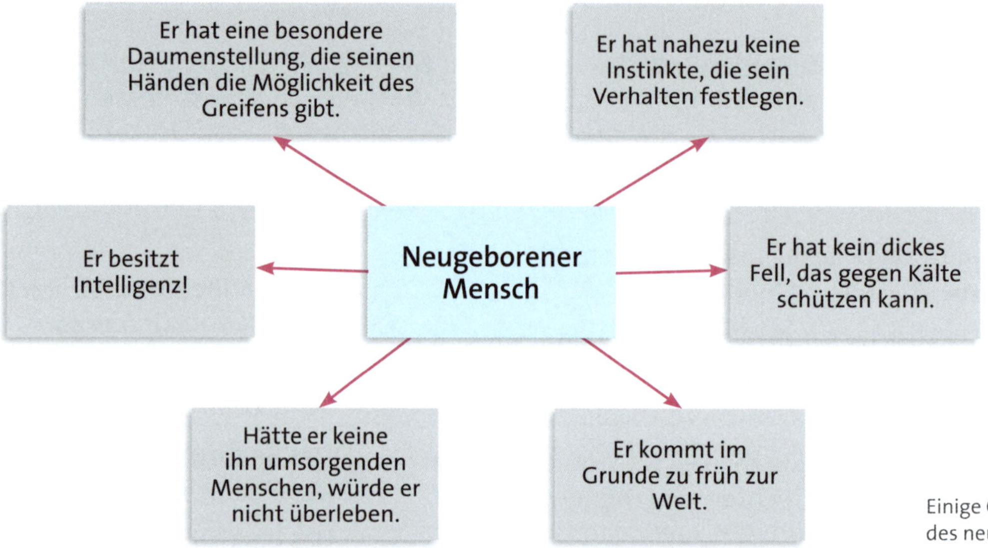

Einige Charakteristika des neugeborenen Menschen

1.3 Stellen Sie die daraus resultierenden Konsequenzen für das erzieherische Handeln heraus.

2. Nennen und erläutern Sie Kernaussagen des humanistischen Menschenbilds.

Grundhaltung der Erziehenden

3. **FALLBEISPIEL 1** Frau Schmel bei der Begrüßung: „So, kommt her und setzt euch. Wir wollen heute mit den Schachteln, Rollen, Wollresten, Knöpfen und dem anderen Material, das ihr mitgebracht habt, einen Bauernhof basteln. Was habt ihr dort letzte Woche gesehen?" „Kühe", „Pferde", „Katzen". „Ja, und dann auch noch das Bauernhaus. Wer macht was? Ach, ich teile das jetzt ein, dann geht es schneller und wir haben nicht so viel doppelt." ... „Nun fangt ruhig an, ihr werdet das schon schaffen." In diesem Augenblick kommt eine Kollegin herein und fragt: „Wie läuft es denn so?" „Ich habe gerade bestimmt, wer was macht, dann gibt es nicht so ein Durcheinander und viele verschiedene Teile. Du musst denen ja doch vorgeben, was sie machen sollen, sonst klappt es nicht." Harvey steht auf und will sie etwas fragen. „Harvey, setz dich wieder hin. Ich komme gleich und mache dir vor, wie es geht." Zur Kollegin gewandt: „Siehst du, was ich meine? Ohne meine genauen Anweisungen schaffen sie es nicht."

FALLBEISPIEL 2 Frau Osten bei der Begrüßung: „Schön, dass ihr da seid. Wir setzen uns zuerst alle im Kreis um die Schachteln, Rollen usw. ... Was habt ihr letzte Woche auf dem Bauernhof gesehen und was könnten wir gestalten?" Die Kinder antworten: „Kühe", „Pferde", „Katzen". „Ihr habt ja viele Ideen. Hier haben wir viele Schachteln, Rollen usw. gesammelt. Wer möchte daraus einen Trecker machen? Wenn einer von euch Hilfe braucht, schauen wir gemeinsam, wie es gehen könnte." In diesem Augenblick kommt eine Kollegin herein und fragt: „Wie läuft es denn so?" „Oh, es ist fantastisch, wie viele Ideen die Kinder haben. Ich bin sicher, da entstehen viele verschiedene individuelle Werke." Bennet kommt, um etwas zu fragen. „Bennet, ich komme. Du, entschuldige, ich möchte gerade mit Bennet bauen."

3.1 Beschreiben Sie das erzieherische Verhalten in beiden Beispielen. Was können Sie daraus in Bezug auf die erzieherische Haltung (Ko-Konstruktion und Scaffolding) der beiden Fachkräfte ableiten?

Ko-Konstruktion
als pädagogischer Ansatz heißt: Lernen findet durch Zusammenarbeit statt, wird also von Kindern und pädagogischen Fachkräften gemeinsam „konstruiert". Schlüssel der Ko-Konstruktion ist die soziale Interaktion. Sie fördert die soziale, geistige und sprachliche Entwicklung.

(Vgl. Der Bayerische Bildungs- und Erziehungsplan für Kinder in Tageseinrichtungen bis zur Einschulung)

Scaffolding
bezeichnet eine vorübergehende, an den bestehenden Fähigkeiten der Kinder orientierte Hilfestellung zur Weiterentwicklung von Kompetenzen. Ziel ist, dass die nächste Stufe der Kompetenz schließlich ohne Hilfestellung und unabhängig ausgeführt werden kann. Die pädagogische Fachkraft bietet die Hilfestellung immer in der „Zone der nächsten Entwicklung" an, d. h. sie unterstützt die Kinder darin, über das, was sie bereits wissen und können, hinauszugehen.

(Vgl. Der Bayerische Bildungs- und Erziehungsplan für Kinder in Tageseinrichtungen bis zur Einschulung)

3.2 Welches Bild vom Kind könnte die Pädagoginnen jeweils leiten?

3.3 Welche Erziehungsziele werden angestrebt? Überprüfen Sie, ob das Bildungsangebot den angestrebten Bildungszielen angemessen ist.

3.4 Ist das Verhalten der Erziehenden kongruent? Was sind die Indikatoren für Ihre Einschätzung?

3.5 Beschreiben Sie die Verbalisierungen und das Verhalten von Frau Osten aus Fallbeispiel 2. Was fällt Ihnen auf?

3.6 Finden Sie weitere, ggf. persönliche Beispiele für kongruentes und weniger kongruentes Erzieherverhalten.

3.7 Analysieren Sie Fallbeispiel 2 bezüglich der Grundhaltung der Erziehenden Frau Osten mithilfe der folgenden Abbildung.

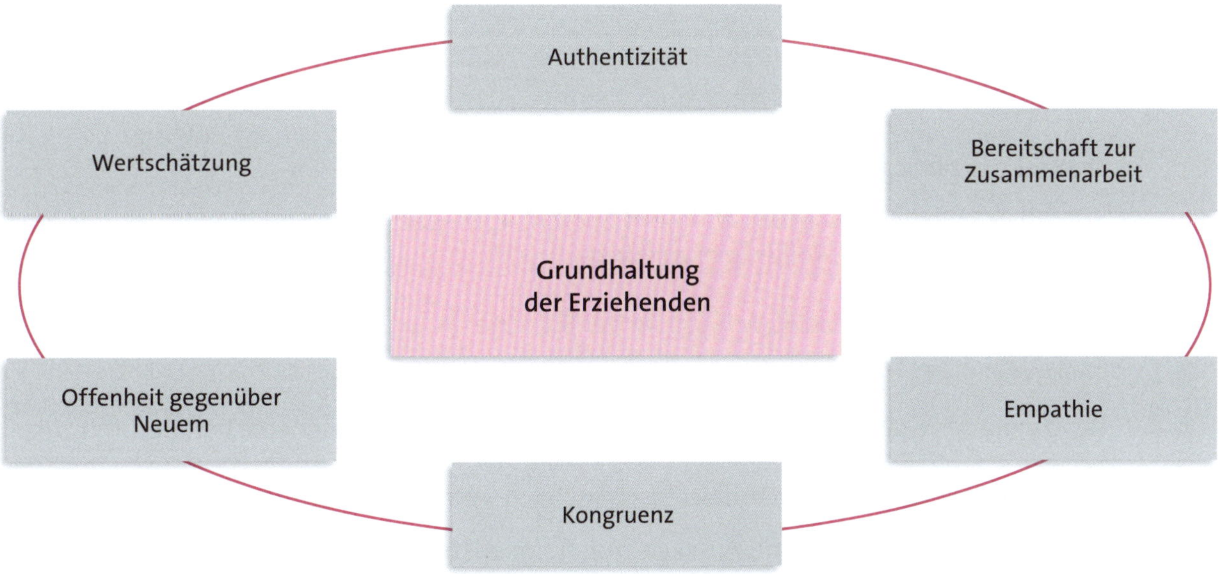

3.8 Versetzen Sie sich in die Rolle von Frau Osten. Wie würden Sie in der geschilderten Situation vorgehen?
- Orientieren Sie sich an positiven erzieherischen Grundhaltungen.
- Formulieren Sie operationalisierte Bildungsziele für einzelne Kinder.
- Welche Ideen haben Sie für deren methodisch-didaktische Umsetzung?

4. **FALLBEISPIEL** Max läuft wütend durch den Raum und wirft Bausteine auf andere Kinder.

Erläutern Sie anhand des Fallbeispiels mithilfe des folgenden Schaubilds, wie sich sozialpädagogische Grundhaltungen im pädagogischen Alltag darstellen.

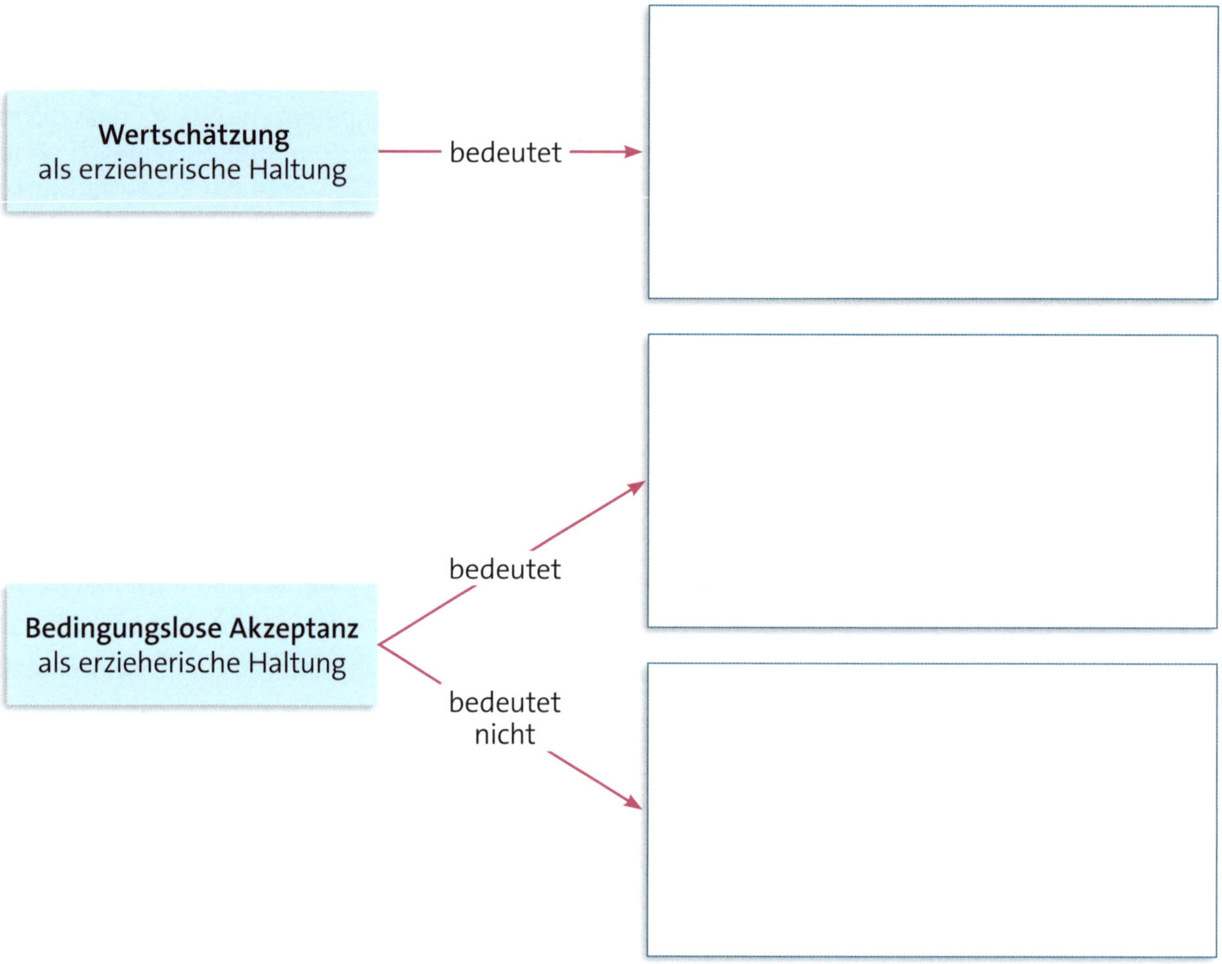

5. **FALLBEISPIEL** Zweitkraft Esa hilft heute in Ihrer Gruppe aus. Sie bemerken, dass die junge Fachkraft mit den Kindern Nihal und Mehmet ausschließlich Türkisch spricht. Darauf angesprochen argumentiert sie, durch den muttersprachlichen Umgang einen Zugang zu den Kindern zu finden, der getragen ist von den Grundhaltungen *Wertschätzung, Empathie und Echtheit.*

Sie sehen einen Widerspruch zu Ihrem Sprachbildungskonzept. Diskutieren Sie mit Esa über den Widerspruch in einem Rollenspiel zu zweit.

6. Erzieherische Haltung zeigt sich u. a. in der Sprache.

6.1 Geben Sie vielfältige Beispiele.

6.2 Beschreiben Sie die Bedeutung, die der Sprachgestaltung in erzieherischen Berufen zukommt.

6.3 Benennen Sie wesentliche Grundsätze sprachlichen Modellverhaltens.

6.4 „Eine pädagogisch wirksame Aussage muss eine klare Intention haben." Erklären Sie diese Äußerung und geben Sie mindestens ein praktisches Beispiel.

7. Beschreiben Sie die favorisierte Grundhaltung einer pädagogischen Fachkraft ihrer Zielgruppe gegenüber anhand eines Beispiels aus der sozialpädagogischen Praxis. Gehen Sie in Ihren Ausführungen auf mindestens 5 grundlegende Aspekte ein.

Partizipation

8. Kinder sollen an der Gestaltung ihres Lebensraums partizipieren.

8.1 Definieren Sie den Begriff „Partizipation“ im pädagogischen Zusammenhang.
Partizipation bedeutet ...

____

____

____

____

____

8.2 Wählen Sie eine Altersgruppe und zeigen Sie altersspezifische Möglichkeiten der Partizipation im sozialpädagogischen Alltag auf. Die unten stehende Abbildung „Stufen der Partizipation“ kann Sie in der Ideenfindung unterstützen.

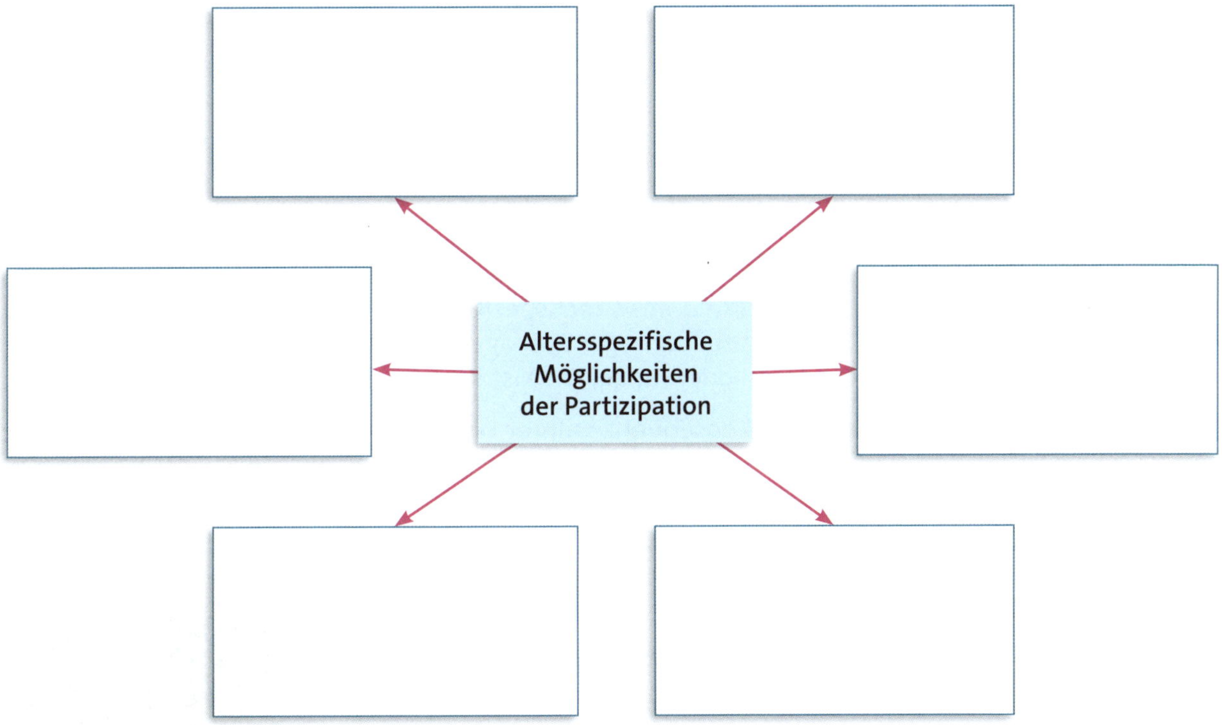

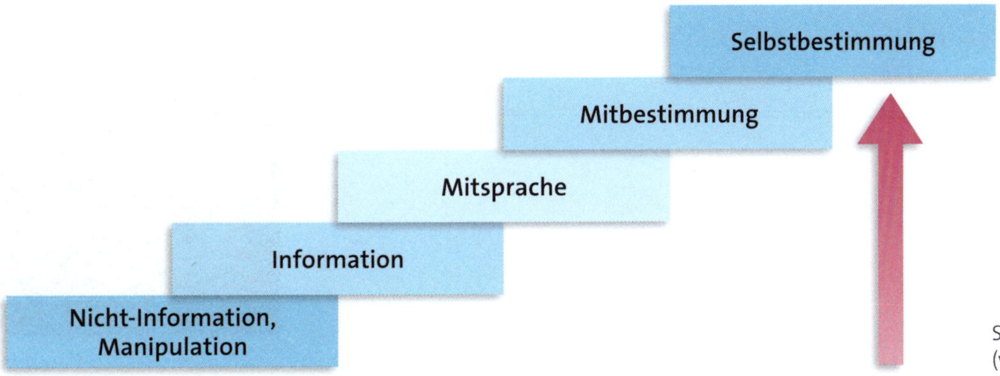

Stufen der Partizipation
(vgl. Kühn, 2006)

9. Wenden Sie die „5 Prinzipien für Partizipation im Kindergarten“ (s. folgende Abb.) in der Planung einer prozessorientierten Bildungseinheit für Kindergartenkinder an und kennzeichnen Sie diese mit den entsprechenden Nummern von 1 bis 5.

5 Prinzipien für Partizipation im Kindergarten

1. Kinder müssen zum Erwerb der Partizipationsfähigkeit aktiv von Erwachsenen unterstützt werden.	2. Kinder müssen einen gleichberechtigten Umgang erfahren, wobei ihre Lebensräume, Interessen und Weltsicht uneingeschränkt anerkannt werden.	3. Partizipation ist lebensweltorientiert, sie geht die Kinder etwas an, da sie aus ihrem Lebensraum einen Zugang zu den Themen haben.	4. Auch die Mitbestimmung der Kinder orientiert sich an der jeweiligen Zielgruppe: Nicht alle Kinder sind gleich und wollen dasselbe. Herkunft, Alter, Geschlecht u. a. müssen bei den Methoden und Inhalten der Partizipation berücksichtigt werden.	5. Partizipation darf für die Kinder nicht folgenlos bleiben: keine einmalige Mitsprachemöglichkeit, deren Realisierung für die Kinder nicht mehr transparent ist.

10. Entwickeln Sie ein konkretes Beispiel aus Ihrer U3-Praxis zur Umsetzung von Partizipation im sozialpädagogischen Alltag.

Gender

11. Genderbewusste Erziehung braucht noch viel Bewusstheit.

11.1 Erläutern Sie, was mit Gender gemeint ist.

11.2 Nehmen Sie vor dem Hintergrund Ihres fachspezifischen Wissens zum Themenbereich „Genderbewusste Erziehung“ Stellung zu folgender Aussage einer Mutter:
„Es ist doch egal, ob Mädchen oder Junge, Kind ist Kind.“

11.3 Was sind die pädagogischen Konsequenzen Ihrer Erkenntnisse?

12. Bildbetrachtung

12.1 Beschreiben Sie Ihre Handlungsschritte in der dargestellten Situation und begründen Sie diese.

12.2 Entwickeln Sie projektorientierte Ideen zum Thema „Jungs sind stark – Mädchen auch!“

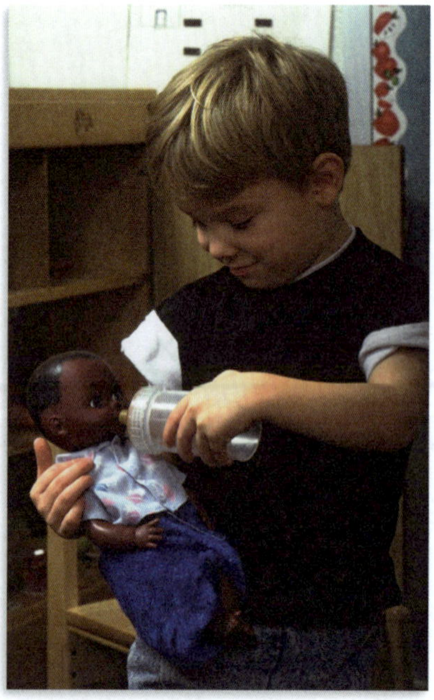

„Hi hi, guck mal! Kevin spielt mit Puppen!“

4 Wahrnehmen und beobachten

1. Wahrnehmend beobachten: Betrachten Sie das Bild genau.

1.1 Beschreiben Sie möglichst wertfrei, was Sie auf dem Bild sehen.

1.2 Notieren Sie sich 3 für Sie wesentliche Beobachtungsinhalte.

- ______________________________
- ______________________________
- ______________________________

1.3 Partnerarbeit: Decken Sie das Bild ab und erzählen Sie Ihrer Partnerin, was Sie sahen.

1.4 Vergleichen und diskutieren Sie das mündliche sowie das schriftliche Ergebnis.

2. Wahrnehmend beobachten: Sinneserfahrung

2.1 Nehmen Sie einen Apfel in beide Hände und versuchen Sie, diesen mit möglichst vielen Sinnen wahrzunehmen.

2.2 Schreiben Sie Ihre 3 wichtigsten Wahrnehmungen auf und vergleichen Sie das Ergebnis im Team.

- ______________________________
- ______________________________
- ______________________________

3. Wahrnehmend beobachten: Unterschiedliche Perspektiven

3.1 Stellen Sie sich vor, Sie kommen als Schülerin in einen Klassenraum wie jeden Morgen. Was nehmen Sie wahr?

- Wenn Sie nun die Rolle der Reinigungskraft einnehmen, die auch jeden Tag den Klassenraum betritt, was würden Sie wahrnehmen?
- Dann versetzen Sie sich einmal in der Rolle des Hausmeisters – was nehmen Sie nun in diesem Klassenraum wahr?
- Was nehmen Sie in der Rolle einer Lehrkraft wahr?

3.2 Begründen Sie die unterschiedlichen Wahrnehmungsergebnisse.

4. FALLBEISPIEL

Zwei Mütter unterhalten sich:

Eine Mutter:

Schau dir nur dieses freche Kind an ...

... nimmt den anderen Kindern ständig Spielsachen weg.

Und diese Ausdrücke, unglaublich, keine Erziehung!

Andere Mutter:

Ich wäre froh, wenn mein Kind nur halb so selbstbewusst wäre.

Dieses Kind verteidigt seine Rechte und ist durchsetzungsfähig!

Mein Kind ist viel zu weinerlich!

4.1 Wie kommt es zu den unterschiedlichen Bewertungen der Kinder? Welche Einflüsse auf die Wahrnehmung könnten sich dahinter verbergen?

4.2 Was verbirgt sich hinter selektiver, was hinter subjektiver Wahrnehmung? Geben Sie jeweils ein konkretes Beispiel aus dem Alltag.

PRAXIS

5. Wahrnehmung in der Praxis

5.1 Machen Sie sich in einer Kleingruppe auf den Weg in die Stadt: Halten Sie einzeln für sich fest, mit welchen individuellen Bedürfnissen Sie sich auf den Weg machen und wie diese Ihre Wahrnehmung beeinflussen.

5.2 Notieren Sie Ihre Wahrnehmung von 3 unterschiedlichen Situationen, ohne sich darüber auszutauschen.

5.3 Vergleichen Sie Ihre Ergebnisse in der Kleingruppe und halten Sie Unterschiede und Gemeinsamkeiten schriftlich fest.

5.4 Ermitteln Sie Ursachen für die festgestellten Unterschiede und Gemeinsamkeiten.

5.5 Überlegen Sie schriftlich, wie Sie Ihre individuelle Wahrnehmung von Situationen verbessern könnten.

Selbstbild und Fremdbild

6. Nutzen Sie die folgende Skala mit menschlichen Verhaltensweisen und schätzen Sie sich und einen Mitschüler entsprechend den Aufgaben 5.1 bis 5.5 ein. Tragen Sie in der Mittelspalte Kreuze unter den Zahlen ein, je nachdem, ob Sie die Verhaltensformen als stark, mittel oder gar nicht vorhanden erkennen. 3 = stark, 1 = mittel, 0 = gar nicht vorhanden
Beispiel: Halten Sie jemanden für sehr freundlich, kommt das Kreuz unter die linke 3, finden Sie ihn etwas humorlos, kommt das Kreuz unter die rechte 1.

4

Verhaltensform	Bewertungsskala					Verhaltensform
	3 stark	1 mittel	0 gar nicht	1 mittel	3 stark	
freundlich						unfreundlich
humorvoll						humorlos
ehrlich						unehrlich
passiv						aktiv
langsam						schnell
verschwommen						klar
stark						schwach
großzügig						sparsam
verspielt						ernst
kontaktfreudig						distanziert
offen						verschlossen
geduldig						ungeduldig
dominant						unterwürfig
einfühlend						kühl
leise						laut
angespannt						gelöst
zurückgezogen						gesellig
zerfahren						geordnet
redselig						verschwiegen
schüchtern						forsch
ordentlich						unordentlich
fleißig						faul
ängstlich						mutig
sympathisch						unsympathisch
zuverlässig						unzuverlässig

6.1 Schätzen Sie sich anhand dieser Liste selbst ein (Selbstbild).

6.2 Schätzen Sie anhand dieser Liste Ihr Gegenüber ein (Fremdbild).

6.3 Schätzen Sie ein, wie der andere Sie vermutlich gesehen hat (Metabild).

6.4 Nun vergleichen Sie die Einschätzungen miteinander: Wie ist Ihr Selbstbild, wie das Fremdbild über den anderen? Gibt es Übereinstimmungen, Unterschiede?

6.5 Das Gleiche machen Sie mit dem Vergleich Fremdbild – Metabild. Unterschiede in der Einschätzung sollten Sie besprechen.
Mit dieser Aufgabe lassen sich die verschiedenartigen Wahrnehmungen, die jeder Mensch hat, entdecken. Möglicherweise nimmt man sie sogar zum Anlass, das eigene Verhalten zu reflektieren oder zu erweitern (Quelle: K. W. Vopel, 2012).

Beobachtung

7.1 Jede Beobachtung braucht Beobachtungsinhalte.
Zeigen Sie solche für verschiedene Beobachtungsthemen auf.

Mögliches Beobachtungsthema	**Mögliche Beobachtungsinhalte**
Das Kind und seine Fähigkeiten und Fertigkeiten	
Das einzelne Kind und ich	
Die Gruppe	
Selbstbeobachtung	
Die äußeren Bedingungen der Einrichtung	

PRAXIS

7.2 Führen Sie an Ihrem nächsten Praxistag eine Beobachtung zu einem der bereits vorgegebenen Beobachtungsthemen durch. Legen Sie diese in Ihrem Ordner ab. Nutzen Sie hierzu ggf. das Formular „Beobachtungssequenz“ von S. 57 f.

8. Vergleichen Sie die Vor- und Nachteile unstrukturierter und strukturierter Beobachtung. Fertigen Sie sich hierzu eine Tabelle nach folgendem Muster:

Unstrukturierte Beobachtung		**Strukturierte Beobachtung**	
Vorteile	Nachteile	Vorteile	Nachteile

9. Mögliche Beobachtungsfehler

9.1 Was verbirgt sich dahinter? Erläutern Sie kurz in eigenen Worten.

9.2 Recherchieren Sie, wenn Ihnen ein Begriff nicht bekannt ist.
Finden Sie anschließend Beispiele aus der Praxis.

Beobachtungs-fehler	Zusammenfassende Erklärung	Beispiel aus der Praxis
Halo-Effekt		
Projektion		
Personen-wahrnehmung: erster Eindruck		
Logischer Fehler		
Stereotype-Effekt		
Pygmalion-Effekt/ Rosenthal-Effekt		
Kontrastfehler oder Ähnlich-keitsfehler		
Milde-Fehler		
Verein-fachungen		

10. Vergleichen Sie die folgenden 2 Ausschnitte verschiedener Beobachtungsniederschriften.

10.1 Halten Sie Unterschiede schriftlich fest.

Beobachtung 1	*Beobachtung 2*
Lara sitzt am Tisch und knetet. Steffi und Lars sitzen daneben und malen. Lara sticht mit dem Zahnstocher Löcher in die Knete. *Lars fragt Lara, was sie da bastelt. Sie antwortet nicht, sieht aber jetzt den beiden beim Malen zu.* *Die Fachkraft fragt: „Hast du auch Lust zu malen?“ Lara nickt. Sie legt ihr Material beiseite und fängt an, mit Buntstiften ein Haus zu malen.* *Max kommt zum Tisch und äußert aufgeregt: „Ich kann auch ein Haus malen!“ Lara hört auf zu malen und beobachtet nun Max, der ein Haus und eine Straße mit Figuren malt.* *Auf einmal steht Lara auf und geht in die Kuschelecke, in der sich gerade kein Kind aufhält. Sie setzt sich auf das Sofa und sieht unbestimmt in den Raum.*	*Pierre kommt aggressiv in den Gruppenraum der Kita und fängt an, Spielsachen aufzunehmen und damit wild um sich zu werfen. Dann stört er Steffi am Maltisch und unterbricht Jens-Peter, der gerade ein Puzzle legt.* *Er läuft durch den Raum und sucht Streit mit den anderen.*

10.2 Beschreiben Sie, welche Konsequenzen sich möglicherweise aus der Unterschiedlichkeit der Beobachtungsniederschriften für den sozialpädagogischen Alltag ergeben.

11. Unsere Wahrnehmung unterliegt vielen Fehlern und ist von zahlreichen Faktoren beeinflusst. Daher ist es für die professionelle sozialpädagogische Arbeit unbedingt notwendig, gezielt zu beobachten, um adäquate Handlungen tätigen zu können (vgl. folgende Abb.). Eine Situation aus der Praxis veranschaulicht dies:

FALLBEISPIEL Elena besucht seit einigen Wochen die Höhere Berufsfachschule für Sozialpädagogik und macht nun ein Praktikum. Als sie morgens in die Kindertagesstätte kommt, geht sie fröhlich in ihre Gruppe. Sie grüßt ihre Kollegen und Kolleginnen und öffnet die Tür zum Gruppenraum.

Es sind noch nicht viele Kinder da: Lea und Sophie spielen hinten in der Ecke in der Kinderküche; Miko, Sven und Lennart sind um etwas gruppiert, das Elena nicht erkennen kann. Als sie genauer hinschauen will, hebt Lennart den Arm und will offensichtlich mit voller Wucht auf Svens Arm schlagen. Elena schreit „Stopp" und rennt hin – da erkennt sie erst, dass vor den dreien eine große Trommel steht.

Sie wendet sich ab und schaut zu den übrigen Kindern – Ayse sitzt am Tisch und beschäftigt sich mit einer Fahrradklingel. Sie wendet sie in ihren Händen hin und her. Neben ihr steht Jonas und sagt etwas zu ihr, worauf sie aber nicht reagiert. Elena wendet sich an ihre Anleiterin Silke, die gerade auf sie zukommt, um sie zu begrüßen, und meint: „Was ist mit Ayse los, die ist heute ja ganz unfreundlich zu Jonas?" Silke lächelt und meint: „Sieh mal genau hin."

11.1 Analysieren Sie das Fallbeispiel nach folgenden Gesichtspunkten: Nennen und beschreiben Sie,
- was der Beobachter über die Kinder erfährt,
- welches Verhalten Elena zeigt,
- welche Ansicht ihre Kollegin in der beschriebenen Situation vermutlich hat.

11.2 Beschreiben Sie eine pädagogische Haltung, die Elena eine professionelle Beobachtung erlaubt.

11.3 Erläutern Sie mindestens 3 der Aspekte der folgenden Abbildung anhand des Fallbeispiels. Führen Sie Begründungen für Ihre Zuordnungen an.

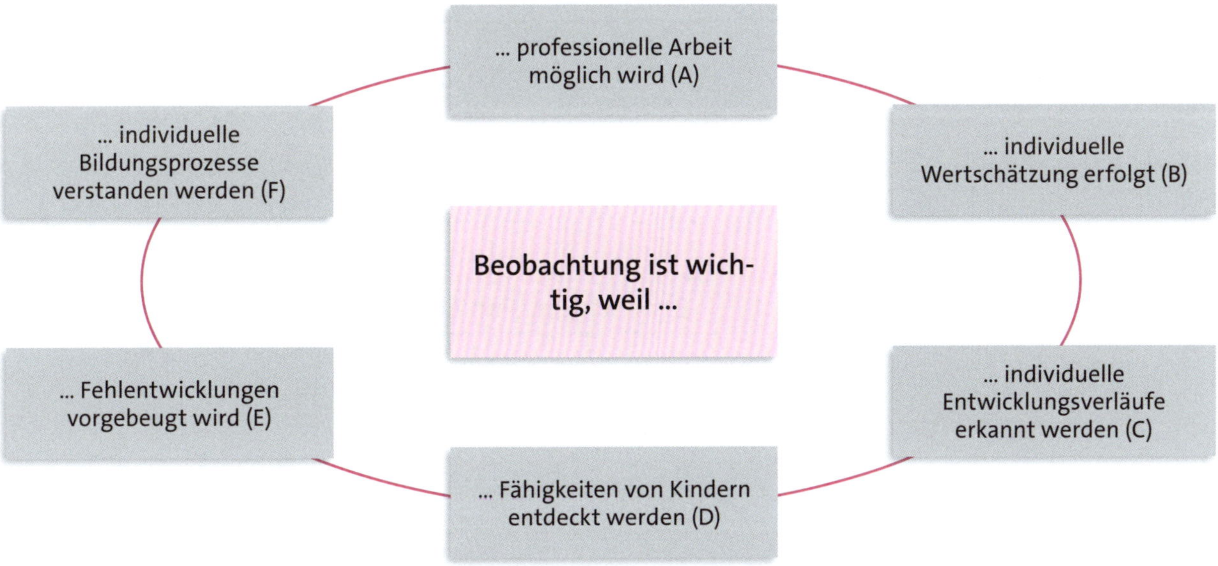

12. Beobachtungsverfahren: Legen Sie sich im Rahmen Ihrer Arbeit mit dem reflexiven Praxistagebuch (s. S. 28) und mithilfe des folgenden Formulars „Beobachtungsverfahren-Steckbrief" eine Übersicht über gängige Beobachtungsverfahren an. Nutzen Sie die Kopiervorlage „Steckbrief" für jedes einzelne Beobachtungsverfahren.

Formular

Beobachtungsverfahren-Steckbrief

Name/Bezeichnung
Form der Beobachtung
Ziele der Beobachtung
Zielgruppe
Beobachtungsinhalte
Empfohlenes Zeitfenster

Form/Legende	
Mögliche Probleme/Schwierigkeiten	
Vorteile +	**Nachteile –**
Praktische Erfahrungen	

Stufen der fachlichen Beobachtung

13. Die Grundlage fachlicher Beobachtung bildet die Wahrnehmung von Verhalten mit verschiedenen Sinnen.

- Die 1. Verarbeitungsstufe ist die **Beschreibung** des wahrgenommenen Verhaltens.
- Die 2. Verarbeitungsstufe ist die **Deutung/Interpretation** des beschriebenen Verhaltens.
- Die pädagogische **Bewertung** (Verarbeitungsstufe 3) erschließt methodisch-didaktische Möglichkeiten von Erziehungs- und Bildungsmaßnahmen und schließt den Beobachtungsvorgang ab.

FALLBEISPIEL Sie nehmen als Praktikantin an folgender Situation teil:
Eine kleine Gruppe von Kindern sitzt im Stuhlkreis und hört dem Erzieher zu, der mit den Kindern zusammen ein Bilderbuch ansieht. Währenddessen sind Sie selbst in der Bau-Ecke und räumen auf.

Folgende Beobachtungssituation „Mareike“ ist den 3 verschiedenen Verarbeitungsstufen einer Beobachtung (Beschreibung/Deutung/Bewertung) zugeordnet. Der Text in der 3. Spalte fehlt. Ergänzen Sie hier die Verarbeitungsstufe „Bewertung“.

Verarbeitungsstufe 1: Beschreibung	Verarbeitungsstufe 2: Deutung	Verarbeitungsstufe 3: Bewertung
Mareike klatscht vor Freude in die Hände, als der Erzieher den Kindern erzählt, welches Bilderbuch sie jetzt betrachten werden. Konzentriert hört Mareike zu, als die Fachkraft zu lesen beginnt. Nach 2 Minuten spricht Mareike die Praktikantin in der Bau-Ecke an: „Was machst du da?“. Danach hört sie wieder dem Vorlesen zu.	Mareike kennt das Bilderbuch und ist erfreut darüber, lässt sich davon motivieren.	
Nach einer weiteren Minute springt sie auf und holt sich einen Teddy aus dem Regal in der Ecke, kehrt wieder zur Sitzgruppe zurück und setzt sich hin.	Trotz hoher Motivation lässt sie sich durch das Tun der Personen um sie herum ablenken.	
Nach weiteren 2 Minuten läuft Mareike zur Praktikantin und sagt: „Kann ich dir helfen ...“	Mareikes Interesse am Vorlesen der Geschichte verringert sich. Sie scheint die Interaktion mit der Praktikantin reizvoller zu finden.	

14. Im Folgenden (nächste Seite) finden Sie ein weiteres Beobachtungsprotokoll zu dem Beispiel „Anna“. Arbeiten Sie zu zweit.
Lesen Sie zunächst das Protokoll und bearbeiten es anschließend anhand der Aufgaben auf der nächsten Seite.

Name des Kindes: *Anna* Alter und Geschlecht: *3 Jahre, weiblich* Ort der Beobachtung: *Flurbereich, Küche* (drinnen/draußen, Raum) Besonderheiten: *seit ca. 5 Wochen in der Einrichtung* (z. B. Kind erst kurz in der Einrichtung, Lieblingserzieherin fehlt heute, Freund/Freundin heute nicht da)	Beobachtungsdatum: *2.10.20..* Name der Beobachterin: *Gisela Kühnel* Beobachtungszeit (von – bis): *9:35–10:06 Uhr* Gruppengröße (ca.): *3–12 Kinder* Beobachtungssituation: *Freispielzeit* (Frühstück, Freispiel, Stuhlkreis o. a.)

Uhrzeit	Sachliche Verhaltensbeschreibung (1. Verarbeitungsstufe)	Deutung (2. Verarbeitungsstufe)
9:35	Ein blondes Mädchen schaukelt auf einem Schaukelpferd im Flur zwischen der Küche, verschiedenen Gruppenräumen und der Treppe zum ersten Stock. Anna schaukelt zuerst normal auf dem Pferd, wechselt dann die Bewegung und wippt mit beiden Beinen auf einem Tritt des Schaukelpferds. Sie lächelt immer wieder. Sie steigt ab und bringt einen über ihr befindlichen Sandsack ins Pendeln und freut sich an dem Effekt, den sie erzeugt hat. Ein Junge kommt vorbei, mit dem sie keinen Blickkontakt aufnimmt. Sie lächelt die Beobachterin immer wieder an. Eine Erzieherin kommt zu Anna, redet mit ihr, Anna lächelt. Die Unterhaltung ist nicht genau zu verstehen, offensichtlich wird Anna aufgefordert, mit in die Küche zum Malen zu kommen. Anna geht in die Küche, wo schon andere Kinder malen, und malt mit. Sie setzt sich an den Tisch und malt sehr heftig mit allen Farben, d. h. sie wechselt ständig die Stifte. Nach etwa einer halben Minute ist sie fertig, schaut sich ihr Bild an und lächelt. Sie sucht mit dem Blick nach der Erzieherin, die sie zum Malen eingeladen hat, und nimmt die Finger in den Mund. Sie steht auf und sucht offensichtlich weiter nach der Erzieherin. Sie findet sie in der Küche nicht und verlässt daraufhin die Küche. Auch außerhalb der Küche ist ihre Suche erfolglos, daraufhin legt sie ihr Bild in ihr Fach.	
9:40	Anna geht wieder zum Schaukelpferd und schaukelt kräftig.	
9:41	Sie beobachtet dabei die Kinder, die vorbeilaufen, z. B. einen Jungen, der stolpert. Sie steigt ab und beobachtet zwei Kinder, die an der Stirn zusammengestoßen sind und von einer Erzieherin mit kalten Kompressen versorgt werden.	
9:42	Sie klettert die Treppe hoch, schaut von oben auf den Flur und lächelt dabei die Erzieherin an. Anna bekommt einen Hinweis, dass sie sich abmelden soll, wenn sie woanders hin will. Sie geht zu der Stelle, wo der Sandsack oben an der Treppe befestigt ist, und beginnt, ihn zu erkunden. Sie zieht an der Kette, er bewegt sich.	
9:44	Anna ist wieder auf dem Schaukelpferd im Flur und lächelt dabei zu mir hin. Sie hat wieder die Finger im Mund.	
9:45	Sie klettert wieder die Treppen hoch und fährt mit den Händen das Geländer entlang. Diesmal klettert sie nur ein Stück hoch, klettert dann wieder runter und wieder hoch.	
9:46	Anna wird von einem Mädchen angesprochen, ob sie in den Ruheraum oder den Computerraum möchte. Sie reagiert auf die Ansprache nicht, das andere Mädchen winkt ab.	

(Bensel/Haug-Schnabel, 2006, S. 58)

Verarbeitungsstufe 3 Bewertung:

14.1 Ergänzen Sie zu den beiden folgenden Fragestellungen die Tabelle.
- Welche Beobachtungsinhalte sind Beobachtungsgegenstand?
- Was ist methodisch wichtig?

Beobachtungsinhalte	Methodische Überlegungen

14.2 Tragen Sie in die 2. Spalte (vorige Seite) Ihre Deutung des Verhaltens ein.

14.3 Formulieren Sie abschließend in einigen Sätzen Möglichkeiten zur Bewertung der Beobachtung (Verarbeitungsstufe 3, ebenfalls vorige Seite).

15. Dokumentieren mittels Beobachtungssequenz
Die Kopiervorlage auf den folgenden Seiten führt Sie durch die Phasen einer professionellen Beobachtungssituation:
(1) Beschreibung – (2) Interpretation – (3) Bewertung.
Ziel der daraus gewonnenen Erkenntnisse ist die Bildungs- und Entwicklungsbegleitung des beobachteten Kindes.
[Hinweis: Wie Sie eine berufliche Handlungssituation in komplexer Weise analysieren und planen, dazu finden Sie weiteres Material/Formulare am Anfang des Buchs in der „Einleitung", S. 10 ff.]

16. Beschreiben Sie die Relevanz einer professionellen systematischen Beobachtung und gehen Sie detailliert auf deren Kernelemente ein.

17. Dokumentation mittels Lerngeschichten

17.1 Recherchieren Sie in der Fachliteratur Beispiele von Lerngeschichten.

17.2 Diskutieren Sie schriftlich den Einsatz von Lerngeschichten im Alltag von Kindertagesstätten.

17.3 Welche methodischen Grundsätze sind bei der Anwendung von Lerngeschichten notwendig?

BEOBACHTUNGSSEQUENZ Nr. ________

Name des Kindes ____________ *Alter* ____ *Beobachtender* ____________ *Datum* ________ *Zeit von* _____ *bis* _____ *Uhr*

Beschreibung der Beobachtungssituation

____

Motivation: Was will das Kind? Was braucht das Kind?		**BESCHREIBUNG DER HANDLUNGSSITUATION** Unter Berücksichtigung von wörtlicher Rede, Mimik, Körpersprache, sozialen Interaktionen		**Bildungs- und Entwicklungsbereiche**
Anerkennung und Wohlbefinden erfahren, z. B.: ▸ Geborgenheit ▸ Selbstwirksamkeit ▸ positive Rückmeldungen				Fein-/ Grobmotorik
				Sinne
Die Welt entdecken und verstehen, z. B.: ▸ das Ich ▸ Natur und Umwelt ▸ soziales/kulturelles Umfeld				Sprache
Sich ausdrücken ▸ nonverbal ▸ verbal ▸ kreativ				Denken
				Gefühl/Mitgefühl
Mit anderen leben, z. B.: ▸ Freundschaften und Beziehungen ▸ Regeln und Rituale ▸ Rolle in der Gruppe				Werte- orientierung Religion

Siehe auch die Leuwener Engagiertheitsskala für Kinder (Hebensteit-Müller, 2013).

Formular

<table>
<tr><th colspan="2">INTERPRETATION DER SITUATIONSANALYSE</th></tr>
<tr><td>Was war der Beobachtungsanlass?
Was war typisch an der beobachteten Situation?
Was löst die Beobachtung bei mir aus (Gedanken, Gefühle, Erinnerungen, Erfahrungen), bezogen auf das Kind und mich selbst?
Wie hat sich das Kind (nach meiner Einschätzung) gefühlt in der Situation?
Welche Motivationen waren erkennbar? Was waren die Motive des Kindes (vgl. linke Spalte)?
Welche Ressourcen wurden sichtbar?</td><td></td></tr>
<tr><th colspan="2">BEWERTUNG DER BEOBACHTUNGSSEQUENZ: Bildungs- und Entwicklungsbegleitung des Kindes</th></tr>
<tr><td>Was waren die Interessenschwerpunkte/ Bildungsthemen bezogen auf die Bildungs- und Entwicklungsbereiche (vgl. rechte Spalte)?
Welche Zielsetzungen sind in den Bildungsbereichen anzustreben (Grobziele/operationale Feinziele)?
Wie können die Ziele methodisch-didaktisch umgesetzt werden?
Welche Spielbegleitungsmaßnahmen, Bildungsangebote sind individuell für das Kind anzubieten?
Welche Erziehungs- und Bildungspartnerschaften können hilfreich sein (Kooperationspartner, Eltern u. a.)?</td><td></td></tr>
</table>

Siehe auch die Leuwener Engagiertsheitsskala für Kinder (Hebensteit-Müller, 2013).

PRAXIS

18. Ein Beobachtungsverfahren

18.1 Verfassen Sie eine systematische, nicht teilnehmende, offene Beobachtung eines Kindes in Ihrer Einrichtung. Verwenden Sie die zuvor vorgestellte strukturierte Beobachtungssequenz (Formular auf S. 57/58).

18.2 Besprechen Sie anschließend Ihr Vorgehen dahingehend mit der Anleitung in der Praxis, inwiefern Ihre Beobachtungsweise den vorgegebenen Kriterien entspricht.

18.3 Überprüfen Sie den Grad der Engagiertheit des Kindes in der beobachteten Aktivität mithilfe der folgenden Abbildung:

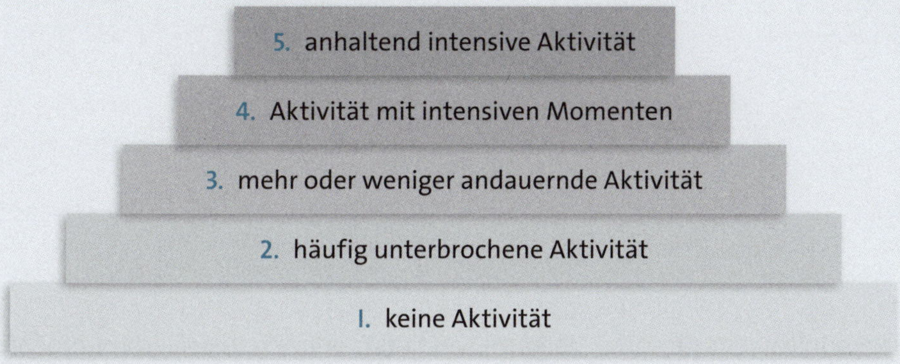

Engagiertheitsskala

18.4 Fertigen Sie eine Beobachtungsniederschrift für einen bestimmten Beobachtungsinhalt an (z. B. Feinmotorik oder Sprache).

19. Von der Beobachtung zur geplanten Aktivität

19.1 Planen Sie aufgrund Ihrer Beobachtung und Auswertung aus Aufgabe 18 in Absprache mit Ihrer Praxisanleitung ein Bildungsangebot für das beobachtete Kind. Beachten Sie dabei die Vorgehensweise nach folgender Abbildung:

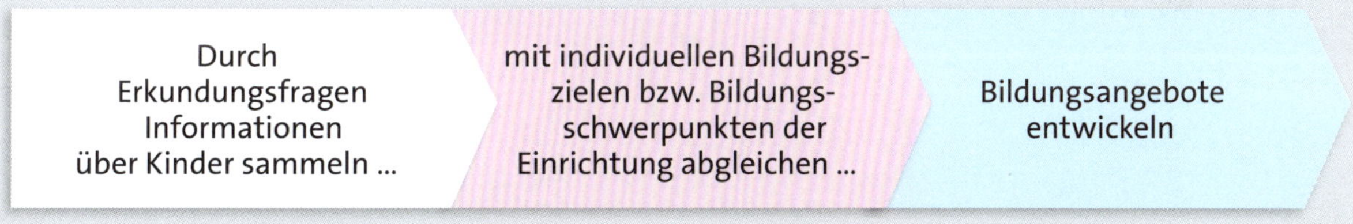

Von der Beobachtung zur geplanten Aktivität

19.2 Finden Sie heraus, mit welchen Beobachtungsmethoden Ihre Kindertagesstätte noch arbeitet und evaluieren Sie deren Praktikabilität. (Vgl. hierzu das Formular „Beobachtungsverfahren-Steckbrief“ aus Aufgabe 12, S. 52/53.)

19.3 Beschreiben Sie anhand eines selbst entwickelten Beispiels aus der sozialpädagogischen Praxis die Schritte fachlicher Beobachtung bis zum geplanten Bildungsangebot einschließlich konkreter, methodisch-didaktischer Anregungen für Erziehungs- und Bildungsangebote.

20. Dokumentation von Bildungsprozessen

20.1 Erkundigen Sie sich in der Praxis, welche Dokumentationsformen die Einrichtung gewählt hat.

20.2 Nehmen Sie Einblick in das Entwicklungsportfolio des beobachteten Kindes.

20.3 Finden Sie Dokumentationsflächen in den Räumen der Einrichtung. Halten Sie digital fest, was dort in welcher Form dokumentiert wird.

20.4 Erstellen Sie eine Lerngeschichte für Ihr beobachtetes Kind.

5 Grundlagen der Erziehung

1. ICH als Person

1.1 Erklären Sie den Begriff „Persönlichkeit“.

1.2 Wie schätzen Sie Ihre Persönlichkeit ein? Wer sind Sie?

1.3 Nennen Sie mindestens 5 Merkmale und setzen Sie diese in Zusammenhang mit den zentralen Begriffen des sozialpädagogischen Handlungsfelds (s. Abb.).

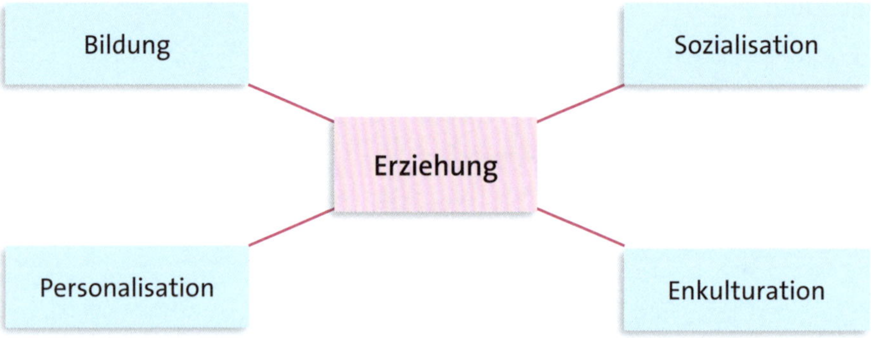

Grundlagen der Erziehung

1.4 Beschreiben Sie Persönlichkeitszüge, die Sie gerne vertiefen oder noch erwerben möchten.

2. ICH und die anderen

2.1 Wie wird Ihre Persönlichkeit von anderen eingeschätzt? Fragen Sie Mutter/Vater, Freunde und Klassenkameraden und vergleichen Sie die Merkmale miteinander.

2.2 Überlegen Sie schriftlich, welche Ihrer Persönlichkeitsmerkmale Ihnen im Umgang mit Kindern helfen.

2.3 Erläutern Sie Persönlichkeitszüge, die in Ihrer Familie, Ihrem Freundeskreis und Ihrer Schule für wichtig gehalten werden.

- ______________________________
- ______________________________
- ______________________________
- ______________________________
- ______________________________

2.4 Setzen Sie die genannten Persönlichkeitszüge in Beziehung zu den gegenwärtig vorherrschenden Werten. Eine „Werteliste“ finden Sie z. B. im Buch „Sozialassistenz heute“ im Kapitel 17.8.1.

- ______________________________
- ______________________________
- ______________________________
- ______________________________
- ______________________________

2.5 Erläutern Sie, mit welchen Einstellungen oder Werten in Bezug auf den Umgang mit Menschen Sie sich gut identifizieren können und welche Sie ablehnen. Begründen Sie Ihre Antworten.

2.6 Stellen Sie dar, welche Werte und Einstellungen Ihnen in Ihrer erzieherischen Arbeit wichtig sind. Überlegen Sie schriftlich, wie Sie diese Werte Kindern vermitteln könnten und mit welchen Ihrer Verhaltensweisen Sie für die Kinder ein Vorbild sind.

Familie

3.

100 Jahre im Familienbesitz
– Hans Schumann leitet das Unternehmen in 4. Generation –

3.1 Legen Sie dar, was die Zeitungsüberschrift über den Einfluss der Familie aussagt.

3.2 Wie sind diese Familienbezüge bezüglich Berufswahl in Ihrer Herkunftsfamilie?

3.3 Welche Vor- und welche Nachteile schreiben Sie diesem Einfluss zu?

3.4 Welchen Einfluss nahm Ihre Familie auf Ihr Leben und Wirken insgesamt?

4. Beschreiben Sie, was damit gemeint ist, wenn man sagt: „Der kommt aus einer guten Familie." Gehen Sie in Ihren Ausführungen auf exogene Einflussfaktoren (s. Abb.) ein.

Exogene Einflussfaktoren				
Natürliche Faktoren	Ökonomische Faktoren	Ökologische Faktoren	Kulturelle Faktoren	Soziale Faktoren

5. Die Persönlichkeitsentwicklung eines Kindes wird in vielfältiger Weise auch durch das Elternhaus beeinflusst.

5.1 Legen Sie Auswirkungen der sozialen Stellung der Eltern dar. Beziehen Sie sich wieder auf die Einflussfaktoren von Aufgabe 4.

5.2 Beschreiben Sie, wie sich die verschiedenen Einstellungen von Eltern (z. B. zu Bildung oder Religion) in Bezug auf Erziehungsziele auf ein Kind auswirken. Geben Sie ein konkretes Beispiel.

6. ICH und meine Familie

6.1 Beschreiben Sie Aktivitäten, die Sie heutzutage noch mit Ihrer Familie gemeinsam unternehmen.

6.2 Geben Sie schriftlich Unternehmungen wieder, die Sie als Kleinkind/Kind mit Ihrer Herkunftsfamilie erlebt haben; gehen Sie auf den Stellenwert dieser Unternehmungen für Sie persönlich ein.

6.3 Fragen Sie Ihre Eltern oder Großeltern, wo und wie sie in ihrer Kindheit ihre Freizeit verbracht haben, und vergleichen Sie die Schilderungen mit dem Leben in der heutigen Zeit. Gehen Sie auf Unterschiede und deren Ursachen ein.

7. Familie in ihrer Vielfalt

7.1 Beschreiben Sie mindestens 4 unterschiedliche Familienformen (s. folgende Abb.).

Familienformen

7.2 Überlegen Sie, welche Wirkung diese Familienform jeweils auf das einzelne Kind hat. Wählen Sie sich hierzu selbst einen Schwerpunkt, z. B. die Selbstständigkeit des Kindes oder die Entwicklung von Toleranz.

Sozialisation

8. Sozialisationsinstanzen

8.1 Beschreiben Sie Ereignisse oder Verhaltensweisen anderer Menschen in unterschiedlichen Sozialisationsinstanzen (s. Abb.), die Sie besonders beeindruckt und die bei Ihnen zu einer Verhaltensänderung geführt haben.

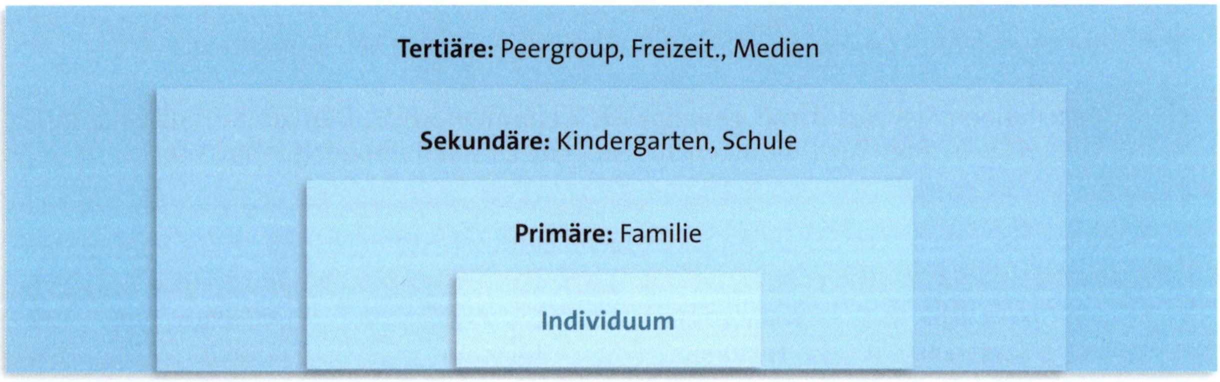

Sozialisationsinstanzen

8.2 Fassen Sie die Ergebnisse schriftlich zusammen und evaluieren Sie sie. Folgende Leitfragen können Ihnen helfen:
- Welche Sozialisationsinstanz war besonders bedeutsam? (Häufigkeit o. a.)
- Welche Veränderungen von Verhalten sind bis heute wirksam?
- Welche Rückschlüsse ziehe ich daraus für eigene Kinder?

9. Meine Familie als Ausgangsort von Sozialisation

9.1 Reflektieren Sie: Welche noch heute bedeutsamen Denk- und Verhaltensweisen wurden in Ihrer Herkunftsfamilie vermittelt?

9.2 Erstellen Sie eine Liste von Traditionen, die es in Ihrer Familie, befreundeten Familien oder Ihrem Freundeskreis gibt.

9.3 Legen Sie die Bedeutung von Traditionen für Ihre eigene Lebensgestaltung und für Ihre pädagogische Arbeit mit Kindern dar.

Erziehung

10. Betrachten Sie den nebenstehenden Cartoon.

10.1 Beschreiben Sie die abgebildete Situation. Gehen Sie dabei auch auf mögliche Gedanken und Absichten des Jungen und der erziehenden Person ein.

10.2 Nennen Sie 2 Erziehungs- oder Handlungsziele, die in gegebener Situation vornehmlich anzustreben sind.

10.3 Erläutern Sie im Detail, auf welche Art und Weise Sie als sozialpädagogische Fachkraft diese Ziele erreichen können.

5

11. **FALLBEISPIEL 1** Ein Vater, der einen eigenen Betrieb hat, den der Sohn einmal übernehmen soll, nimmt ihn früh dorthin mit, bindet ihn ein und erklärt ihm alles: „Du musst sorgfältig arbeiten und freundlich zu den Kunden sein." Der Junge gibt sich daraufhin große Mühe und begrüßt die Menschen meist lächelnd. Als der Vater ihn lobt, macht er noch eifriger mit.

FALLBEISPIEL 2 Beim gemeinsamen Essen im Kindergarten kann man unterschiedliche Verhaltensweisen beobachten: schmatzen, mit den Ellenbogen auf dem Tisch liegen, schlingen, langsam essen, beide Hände neben dem Teller auf dem Tisch.

11.1 Definieren Sie die Begriffe „Wertvorstellungen" und „Erziehungsmaßnahmen".

11.2 Nennen und erklären Sie Wertvorstellungen und Erziehungsmaßnahmen, die aus Fallbeispiel 1 deutlich werden.

11.3 Ist es möglich, dass eine Fachkraft durch die Beobachtungen in Fallbeispiel 2 professionelle Rückschlüsse auf die Sozialisation der Kinder ziehen kann? Falls ja, welche? Falls nein, wieso nicht?

12. „Sind die Kinder klein, müssen wir ihnen helfen, Wurzeln zu fassen. Sind sie aber groß geworden, müssen wir ihnen Flügel schenken." *(Spruch aus Indien)*
Diskutieren Sie schriftlich die Bedeutung der Aussage anhand von Beispielen.

13. Erziehung gestalten

13.1 Carl Rogers (amerikan. Psychotherapeut und Begründer der Gesprächspsychotherapie) spricht von „behutsamer Begleitung" statt von Erziehung. Welches Bild vom Kind steckt hinter dieser Formulierung?

13.2 Welche Bedeutung kommt der Interaktion Erzieher – Kind, aber auch Kind – Kind bei Erziehung zu?

13.3 Überlegen Sie in Gruppen, inwiefern Ernährung, Pflege, Zuwendung und Gewöhnung funktional und/oder intentional Einfluss nehmen können auf den erzieherischen Prozess. Nutzen Sie die Methode „Placemat" (s. S. 7 und Placemat auf der folgende Seite).

13.4 Entwickeln Sie anschließende Ideen, wie Sie Ihre Erkenntnisse für den pädagogischen Alltag nutzen können.

14. **FALLBEISPIEL** Zum jährlichen Kirchweihfest (Kirmes/Kerb) ist es üblich, dass die Kinder der ortsansässigen Kita einen Tanz aufführen und anschließend einen kleinen Snack im Festzelt einnehmen.

14.1 Erläutern Sie, inwiefern dieser Usus mit Enkulturation einhergeht.

14.2 Entwickeln Sie ein weiteres Beispiel, wie Enkulturation im Kindergarten vor Ort umgesetzt werden kann.

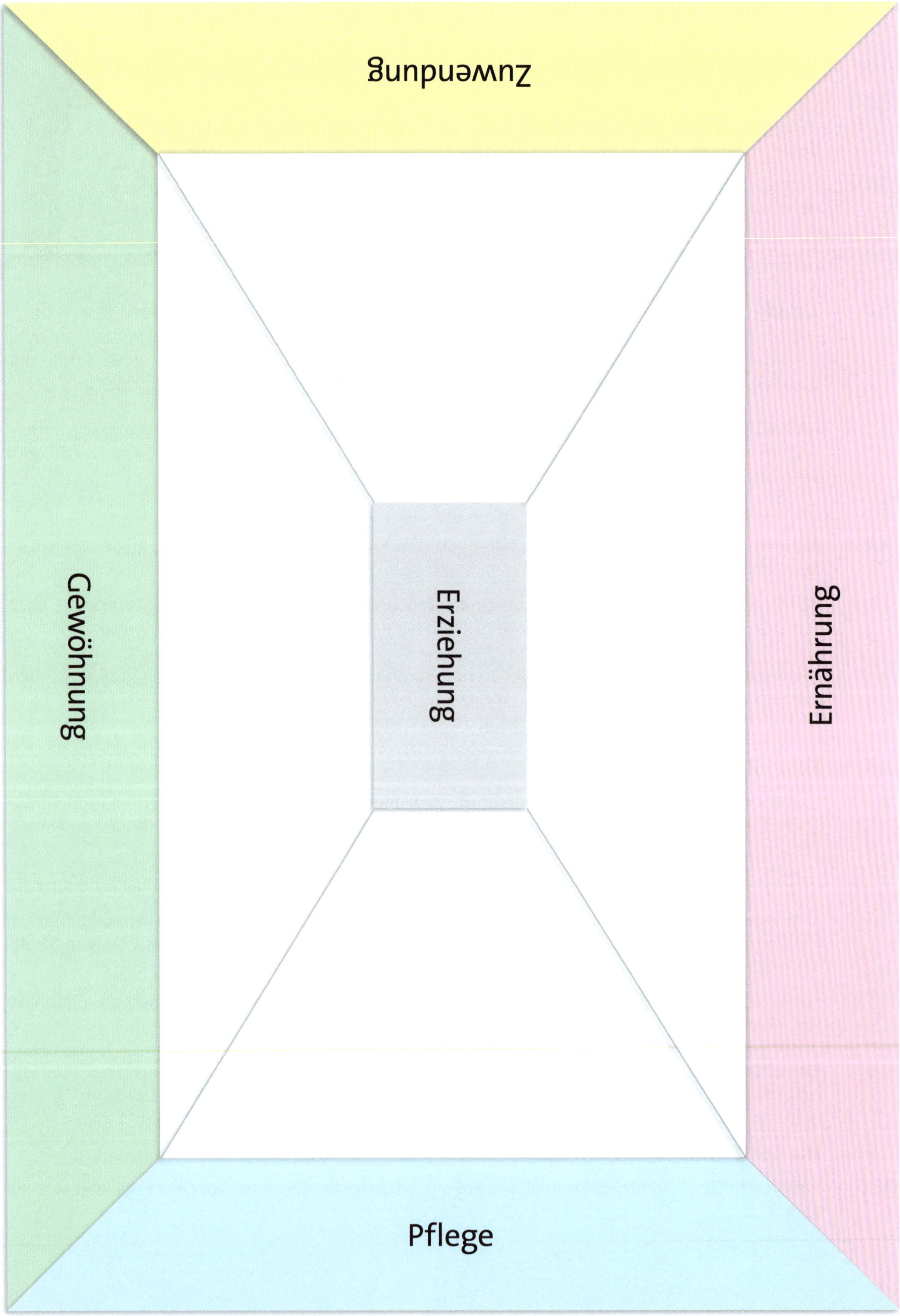
Zuwendung
Gewöhnung
Erziehung
Ernährung
Pflege

15. Der Unterschied zwischen „Alltagswissen“ und „professionellem Fachwissen“.
Menschen erziehen: funktional wie intentional ...

15.1 Erklären Sie, was die Begriffe „funktionale“ bzw. „intentionale Erziehung“ bedeuten.

15.2 Was unterscheidet Eltern/Alltagspersonen und Erzieher/pädagogische Fachkräfte diesbezüglich?

15.3 Nehmen Sie zu den folgenden Beispielen aus der Perspektive einer Alltagsperson bzw. einer pädagogischen Fachkraft Stellung:

- Sie besuchen eine Freundin, die vor einigen Monaten eine Tochter bekommen hat. Während Ihres Besuchs bekommt das Baby die Flasche. Es liegt dabei allein in seiner Wiege.
- Sie beobachten, dass der kleine Jesper aus Ihrer Kindergruppe nach dem Frühstück unaufgefordert zum Zähneputzen geht.
- Miri antwortet auf Ihre Aufforderung, das Spielzeug wegzuräumen, mit: „Zu Hause räume ich auch nie auf!“
- Als Sie Malte darauf hinweisen, dass das Messer nicht abgeleckt wird, antwortet er: „Das macht Klaus, der FSJler, doch auch immer.“
- Während der Abholsituation sagt eine Mutter zu ihrem Sohn: „Nimm endlich die Finger aus dem Mund!“
- Sie wollen ein Elterngespräch führen, können sich aber nicht konzentrieren, weil das Kind ständig stört.

5

Erziehungsziele

16. Biografisches Interview

16.1 Fragen Sie Ihre Großeltern oder ältere Verwandte/Bekannte, wie sie erzogen wurden, was ihnen angenehm oder unangenehm war und wie sie Schule erlebten.

16.2 Leiten Sie anhand der gewonnenen Informationen die jeweiligen Erziehungsziele ab.

16.3 Woher generieren sich Erziehungsziele?

16.4 Beschreiben Sie ein Erziehungsziel Bezug nehmend auf gesellschaftlichen und zeitlichen Wandel.

17. Mündigkeit als übrgeordnetes Erziehungsziel

17.1 Nennen Sie Verhaltensmerkmale eines mündigen Menschen und geben Sie konkrete Beispiele.
Tragen Sie Ihre Ergebnisse in das Schaubild ein.

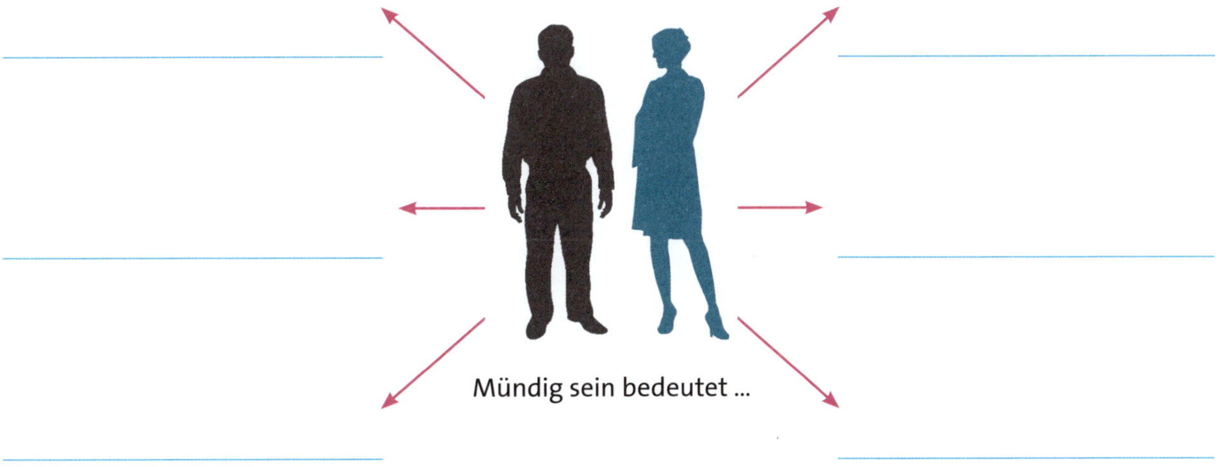

17.2 Beschreiben Sie die Sozialkompetenz eines mündigen Menschen.

17.3 Erläutern Sie, wie die in der folgenden Abbildung dargestellten Erziehungsinstanzen eine hohe Sozialkompetenz positiv beeinflussen können.

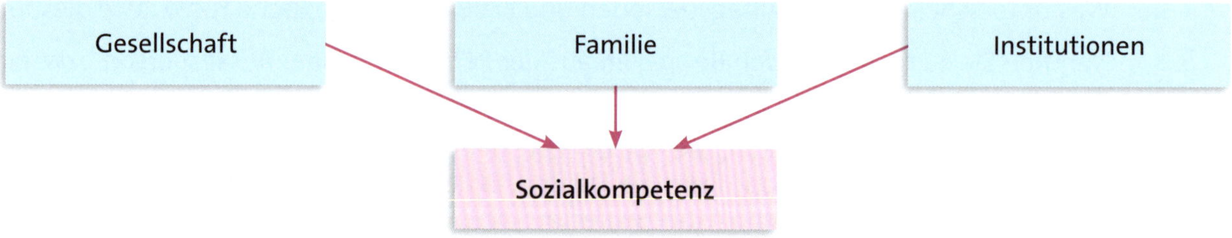

Erziehungsmaßnahmen

18. Lösen Sie das Kreuzworträtsel zu den verschiedenen Erziehungsmaßnahmen.

Vertikal
1 Angst erzeugen und Erpressung gelten als ....
2 Eine Erziehungsmaßnahme, die unangenehm für den zu Erziehenden ist.
3 Wenn der Mensch zu häufig gelobt wird.

Horizontal
4 Eine negative Äußerung zu einem gezeigten Verhalten.
5 Lob, emotionale Zuwendung oder Süßigkeiten gelten als ...
6 Vorwurfsvolle Erinnerung.
7 Lob und Ermutigung sind „positive ...“
8 Möchte man ein Verhalten verstärken, nutzt man ...

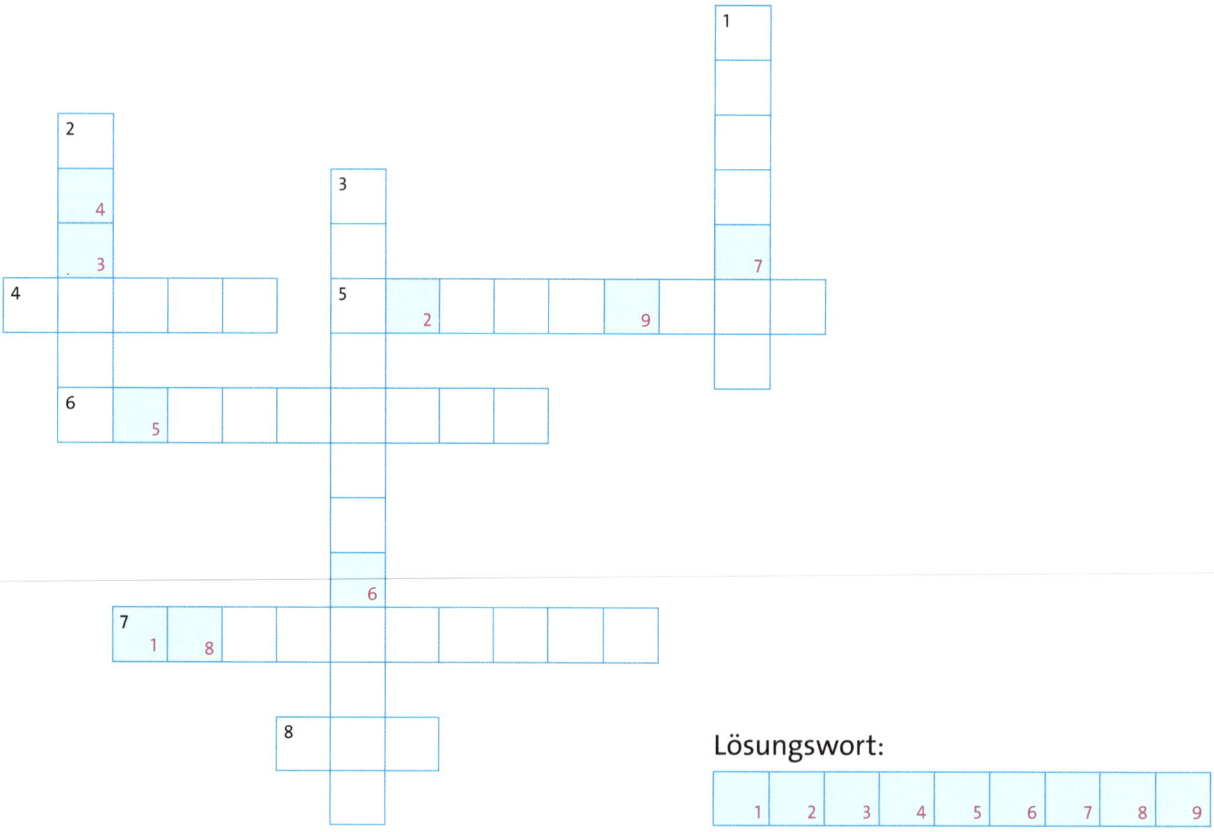

19. Erziehungsmaßnahmen mit positiver Wirkung

19.1 Grenzen Sie diese voneinander ab.

Loben heißt …	Ermutigen heißt …	Belohnen heißt …

19.2 Erläutern Sie deren Wirkung auf Kinder und Jugendliche anhand praktischer Beispiele.

19.3 Beschreiben Sie Folgen des inflationären Lobens.

19.4 Welche Bedeutung kommt der intrinsischen Motivation zu? Geben Sie konkrete Beispiele aus eigener Erfahrung.

20. Erfolg als Motivation

20.1 Beschreiben Sie, was ein Mensch nach einer erreichten Leistung empfindet, die er sich zunächst nicht zugetraut hat.

20.2 Beschreiben Sie Auswirkungen, die Erfolg auf zukünftiges Verhalten haben kann.

21. Erziehungsmaßnahmen mit negativer Wirkung

21.1 Erklären Sie die Wirkung von wiederholt ausgesprochenen Drohungen anhand eines konkreten Beispiels aus der Erziehungspraxis.

21.2 Geben Sie Beispiele für den Einsatz weiterer Erziehungsmaßnahmen mit negativen Auswirkungen und erläutern Sie deren Wirkung auf Kinder im erzieherischen Alltag.

22. **FALLBEISPIEL** Die 4-jährige Lore bekommt von der Nachbarsfrau immer ein Stück Schokolade geschenkt. Eines Tages begegnen sie sich wieder im Treppenhaus. Diesmal bietet ihr die Frau keine Süßigkeit an. Lore daraufhin: „Will heute auch ein Stück Schokolade haben." Die Nachbarsfrau schaut die Mutter entsetzt an und sagt: „Was denkt Ihre Tochter eigentlich? Das ist ja wohl unverschämt. Sie sollten sie besser erziehen."

22.1 Erklären Sie Lores Reaktion und die Reaktion der Nachbarsfrau.

22.2 Nehmen Sie konstruktiv Stellung zu der Aufforderung „Sie sollten sie besser erziehen."

23.1 Definieren Sie „soziale Interaktion" als Grundlage des Erziehungsgeschehens.

23.2 Was kennzeichnet eine hilfreiche gelingende Interaktion und mit welchen positiven wie negativen Auswirkungen ist zu rechnen? Geben Sie Beispiele aus der sozialpädagogischen Praxis.

24. **FALLBEISPIEL** Der 3-jährige Theo lässt sein Glas mit Milch fallen. Die Mutter schimpft ihn aus und ruft: „Pass doch einfach besser auf!" Theo fängt daraufhin an zu weinen. Die Mutter nimmt ihn in die Arme und tröstet ihn.

Analysieren Sie das Fallbeispiel daraufhin, welchen Erziehungsstil mit welchen Erziehungsmaßnahmen die Mutter zeigt.

Bildung

25. „Der Mensch lebt, um zu arbeiten." – „Der Mensch arbeitet, um zu leben."

25.1 Erörtern Sie, zu welchen Erziehungszielen und zu welchen erzieherischen Haltungen die Aussagen führen könnten.

25.2 Beziehen Sie die Aussagen auf das aktuelle Verständnis von Bildung (s. Abb.).

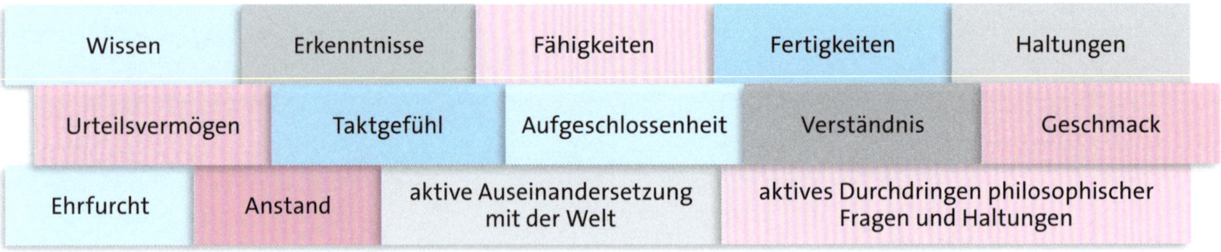

Gebildet sein bedeutet ...

26. „Bildung" verstehen

26.1 Welches Verständnis von Bildung haben Sie durch Ihren Bildungsweg erfahren? Was erleb(t)en Sie positiv, was war schwierig?

26.2 Vergleichen Sie mit dem aktuellen Bildungsverständnis: Wie definiert man Bildung heute? Wie erwirbt der Mensch Bildung? Wofür ist sie wichtig?

26.3 Erläutern Sie eine ko-konstruktive Haltung bzw. Lernbegleitung. Welchen Zusammenhang hat diese zum Bildungsbegriff?

26.4 Geben Sie konkrete Beispiele von Ko-Konstruktion im Freispiel.

26.5 Erläutern Sie, welche Bedeutung die Peers in diesem Zusammenhang haben.

26.6 Stellen Sie einen Zusammenhang zu den Bildungsbereichen (s. Abb.) her.

26.7 Geben Sie konkrete Beispiele aus der sozialpädagogischen Praxis, wo Bildung stattfindet.

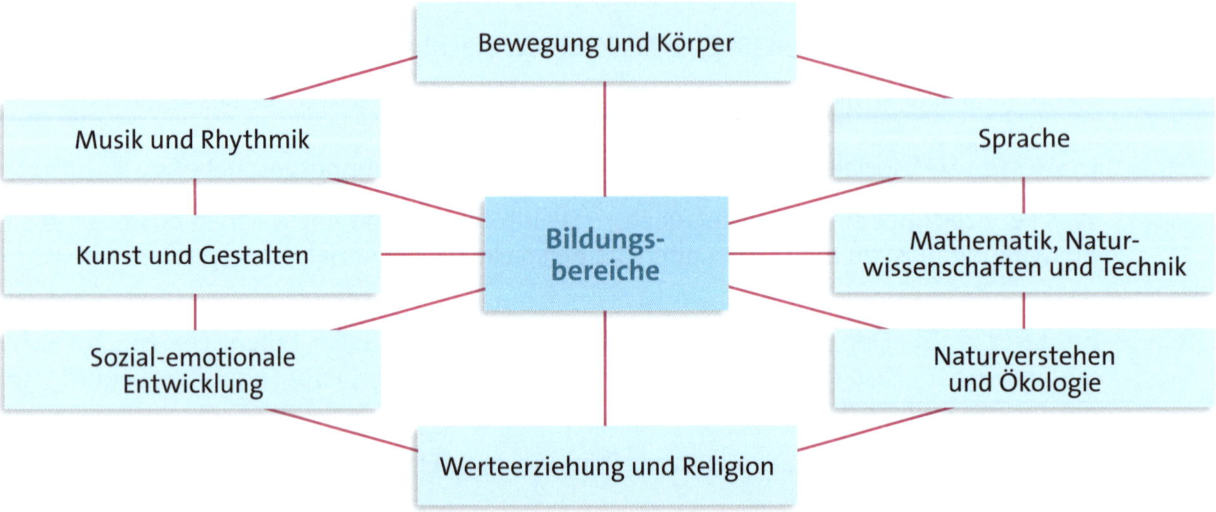

27. Der Dichter Christian Morgenstern schrieb: „Wer vom Ziel nichts weiß, kann den Weg nicht haben, wird im selben Kreis all sein Leben traben. Kommt am Ende hin, wo er hergerückt, hat der Menge Sinn nur noch mehr zerstückt."

27.1 Welche Aussage macht er damit für Ihren Alltag, Ihre Lebensplanung?

27.2 Transferieren Sie die Aussage auf den Bildungsprozess.

Die eigene Persönlichkeit in den Erziehungsprozess einbringen

28. Ein Kind, das neu in eine Gruppe kommt, hat möglicherweise Eingewöhnungsprobleme. Erläutern Sie Maßnahmen, die Sie ergreifen können, um dem Kind die Situation zu erleichtern. Begründen Sie Ihre Vorschläge.

[**Hinweis:** Begleitung einer Transition ausführlich im Kap. 8]

29. „Wo die Beziehung nicht stimmt, hat die Sache wenig Chancen."
Nehmen Sie fachlich Stellung zu dieser Aussage aus dem Alltagswissen und belegen Sie diese mit Beispielen.

30. **FALLBEISPIEL** In der Vorschulgruppe *Delfine* findet jeden Tag nach dem Mittagessen ein Abschlusskreis statt: In einer Fragerunde sollen alle Kinder nacheinander erzählen, was ihnen am Tag besonders gut gefallen hat. Mitja (5 Jahre) möchte beim Erzählen jeden Tag der Erste sein. Als Charlotte heute nach ihm zu sprechen beginnt, fällt Mitja ihr mehrfach ins Wort. Auch als Tom an der Reihe ist, unterbricht Mitja ihn. Der einen Erzieherin gelingt es, ihn zu bremsen und die anderen Kinder nicht zu unterbrechen, der anderen nicht.

Erklären Sie die gegebene Situation vor dem Hintergrund Ihrer fachspezifischen Kenntnisse um persönliche Beziehungen.

31. „Tue nichts, was es nicht wert ist, nachgeahmt zu werden!"

31.1 Bringen Sie diese Empfehlung für den Erziehungsprozess in Zusammenhang mit dem folgenden Bild.

31.2 Welche größtmöglich wirksame Erziehungsmaßnahme bei Kindern im ersten Lebensjahrsiebt (Waldorfpädagogik) wird hier angesprochen?

31.3 Reflektieren Sie Ihr Vorbild-Sein einen Praxistag lang schriftlich: Wo konnten Sie Vorbild sein, wo nicht?

31.4 Reflektieren Sie Ihr sprachliches Vorbild während einer Freispielphase.

6 Erziehungsstile und pädagogische Handlungskonzepte

Erziehungsstile

1. **FALLBEISPIEL** Im Praktikum bei einer Familie wollen Sie mit den Kindern (3;4 und 5;11 Jahre alt) und der Mutter zum Schwimmen ins Hallenbad fahren. Es ist ziemlich kalt und draußen liegt Schnee. Dem 3;4-Jährigen helfen Sie beim Anziehen, während die 5;11-Jährige sich selbst fertig macht. Nach einiger Zeit kommt sie stolz aus ihrem Zimmer mit Kniestrümpfen, Sandalen und einem dünnen Anorak – ihren Lieblingssachen, die sie während des letzten Badeurlaubs auch immer trug.

Mögliche Reaktionen der Mutter:
- „Mit den Sachen nehme ich dich nicht mit. Zieh dich sofort um."
- „Das ist viel zu dünn. Sieh mal, draußen liegt Schnee. Du wirst frieren und dich erkälten. Zieh dich bitte um."
- „Das ist zwar zu dünn und du wirst frieren, aber wenn du unbedingt so gehen willst, bitte."
- „Mein Schatz, es ist kalt heute. Komm, ich suche dir etwas heraus und ziehe dich an. Wenn Mama nicht alles selbst macht."

1.1 Geben Sie eine Empfehlung dahingehend, wie die Mutter sich verhalten sollte. Begründen Sie Ihre Meinung.

1.2 Entwickeln Sie jeweils einen Dialog zu den unterschiedlichen Reaktionen und stellen Sie ihn als gefilmtes Rollenspiel im Klassenplenum vor.

1.3 Erläutern Sie längerfristige Auswirkungen der erzieherischen Einstellungen und Verhaltensweisen der Mutter auf das Kind, die in den verschiedenen Antwortmöglichkeiten deutlich werden.

2. Ordnen Sie eigene biografische Erfahrungen und Erlebnisse aus Kindheit und Jugend den einzelnen Haltungen der Abbildung „Erziehungsstile" zu. Beschreiben Sie mögliche Auswirkungen der einzelnen Stile.

demokratisch	autoritativ	vernachlässigend	verwöhnend-verzärtelnd
sozial-integrativ	**autoritär**	**laissez-faire**	permissiv
egalitär	autokratisch	negierend	überbehütet

Gegenwärtige Bezeichnungen für unterschiedliche Erziehungsstile

3. Kinder sollen natürliches Selbstbewusstsein entwickeln.

3.1 Wie können Sie Kinder darin stärken?

3.2 Erläutern Sie, welcher der im folgenden Diagramm von Tausch/Tausch gezeigte Erziehungsstil für die Entwicklung des kindlichen Selbstbewusstseins förderlich ist. Welcher ist eher hinderlich?

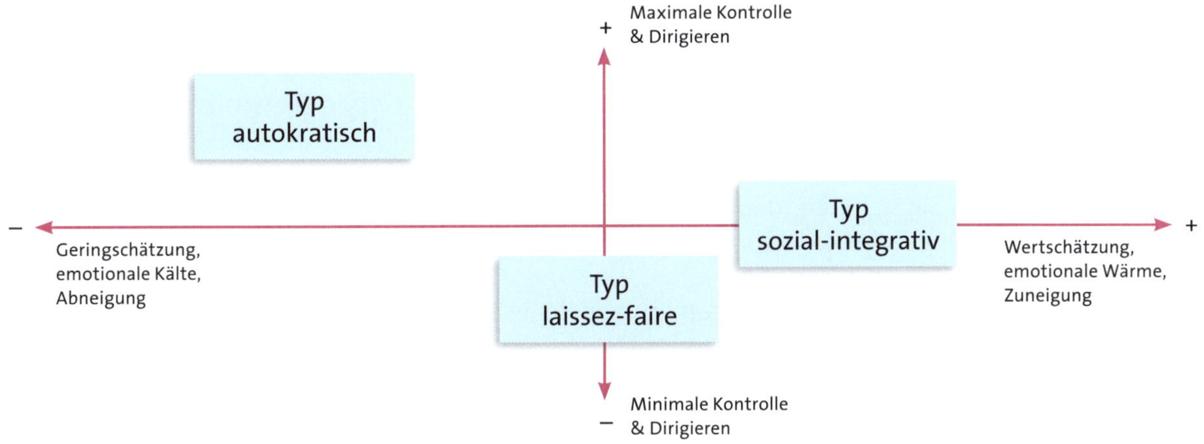

Typologie der Erziehungsstile nach Tausch/Tausch

Pädagogische Handlungskonzepte

4. **FALLBEISPIEL** Tim arbeitet als pädagogische Zweitkraft in einer altersgemischten Kita-Gruppe mit zwei 2-Jährigen und weiteren 20 Kindern im Alter zwischen 3 und knapp 6 Jahren. Die Kinder kennen die Kindertagesstätte länger als Tim und haben inzwischen viele Personalwechsel miterlebt.

Tim empfindet die Gruppe häufig als unruhig, so wird z. B. der Morgenkreis oft durch Unruhe und Zwischenrufe einzelner Kinder gestört. In der Freispielzeit, die die Gruppe am liebsten im zum Flur hin offenen Bewegungsraum verbringt, ist der Lärmpegel besonders hoch.

Die Kinder scheinen das Spielmaterial lieblos zu behandeln und konzentrieren sich nur kurz auf eine begonnene Aktivität. Tim sieht in den vielen verschiedenen Materialien und Spielen der Einrichtung allerdings auch kein System.

Der junge Pädagoge fühlt sich von der täglichen Arbeit angestrengt. Tim sieht einen Grund dafür in der pädagogischen Arbeit, die zuvor in der Gruppe gelaufen ist. Bisher arbeitete er in Kindertagesstätten, auf die er sich grundsätzlich gut einlassen konnte und in denen er viel gelernt hat.

Doch nun hat ihre Gruppenleitung, die Erzieherin Merle, angekündigt, dass die Gruppe umstrukturiert werden soll – im ganzen Haus laufen Vorbereitungen für eine neue Konzeption. Tim kann sich aktiv beteiligen: So fragt er sich jetzt, welche pädagogische Idee, die er bereits kennengelernt hatte, ihm am besten gefiel. Außerdem will er sich noch über weitere pädagogische Konzepte informieren. Zusammen mit der Gruppenleiterin Merle arbeitet er heraus, an welchen Punkten die Umsetzung des Konzepts im Alltag besonders deutlich sichtbar ist.

4.1 Beschreiben Sie,
- was der Beobachter über die Einrichtung erfährt,
- was Tim in seiner Gruppe stört.

4.2 Diskutieren Sie im Team verschiedene Handlungskonzepte mit ihren tragenden Grundlagen bezüglich des Fallbeispiels: Wo sehen Sie Vor- bzw. Nachteile?

Friedrich Fröbel

5. Bringen Sie sich die Kerngedanken des Pädagogen und „Begründers des Kindergartens", Friedrich Fröbel, in Erinnerung.

6. „Vom Greifen zum Be-greifen" – was steckt dahinter? Geben Sie ein konkretes Beispiel aus der sozialpädagogischen Praxis.

7. Informieren Sie sich über die Fröbel-Gaben auf der Webseite www.friedrich-froebel-online.de und bauen Sie eine Gabe konkret nach. Was lernen Kinder dabei?

8. Welche von Fröbels Vorstellungen können Sie in Ihrer Kindertagesstätte wiedererkennen?

Maria Montessori

9. Montessoris Grundgedanken

9.1 Rufen Sie sich die pädagogischen Grundlagen der Maria Montessori in Erinnerung und erstellen einige Lernkarten zu ihren zentralen Themen und fachlichen Termini (z. B. „Innerer Bauplan", „Vorbereitete Umgebung", „Sensible Phasen", „Polarisation der Aufmerksamkeit", „Absorbierender Geist", „Selbstkontrolle", „Persönlichkeit des Erziehers", „freie Wahl des Spielmaterials").

9.2 Vergleichen Sie anschließend die Fröbel-Pädagogik mit dem Ansatz von Montessori.

10. Was meint Montessori mit den „Übungen des täglichen Lebens"? Geben Sie mindestens 3 konkrete Beispiele.

11. Recherchieren Sie Bilder von Montessori-Materialien im Internet oder einem gängigen Spielmaterialkatalog und gestalten Sie eine Seite in Ihrem Lerntagebuch damit.

PRAXIS

12. Machen Sie eine „Stille-Übung" – erst für sich allein, dann mit Kindern Ihrer Gruppe.

13. Informieren Sie sich über die 3-Stufen-Lektion nach Montessori und wenden Sie diese in einem konkreten Bildungsangebot mit Kindern an.

14. Halten Sie schriftlich fest, was Sie an dem Konzept Montessoris überzeugt. Gehen Sie dabei besonders auf die „sensiblen Phasen" ein (s. Abb.).

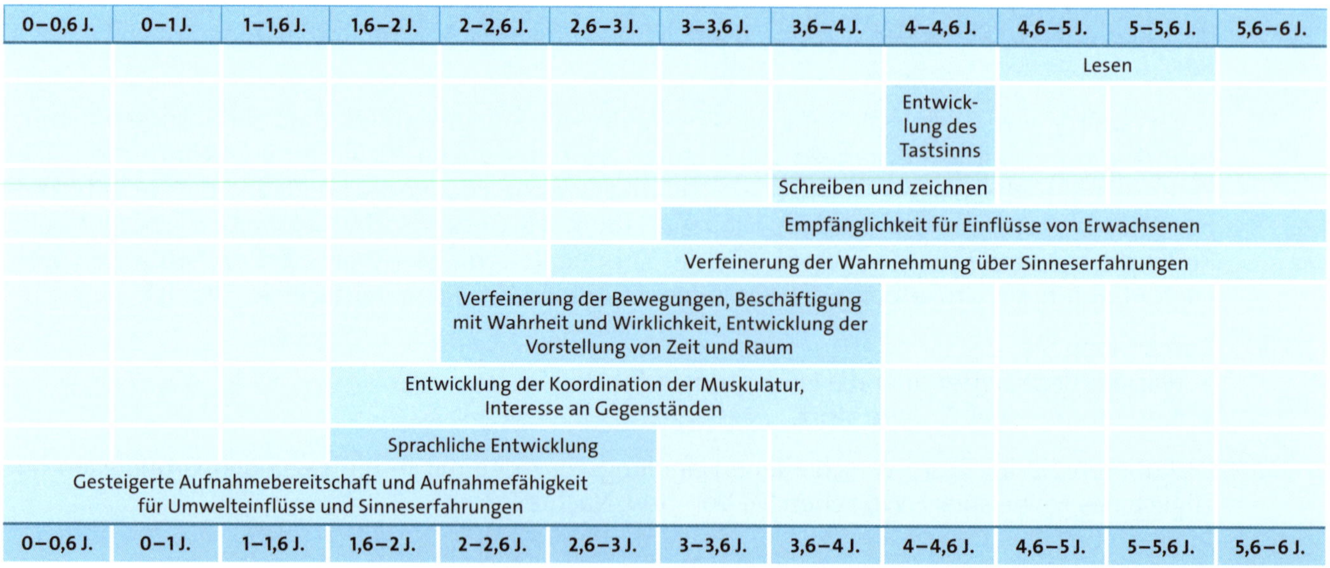

15. Maria Montessori sagt mit dem Blick auf das Kind:

> „Hilf ihm, es selbst zu tun!"

Welches Bild vom Kind steht dahinter?

Das ______________________ Kind, damit ist gemeint, das ...

Dieses Bild vom Kind zeigt sich in einem ______________________ Verhalten der pädagogischen Fachkräfte:

Rudolf Steiners Waldorfpädagogik

16. Erziehung zur Freiheit

16.1 Steiner spricht im Zusammenhang mit Erziehung von Lebensjahrsiebten. Was ist gemeint und was sind die zentralen Aufträge für die ersten 3 Jahrsiebte?

16.2 Welches Bild vom Kind ist die Basis der Waldorfpädagogik?

16.3 Kennzeichnen Sie wesentliche Erziehungsprinzipien in der Waldorfpädagogik.

17.

> „Tue nichts, was es nicht wert ist, nachgeahmt zu werden."

Das gilt vor allem bei Kindern im ersten Lebensjahrsiebt. Erläutern Sie, weshalb. Was bedeutet es für die Sprache?

18. Naturbelassenes Spielzeug

18.1 Ertasten Sie blind eine normale Plastikpuppe und anschließend eine Waldorfpuppe, wahlweise einen Naturgegenstand und ein Plastikspielzeug. Benennen Sie gefühlte Unterschiede.

18.2 Anschließend betrachten Sie die beiden Gegenstände. Vielleicht riechen die Spielgegenstände? Notieren Sie Ihre unterschiedlichen Wahrnehmungen. Welche empfinden Sie positiv, welche negativ?

18.3 Warum gestalten Waldorferzieher Puppen dermaßen reduziert?

Waldorfpuppen

Loris Malaguzzi und die Reggio-Pädagogik

19. „Das Kind weiß am besten, was es braucht, und verfolgt eigenständig und energiereich seine eigene Entwicklung.“

19.1 Diskutieren Sie schriftlich diese reggianische Aussage.

19.2 Welches Bild vom Kind kommt zum Ausdruck?

20. Räume in ihrer Bedeutung

20.1 In welchem Zusammenhang sehen Sie die Grundhaltungen (vgl. Aufgabe 19) zum Netzwerk im Sozialraum (s. folgende Abb.)?

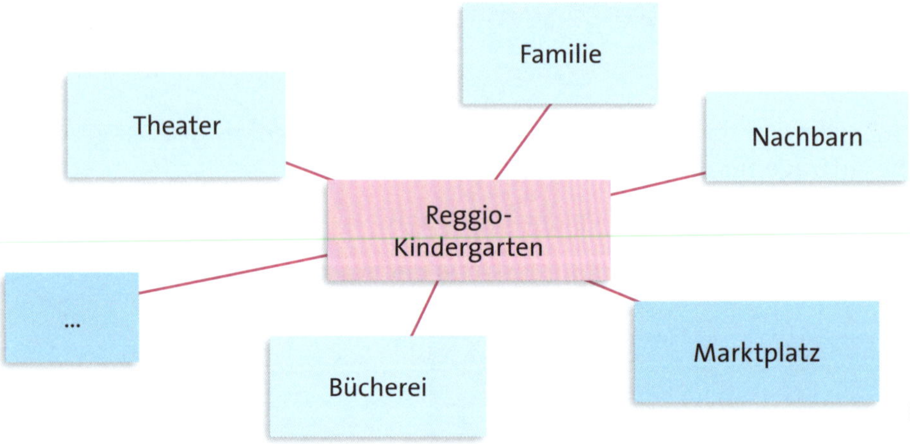

Netzwerk im Sozialraum

20.2 Inwiefern wirkt der „Raum als dritter Erzieher“? Erläutern Sie Prinzipien der Raumgestaltung in der Reggio-Pädagogik.

20.3 Welche Aspekte dieser Raumgestaltung würden Sie gern in andere Einrichtungen transferieren?

20.4 Dialog als Grundidee – was meint die Reggio-Pädagogik damit?

Prüfung

21\. **Rahmenbedingungen**

Sie arbeiten als pädagogische Zweitkraft der zweigruppigen Kinderkrippe in einer Kleinstadt. Insgesamt besuchen momentan 21 Kinder zwischen 0;6 und 2;8 Jahren die Einrichtung.
Die räumliche Ausstattung der Krippe berücksichtigt die individuellen und sozialen Bedürfnisse der Kinder. So gibt es u. a. einen Schlafraum mit kleinen Kojen, einen Bewegungsraum und ein Außengelände mit altersgerechten Spielgeräten.
Die Eltern sind an der pädagogischen Arbeit der Einrichtung sehr interessiert und nehmen ihre Erziehungspartnerschaft deutlich wahr. Die Konzeption der Einrichtung orientiert sich an einem Menschenbild, welches Wertvorstellungen und Ziele des Bildungsplans aufgreift.

Handlungssituation

Eines Morgens beobachten Sie, wie zwei 2-jährige Mädchen um eine Puppe in Streit geraten. Dabei fällt das eine Kind unglücklich mit dem Mund auf ein herumliegendes Spielzeugauto. Sie versuchen, die anschwellenden Lippen des Kindes zu kühlen.
Andere Eltern, die gerade ihre Kinder in die Einrichtung bringen, werden Zeugen dieser Situation. Eine Mutter bemerkt: „Kein Wunder, dass das passiert. Hier liegt viel zu viel herum und es gibt keine Ordnung." Ihre Kollegin aus der anderen Gruppe kommt hinzu und meint: „Bei mir wäre das nicht passiert. Bei mir müssen alle Kinder gleich wieder aufräumen." Eine andere Mutter meint: „Aber das sind doch noch kleine Kinder, da ist es doch normal, wenn Spielsachen herumliegen." Ein hinzukommender Vater erklärt: „Mir gefällt hier gut, dass die Kinder ohne große Verbote spielen können. Mein Sohn ist dadurch schon sehr selbstständig geworden und spielt auch gerne mit anderen Kindern auf dem Spielplatz."

Teilen Sie sich in Ihrer Lerngruppe in 3 Gruppen auf und bearbeiten die folgenden Fragestellungen. Berücksichtigen Sie dazu die jeweils gegebenen Ergänzungen zu den Rahmenbedingungen. Nutzen Sie das Formular „Bearbeitung einer beruflichen Handlungssituation" von S. 13 ff. Planen Sie einen kurzen Vortrag Ihrer Ergebnisse und stellen Sie sich diese gegenseitig vor.

Gruppe A

Ergänzung zu den Rahmenbedingungen: Die Kinderkrippe heißt *Montessori-Haus* und arbeitet nach dem Konzept Maria Montessoris.

21.1 Welche pädagogischen Grundhaltungen leiten Sie als Montessori-Pädagogin in der geschilderten Situation mit den beiden Mädchen? Transferieren Sie diese in konkrete methodische Maßnahmen.

21.2 Welche Zielvorstellungen sind Ihnen in Ihrer pädagogischen Arbeit besonders wichtig? Nehmen Sie Ihren Bildungsplan zu Hilfe.

21.3 Welche räumlichen Gegebenheiten, welche Spielmaterialien werden Sie den Kindern anbieten, um deren individuelle und soziale Bedürfnisse zu berücksichtigen? Finden Sie beispielhaft Bilder im Internet.

21.4 Wie sehen Sie die Rolle der Eltern?

Gruppe B

Ergänzung zu den Rahmenbedingungen: Die Kinderkrippe ist angegliedert an den *Rudolf-Steiner-Kindergarten* und es wird nach den pädagogischen Grundlagen der Anthroposophie Rudolf Steiners gearbeitet.

21.5 Welche pädagogischen Grundhaltungen leiten Sie als Waldorf-Pädagogin in der geschilderten Situation mit den beiden Mädchen?

21.6 Welche Zielvorstellungen sind Ihnen in Ihrer pädagogischen Arbeit besonders wichtig? Nehmen Sie Ihren Bildungsplan für die frühe Kindheit zu Hilfe.

21.7 Welche räumlichen Gegebenheiten, welche Spielmaterialien werden Sie den Kindern anbieten, um deren individuelle und soziale Bedürfnisse zu berücksichtigen? Suchen Sie beispielhafte Bilder im Internet.

21.8 Wie sehen Sie die Rolle der Eltern?

Gruppe C

Ergänzung zu den Rahmenbedingungen: Die Kinderkrippe heißt *Casa Fantasia* und es wird nach den pädagogischen Grundlagen der Reggio-Pädagogik gearbeitet.

21.9 Welche pädagogischen Grundhaltungen leiten Sie als Reggio-Pädagogin in der geschilderten Situation mit den beiden Mädchen?

21.10 Welche Zielvorstellungen sind Ihnen in Ihrer pädagogischen Arbeit besonders wichtig? Nehmen Sie Ihren Bildungsplan zu Hilfe.

21.11 Welche räumlichen Gegebenheiten, welche Spielmaterialien werden Sie den Kindern anbieten, um deren individuelle und soziale Bedürfnisse zu berücksichtigen? Finden Sie beispielhaft Bilder im Internet.

21.12 Wie sehen Sie die Rolle der Eltern?

Janusz Korczak

22. Kinder haben Rechte

22.1 Recherchieren Sie im Internet oder in Büchern über das Leben und Wirken des Pädagogen Janusz Korczak.

22.2 Diskutieren Sie schriftlich die Grundpfeiler seines pädagogischen Konzepts.

23. „Habe Mut zu dir selbst und suche deinen eigenen Weg.“ *(Janusz Korczak)*

23.1 Erläutern Sie, was Korczak mit der Aussage über den Erziehenden gemeint haben könnte.

23.2 Ziehen Sie Rückschlüsse aus Ihren Erläuterungen für Ihre eigene pädagogische Arbeit.

Vielfalt von pädagogischen Handlungskonzepten

24. Informieren Sie sich über die Idee „Spielzeugfreier Kindergarten". Diskutieren Sie Vor- und Nachteile. [Literaturtipp: Becker-Textor/Schubert/Strick (Hrsg.): Ohne Spielzeug. Spielzeugfreier Kindergarten – ein Konzept stellt sich vor]

25. Das Mitspracherecht von Kindern ist heute ein wichtiger Teil von Partizipation im pädagogischen Alltag von Kindertageseinrichtungen.

25.1 Welche Möglichkeiten der Verwirklichung sehen Sie konkret im pädagogischen Alltag? Beschreiben Sie Ihre konkreten Erfahrungen damit.

25.2 In welchem Handlungskonzept sehen Sie Möglichkeiten der Teilhabe konzeptionell bedacht?

26. Kinder sollen sich „Fähigkeiten, Fertigkeiten und Kenntnisse aneignen können, die ihnen helfen, ihr gegenwärtiges Leben aktiv zu gestalten und die sie brauchen, um in der künftigen Lebens- und Arbeitswelt handlungsfähig zu sein." *(Heller/Preissing, 2000, S. 22)*

26.1 Untersuchen Sie, welcher Aspekt in der Aussage im Vergleich zu anderen pädagogischen Handlungskonzepten neu auftaucht.

26.2 Begründen Sie, ob für Sie dieser Aspekt für das Bild vom Menschen und damit für den Erziehungsbegriff bedeutungsvoll ist.

26.3 Stellen Sie die Aussage oben in Zusammenhang mit dem Gedankengut der Kinderärztin Emmi Pikler zur Kleinstkinderziehung (s. Abb.).

Beziehungsvolle Pflege	Autonome Bewegungs-entwicklung	Freies Spiel

Drei Säulen der Pikler-Kleinkindpädagogik

Waldkindergarten

27. „Nur was man kennt, liebt und schützt man."

27.1 Informieren Sie sich über die Entstehung des Waldkindergartens, der seinen Ursprung in Skandinavien hat.

27.2 Informieren Sie sich über Waldkindergärten in Ihrer Nähe.

27.3 Recherchieren Sie den Tagesablauf eines Waldkindergartens.

28. Erstellen Sie eine Literaturliste zum Thema „Wald und Kinder". Stellen Sie Ihrer Lerngruppe ein Buch dazu vor.

29. Erläutern Sie den Bildungswert eines Waldkindergartens für Kinder.

30. Sammeln Sie Gegenstände im Wald. Entwickeln Sie Ideen, wozu und in welchen Bildungsbereichen Kinder diese nutzen könnten. Seien Sie kreativ!

31. **FALLBEISPIEL** Während eines Elternabends meint eine besorgte Mutter: „Ich frage mich, ob der Waldkindergarten meinen Sohn auch gut auf die Schule vorbereiten kann."

Erarbeiten Sie Grundlagen für einen Elternabend, der Eltern Antworten auf diese und ähnliche Fragen gibt.

[**Literaturtipps:** Die Bücher „Lernen – die Entdeckung des Selbstverständlichen" (Manfred Spitzer) und „Wie Kinder heute wachsen. Natur als Entwicklungsraum. Ein neuer Blick auf das kindliche Lernen, Denken und Fühlen" (Herbert Renz-Polster/Gerald Hüther). Oder der Online-Text „Ganzheitliche Entwicklungsförderung durch Naturerfahrungen" (Martin R. Textor)]

7 Methodisches und didaktisches Vorgehen

1. Begriffe klären und verstehen

1.1 Nachfolgend finden Sie den Beginn eines Glossars mit Begrifflichkeiten im Kontext der methodischen Gestaltung von Bildungsangeboten und Spielbegleitungsmaßnahmen.

1.2 Führen Sie das pädagogisch-didaktische Glossar weiter, indem Sie wichtige fachliche Begrifflichkeiten dort verankern und mithilfe von Fachliteratur definieren.

Begriff	Erläuterung
Bildungsangebot (BA) (oder gezielte Beschäftigung oder pädagogisches Angebot)	Organisationsform methodischen Vorgehens: von der Fachkraft vorbereitetes und geplantes Angebot für eine Kinder-/Jugendlichengruppe, z. B. Bilderbuchbetrachtung, Liedeinführung
Freies Angebot	Die Kinder entscheiden frei, ob sie am Angebot teilnehmen, z. B. im Freispiel.
Gebundenes Angebot	Die Fachkraft setzt die Gruppe zusammen.
Entwicklungsbereich	Berücksichtigung der gesamten Persönlichkeit des Menschen, z. B. Angebote im emotionalen, sozialen, kognitiven und motorischen Entwicklungsbereich.
Bildungsbereich/ Lernbereich	Differenzierte Entwicklungsbereiche, z. B. Bewegungserziehung, Sprachförderung, ethisch-religiöse Erziehung, musikalische Bildung.
Thema	Ein Bildungsangebot findet statt zu einem bestimmten Thema. Dieses orientiert sich an den Bedürfnissen und Interessen der Kinder. Evtl. findet es Niederschlag in der Planung.
Rahmenplan	Umfasst einen längeren Planungszeitraum, gilt für die gesamte Einrichtung und soll möglichst alle Bildungsbereiche erfassen. Gibt die Entwicklungsrichtung an.
Wochenplan	Stellt einen Arbeitsplan für eine Woche dar, gilt für eine bestimmte Kindergruppe und ist dem Rahmenplan entnommen.
Tagesplan	Enthält Ziele und Vorhaben für einen bestimmten Tag und eine bestimmte Gruppe. Soll für die Vorbereitung hilfreich sein.
Methoden	Sind Wege, die der Entwicklung der Kinder dienlich sein sollen. Mit ihrer Hilfe lassen sich Zielsetzungen verwirklichen, z. B. ist Spielbegleitung eine Methode innerhalb des Freispiels, eine Bilderbuchbetrachtung eine Methode innerhalb der Bildungsangebote. Es gibt mehrere Methoden (z. B. Freispiel, Bildungsangebote, Elternkooperation), um ein Ziel zu erreichen. Sie müssen individuell passend ausgewählt werden.
Methodisches Vorgehen	Stellt die Frage, **wie** innerhalb einer Methode vorgegangen wird, z. B.: Wie wird bei einer Bilderbuchbetrachtung das Buch gehalten? Wird erst von der pädagogischen Fachkraft erzählt oder erzählen die Kinder erst, was sie auf dem Bild sehen?

Begriff	Erläuterung
Methodische Prinzipien/Grundsätze	Es gibt allgemeingültige methodische Grundsätze wie „vom Einfachen zum Schweren“, „vom Konkreten zum Abstrakten“. Dazu gibt es Grundsätze auch für einzelne Bildungsangebote, z. B. beim Falten: „nicht in der Luft falten, von sich weg falten“.
Situationsanalyse	Hier: Die gegenwärtige Situation des Kindes/der Kinder wird beobachtet und beschrieben: äußere Gegebenheiten (z. B. in der Familie, in der Kita), Verhalten, Gefühle, Ressourcen und Defizite o. a.
Leitziel/Richtziel	Übergeordnetes Ziel/übergeordnete Kompetenz: Warum wird etwas getan, was soll erreicht werden? Beispiel: Stärken sozialer Kompetenzen Ein Leitziel ist die Basis für die Wahl des/der Bildungsziel/e.
Grobziel (GZ)	Es gibt einen Teilbereich des Leitziels bzw. der Kompetenz an. Beispiel: Entwickeln von Werten wie Solidarität, Empathie u. Ä.
Feinziel (FZ)	Es wird vom Grobziel abgeleitet und konkretisiert dieses. Beispiel: ➧ zuhören, ➧ verbalisieren von Mitgefühl. Man spricht auch von einem „operationalisierten Ziel“; der gesamte Prozess wird Operationalisierung genannt.
Operationalisiertes Ziel	Hier: ein Feinziel, welches SMART ist. Die SMART-Formel lautet: **S** = spezifisch Ein Ziel wird durch sogenannte W-Fragen konkretisiert: was, wann, wo, wer mit wem und wie? **M** = messbar Das Ziel kann von jedem Mitarbeitenden selbst überprüft werden (Reflexion). Woran können Mitarbeitende erkennen, dass das Ziel verwirklicht ist? **A** = akzeptabel Haben alle pädagogischen Mitarbeitenden/Beteiligten am Erziehungsprozess dieses Ziel fokussiert? Ist es für alle im Team „tragbar“, d. h. akzeptiert? Wie kann diese Akzeptanz evtl. hergestellt werden? **R** = realistisch Kann das Ziel von dem/den Mitarbeitenden aus eigener Kraft und den verfügbaren Mitteln gestemmt werden? Kann das Ziel in die pädagogische Arbeit integriert werden, ohne Mitarbeitende/Kinder zu überfordern? **T** = terminiert Wann ist das Ziel erreicht? Definiert wird dies durch einen fixierten Zeitpunkt oder ein beschriebenes Verhalten, an dem das Ziel ablesbar wird.
Individuelles Ziel	Feinziel, das für ein einzelnes Kind (oder Kinder) besonders wichtig erscheint innerhalb der individuellen Entwicklung. Individuelle Ziele sind immer „operationalisierte“, d. h. überprüfbare Feinziele.
Lerninhalt	Geht der Frage nach: **Was** ist geeignet, um das angestrebte Ziel zu erreichen?
Gruppenkontext	Zusammensetzung der Gruppe

Begriff	Erläuterung
Heterogene Gruppe	Verschiedenartige Gruppe, z. B. in Bezug auf das Alter oder Geschlecht der Kinder. Beispiel „altersheterogene Gruppe“: Kinder verschiedenen Alters.
Homogene Gruppe	Gleichartige Gruppe, z. B. in Bezug auf das Alter oder Geschlecht der Kinder. Beispiel „geschlechts-homogene Gruppe“: nur Jungen oder Mädchen.
Bildungsplan	Jedes Bundesland hat seinen individuellen Bildungsplan für die frühe Kindheit. Beispiel: „Bayerischer Erziehungs- und Bildungsplan für Kinder in Tageseinrichtungen bis zur Einschulung“ (kurz BEP). Kostenlos einsehbar hier: www.ifp.bayern.de/imperia/md/content/stmas/ifp/bildungsplan.pdf
Kompetenz	Hier: Fähigkeit oder Fertigkeit
Basiskompetenz	Grundlegende Kompetenz, z. B. Selbstkompetenz
Ganzheitlichkeit	Hier: Berücksichtigung aller Persönlichkeitsbereiche des Menschen, Angebote an das Kind/die Kinder in allen Bildungsbereichen/Erziehungsbereichen
Medien/Materialien	Hier: alle Hilfsmittel, die dem Zweck dienen, Lerninhalte zu veranschaulichen bzw. diese umzusetzen
Hinführung	Hier: Dient der Hinführung zum Thema, soll die Kinder an das Thema anbinden, Interesse wecken, kurz: Motivation schaffen.
Einleitung	Hier: Stellt den Kindern das Ergebnis des Bildungsangebots vor (z. B. Titel und Titelbild des Bilderbuchs, fertiggestellte Faltarbeit); benennt Titel des Märchens oder das Gerät, mit dem geturnt werden soll; Vorsingen des ganzen Liedes, das gelernt werden soll.
Durchführung	Hier: Einzelne Arbeitsschritte des Bildungsangebots werden folgerichtig geplant.
Abschluss/Beendigung	Hier: Soll das Bildungsangebot beenden, einen inhaltlich-thematischen Abschluss herstellen, dabei zusammenfassen, wiederholen, vertiefen im Sinne des Lernziels. Evtl. einen Ausblick geben auf weitere Angebote zum Thema.
Reflexion	Hier: Nachbesinnung und Auswertung des Bildungsangebots anhand gezielter Fragestellungen. Beste Vorbereitung für die Durchführung weiterer Angebote.
Ko-konstruktive Haltung	Hier: Beobachtend präsente Bildungsbegleitung durch die Fachkraft, welche ausgeht von einem kompetenten Bild vom Kind: Das Kind kennt seinen eigenen konstruktiven Bildungsweg, der Erziehende begleitet es auf diesem Weg interaktiv.
Partizipation	Beteiligung, Teilhabe, Teilnahme, Mitwirkung, Mitbestimmung der Kinder an den Prozessen von Bildung und Erziehung
Ressourcenorientierte Arbeit	Anknüpfung an bereits bestehende Fähigkeiten/Fertigkeiten der Kinder

Begriff	Erläuterung
Spielbegleitungsmaßnahme (SBM)	Zielgerichtetes Angebot innerhalb des Freispiels für einzelne Kinder oder kleinere Kindergruppen, z. B. Memory®-Spiel mit jeweils unterschiedlichen Zielperspektiven der teilnehmenden Kinder (vgl. Merkfähigkeit, Begriffsbildung, Farbkompetenz, Zählen u. Ä.); auch vorbereitete Umgebung schaffen, z. B. Utensilien für ein Experiment auf einem Tisch bereitstellen, Maltisch anbieten, Übungen des täglichen Lebens (nach Montessori)
Resilienz	Widerstandskräfte bei Kindern
Individualisierend	Auf das einzelne Kind bezogene Fähigkeiten/Fertigkeiten entwickeln
Sozialisierend	Gruppenbezogene Fähigkeiten/Fertigkeiten entwickeln
Binnendifferenzierung	Innerhalb der Lerngruppe Zielsetzungen in Verbindung mit unterschiedlichen Aufgabenstellungen auf einzelne Kinder beziehen
Entwicklungsangemessenheit	Gestaltung der Lernumgebung entsprechend der sozialen, körperlichen, kognitiven und emotionalen Entwicklung der Kinder.
Scaffolding	Hier: Unterstützung des Lernprozesses z. B. durch Anleitung, Impulse, Hilfestellung, vorbereitete Umgebung u. Ä.

Planung von Bildungsangeboten

PRÜFUNG

2. **Rahmenbedingungen**

Seit Januar arbeiten Sie in der katholischen *Kita St. Martin* in einer bayerischen Kleinstadt. Die Einrichtung ist bei den Eltern begehrt, da sie seit Jahren Ganztagsbetreuung, am Nachmittag sogar für Grundschulkinder, anbietet. Außerdem präsentiert sie sich mit einem naturnahen Außengelände, das Kinder und Mitarbeitende sehr schätzen. Seit einem Jahr ergänzt eine Krippengruppe mit 10 Kindern im Alter von 1 bis 3 Jahren das Betreuungsangebot von 3 Kindergartengruppen mit jeweils 20 bis 23 Kindern im Alter von 4 bis 7 Jahren.
Die Gruppen werden von jeweils einer Erzieherin geführt, die von einer Berufspraktikantin bzw. Sozialassistentinnen als Zweitkräfte unterstützt wird. In Ihrer Kitagruppe ist ein Erzieher tätig. In der Einrichtung arbeitet eine Inklusionskraft stundenweise, um 3 Kinder mit besonderen Bedürfnissen in der Inklusionsgruppe speziell zu unterstützen. Diese Gruppe ist auch Ihr derzeitiger Wirkungskreis. Die Gruppe ist geschlechts- und altersheterogen, es gibt 12 Kinder, die im kommenden September eingeschult werden.

[**Hinweis:** Zu diesen Rahmenbedingungen finden Sie in Kapitel 18 zwei weitere Handlungssituationen zum Thema „Spiel und Spielbegleitung".]

Basti

Basti (4;2 Jahre) ist das jüngste Kind in der Gruppe. Er ist vor 2 Monaten von der Krippen- in die Kindergartengruppe gewechselt. Er trennt sich schwer von seiner Mutter, wenn sie ihn morgens bringt – dann gibt es hin und wieder Tränen und er klammert sich an sie. Allerdings, wenn Sie mit ihm in ein Spiel gehen, vergisst er auch schnell seinen Unmut. Er geht zu einzelnen Spielgruppen, schaut zu. In der Bauecke interessieren ihn Autos und Holzzüge, die er aus dem Regal holt. Wenn die älteren Jungen dazu stoßen, beendet er sein Spiel und setzt sich an den Rand. Manchmal kommt er zu Ihnen auf den Schoß. Dann schmiegt er sich an Sie und scheint die Zuwendung zu genießen. Basti erzählt Ihnen fast täglich von seinen Haustieren, die er schon ganz selbstständig versorgen darf. Und im Stuhlkreis staunen Sie bisweilen, wenn Sie seine Stimme beim Singen hören. Mit den Mädchen spielt er regelmäßig in der Puppenecke. Dann ist meist er das Kind.
Am Esstisch sehen Sie, dass er nur isst, wenn er sich unbeobachtet fühlt und auch nur Speisen, die er von zu Hause mitbringt.

2.1 Bearbeiten Sie die Handlungssituation „Basti" mithilfe des Formulars „Bearbeitung einer beruflichen Handlungssituation" von S. 13 ff. Analysieren Sie die Situation von Basti auf verschiedenen Ebenen.

2.2 Entwickeln Sie Erziehungs- und Bildungsziele für Basti. Gehen Sie unter Anführung von Begründungen von den Bildungsbereichen des Bildungs- und Erziehungsplans aus. Bedenken Sie die verschiedenen Zielebenen.

2.3 Welche Themen stehen Basti nahe?

2.4 Spielen Sie mit Basti.

- Welche Spiele (Spielbegleitungsmaßnahmen) bieten Sie Basti im Freispiel an? Denken Sie an Ziele und Themen.
- Welche Materialien/Medien sind für Basti hilfreich? Begründen Sie.
- Welche Rahmenbedingungen erleichtern Basti die anstehenden Transitionen
  - vom häuslichen in den institutionellen Rahmen?
  - von der Krippe in den Kindergarten?

[**Hinweis:** zur Begleitung einer Transition s. auch Kap. 8]

Jana

Jana (5;4 Jahre) soll in die Schule: Ihre Eltern sind überzeugt, dass sie sehr begabt ist und eine bestmögliche schulische Ausbildung erfahren soll. Sie erleben Jana an verschiedenen Spielorten im Alleinspiel. Vom Gruppenerzieher haben Sie den Auftrag erhalten, sich besonders um Janas feinmotorische Kompetenzen zu bemühen.
Jana sitzt auf der Garderobenbank und versucht ihre Schuhbänder zu binden. Als sie nach 3 Versuchen keinen Erfolgt hat, läuft sie mit offenen Schuhen in den Garten. Am Maltisch nimmt sie die Schere mit beiden Händen und versucht so, das Papier zu schneiden. Die Schere kippt immer wieder um, das Papier wird an der schmalsten Stelle gehalten.
Heute haben Sie einige kleine Tierfiguren mitgebracht: Jana kommt sofort zu Ihnen und freut sich über die Tiere. Gleich beginnt sie zu erzählen: „Weißt du, was die Katze frisst?" Über jedes der Tiere erzählt sie Ihnen. Sie sind erstaunt, was sie alles über Tiere weiß.

2.5 Bearbeiten Sie die Handlungssituation „Jana" mithilfe des Formulars „Bearbeitung einer beruflichen Handlungssituation" von S. 13 ff. Nennen Sie eine Auswahl operationalisierter Ziele (Feinziele) im Bildungsbereich „Kreatives Gestalten/Künstlerisch aktive Kinder". Begründen Sie Ihre Auswahl.

2.6 Planen Sie zu zweit/kollegial mindestens 2 Spielbegleitungsmaßnahmen, die geeignet sind, diese Feinziele zu erreichen.

2.7 Gestalten Sie ein werkschaffendes Bildungsangebot zur Technik des Plastizierens zu einem aktuellen Thema, das geeignet ist, operationale feinmotorische Ziele für Jana zu verwirklichen. Gehen Sie in Ihrer Planung auf folgende Fragestellungen ein:
- Welche weiteren Bildungsbereiche können angesprochen werden und wie setzen Sie diese in Ihrer Bildungsarbeit um?
- Welche Materialien sind grundsätzlich beim Plastizieren für Kinder im vorschulischen Alter mehr bzw. weniger geeignet (hierarchische Anordnung)? Begründen Sie Ihre Anordnung.
- Welche Hinführungen sind geeignet, um in ein solches Bildungsangebot einzusteigen? Sammeln Sie (ggf. im Team) verschiedene Möglichkeiten und überlegen Sie die jeweilige Intention.
- Welche Schritte im methodischen Vorgehen sind in einem Hauptteil wichtig?
- Welche Schwierigkeiten erwarten Sie unter Umständen bei einem solchen Angebot und wie können Sie sich darauf vorbereiten?
- Wie könnten Sie Ihr Bildungsangebot für andere Zielgruppen (Kleinkinder, Schulkinder) öffnen?
- Worauf ist bei einem adäquaten Abschluss zu achten? Was ist die Intention?

2.8 Bereiten Sie an Ihrem nächsten Praxistag eine Spielbegleitungsmaßnahme (siehe folgendes Formular „Spielbegleitungsmaßnahme") zur Methode des Plastizierens vor.
- Arbeiten Sie mit entwicklungsangemessenen Zielen,
- zu einem aktuellen Thema,
- evtl. mit vorbereiteter Umgebung.

7

Spielbegleitungsmaßnahme

Mithilfe der Spielbegleitung innerhalb des freien Spiels versucht die pädagogische Fachkraft, Einfluss auf das Spiel- und Gruppenverhalten zu nehmen, indem er/sie mitspielt, anspielt, anregt ... mit der Zielsetzung, neue Erfahrungen zu ermöglichen, das Spiel beispielsweise anders zu spielen, eingefahrene Spielmuster zu überwinden, in einer anderen Zusammensetzung, also mit anderen Kindern/Jugendlichen zu spielen, Kinder partizipieren zu lassen, positive soziale Umgangsformen zu pflegen, Fantasie und Kreativität zu fördern, individuelle Schwächen zu kompensieren, individuelle Begabungen zu stärken, persönliche Ressourcen des/der Kinder und Jugendlichen zu nutzen. Er/sie begleitet den Bildungsprozess des Kindes/der Kinder ko-konstruktiv, indem das Kind als kompetent für seine eigene Entwicklung erachtet wird.

Situationsanalyse

Beobachtungsbogen Engagiertheit/emotionales Wohlbefinden

Name des Kindes/Jugendlichen ______________________ Alter __________

Praktikanten ______________________ Datum __________ Zeit Dauer __________

		n	m	h	Ressourcenorientierte und wertfreie Beobachtung (Beschreibung der Aktivität des Kindes) unter Berücksichtigung von wörtlicher Rede, Mimik, Körpersprache, Beziehungen	Bildungsbereiche	
Emotionales Wohlbefinden	Flexibilität						Körper, Bewegung und Gesundheit
	Selbstvertrauen						Soziale und kulturelle Umwelt
	Entspannung und innere Ruhe						Sprachen, Schriftkultur und Medien
	Genießen können						Bildnerisches Gestalten
Engagiertheit	Konzentration						Musik
	Kreativität						Mathematische Grunderfahrung
	Ausdauer						
	Reaktionsbereitschaft						naturwissenschaftliche und technische Grunderfahrungen
	Verbale Äußerung von Zufriedenheit						

n = niedrig, m = mittel, h = hoch

Schlussfolgerung/Zusammenfassung/Reflexion (Interpretation):

____

____

____

____

(in Anlehnung an die Leuvener Engagiertheitsskala/Pestalozzi-Fröbel-Haus Berlin, in: Hebenstreit-Müller, 2013)

Lernziele

- Was möchte ich mit meiner Spielführung erreichen – ganzheitliche Sicht auf die Lernziele – individuelle Lernziele (nur operationalisierte Ziele!)? Bitte Ihre jeweiligen Bildungspläne einsehen.
- Wie kann ich diese erreichen?

Beschreibung der Spielidee

- Wie heißt das Spiel?
- Was ist die eigentliche Spielidee? Wie sind die Spielregeln?

Raum- bzw. Platzbedarf ▸ Wo werde ich die Spielführung geeignet durchführen?

Zeitplanung ▸ Dann werde ich beginnen und voraussichtlich so lange brauchen

Material ▸ Folgendes Material brauche ich (Art der Vorbereitung, Präsentation u. a.)

Kollegiale Absprachen ▸ mit der Ausbilderin/dem Ausbilder und/oder anderen Mitarbeitenden

Methodisches Vorgehen

- Das werde ich tun, damit die Kinder auf meine Spielbegleitung aufmerksam werden bzw. um meine Spielidee bei den Kindern anzuregen, die Kinder zu motivieren (einen direkten, einen indirekten Spielimpuls setzen u. a.)
- Welche Spielmöglichkeiten/Ideen könnten sich für die Kinder ergeben, wer erklärt Spielideen?

Formular

- Welche Schwierigkeiten sind zu erwarten und wie ist diesen zu begegnen?

____

- Der geeignete Zeitpunkt, um mich aus dem Spiel zurückzuziehen, ist ... Wie kann ich das vollziehen?

____

- Wie kann das Spiel in der Gruppe verankert werden? Welche Kinder können einbezogen werden?

____

Reflexion

- Die Spielbegleitung dauerte von __________ bis __________ Gesamtdauer also ca. __________
- Folgende Kinder/Jugendliche haben daran teilgenommen (Vorname-Anfangsbuchstabe/Alter)

____

- Das Spiel kann in den nächsten Tagen von den Kindern fortgesetzt werden (Begründung/Art)

____

- Das habe ich damit erreicht/nicht erreicht, weil

____

- Das Spiel wurde beendet, weil

____

- Ungünstig war, dass

____

- Folgende Rückmeldungen habe ich bekommen

____

____

- Nächstes Mal würde ich Folgendes anders machen

____

- Eine gute Weiterführung wäre

____

- Was mir wichtig ist für die nächste Spielbegleitungsmaßnahme

____

____

PRAXIS

3. Didaktische Analyse und methodische Planung

3.1 Beobachten Sie ein Kind ca. 10 Minuten lang in einer Freispielsituation. Verwenden Sie hierzu das Formular „Beobachtungssequenz“ von S. 57/58. Denken Sie an die 4 grundlegenden Verarbeitungsstufen einer fachlichen Beobachtung: Wahrnehmen – Beschreiben – Interpretieren – Bewerten. Analysieren Sie Ihre Beobachtung, indem Sie sich in das Kind hineinversetzen und folgende Fragen aus Sicht des Kindes beantworten:

- Was tun Sie gerade? Was interessiert Sie dabei? Welche Fragen stellen Sie sich?
- Was müsste die pädagogische Fachkraft tun, um herauszufinden, was Sie interessiert?
- Welches Angebot wünschen Sie sich?

3.2 Erstellen Sie eine Übersicht über mögliche Interessen, Fragen und Themen des Kindes.

4. Erstellen Sie eine didaktisch-methodische Analyse eines Bildungsangebots zu einem festgestellten Thema des beobachteten Kindes. Nutzen Sie in Ihren Erläuterungen die einzelnen Elemente von didaktischer Analyse und methodischer Planung (s. Abb.).

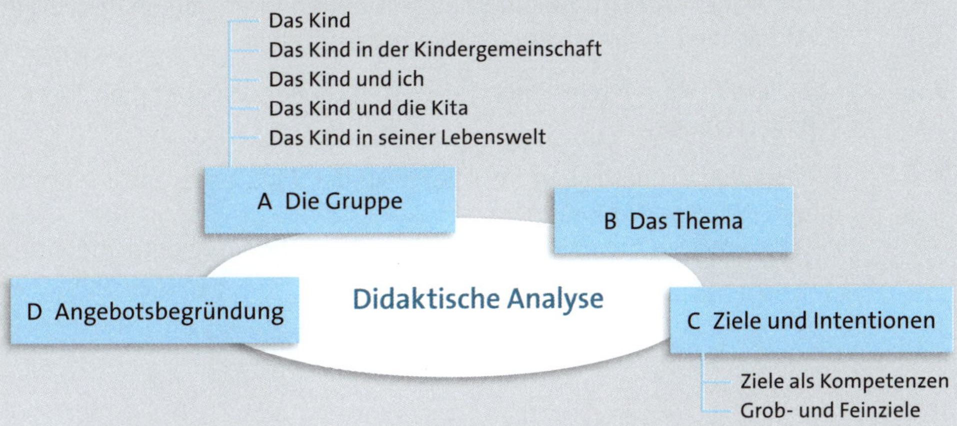

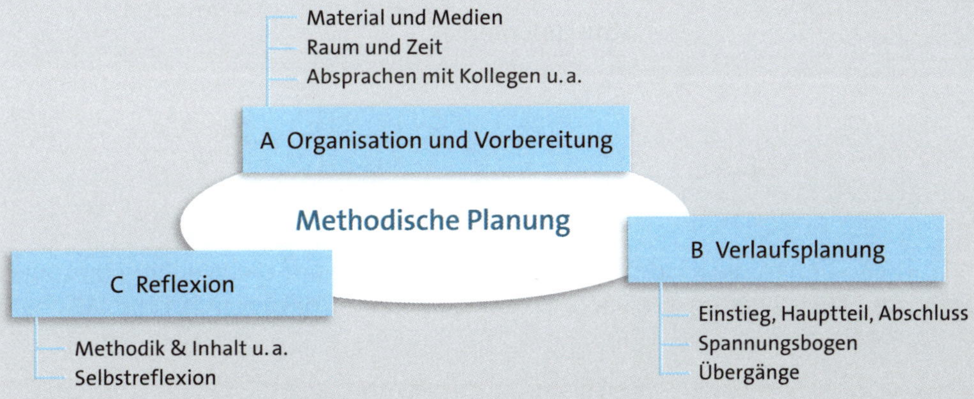

5. Reflexion als Teil der didaktischen Planung begreifen

5.1 Nutzen Sie ein Bildungsangebot, das Sie innerhalb Ihrer sozialpädagogischen Tätigkeit in der Kita durchgeführt haben, zur Reflexion nach dem Dreischritt-Verfahren (s. Abb.).

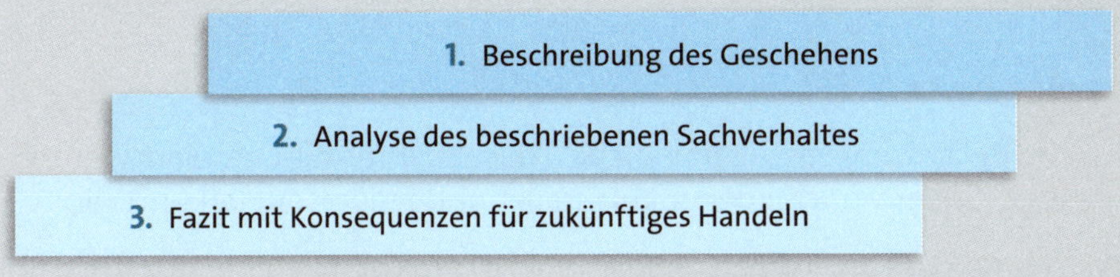

Reflexion nach dem Dreischritt-Verfahren

5.2 Notieren Sie die Konsequenzen für Ihr zukünftiges Handeln auf einer Karteikarte, die Sie an einer täglich sichtbaren Stelle (z. B. an Ihrem PC) anbringen.

Alltagsgestaltung

PRAXIS

6. Erstellen Sie einen Praxisplaner, in dem Sie Termine und Inhalte für Elternabende, Elternbriefe, Feste und Ausflüge festhalten. (Beachten Sie: Die inhaltlichen Aspekte der pädagogischen Arbeiten wie Themenbereiche, Projekte u. a. finden sich im pädagogischen Jahresplan.)

7. Diskutieren Sie schriftlich, welche Vor- und Nachteile die Erstellung von Jahresplänen für die Kinder und für die Zusammenarbeit im Team hat, indem Sie eine Pro-und-Kontra-Liste anfertigen.

PRAXIS

8. Planung und Alltagsgestaltung

8.1 Untersuchen Sie den Wochenplan Ihrer Gruppe, indem Sie
- die Pläne Ihrer Gruppe und Kita mit denen Ihrer Mitschüler vergleichen und
- Ähnlichkeiten und Unterschiede herausstellen.

8.2 Entwickeln Sie weitere Ideen für den aktuellen Wochenplan Ihrer Gruppe und begründen Sie Ihre Vorschläge.

8.3 Fixieren Sie die zeitlichen Strukturen in der Alltagsgestaltung an Ihrer Praxisstelle anhand der Bausteine in der Abbildung.
Reflektieren Sie deren Sinnhaftigkeit, Übergänge und zeitliche Vereinbarkeiten.

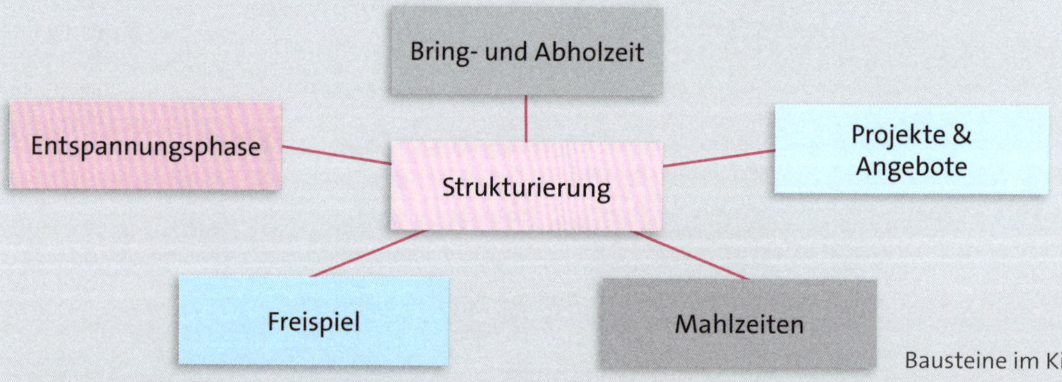

Bausteine im Kita-Alltag

9. Welchen Einfluss können die Kinder der Gruppe tatsächlich auf die Wochenplanung nehmen? Zeigen Sie gute Möglichkeiten zur Partizipation der Kinder bezogen auf die Wochenplanung auf.

10. Erstellen Sie mithilfe einer „Checkliste für Feste“ (z. B. im Buch „Sozialassistenz heute“, Kap. 7.3.2) ein allgemeines Planungsschema für die Vorbereitung von Festen in Form einer Tabelle oder Mindmap.

PRAXIS

11. Planung besonderer Anlässe

11.1 Ermitteln Sie, welche (religiösen) Feste auf welche Weise in Ihrer Kita gefeiert werden und wie Ihre Kita zeigt, dass es Kinder verschiedener kultureller und religiöser Herkunft gibt.

11.2 Fertigen Sie einen Jahreskreis an: Tragen Sie die in Ihrer Praxisstelle gefeierten Feste entsprechend in den Jahreskreis ein.
Dokumentieren Sie in Ihrem Ordner mithilfe von Fotos, wie die Feste gefeiert werden.

12. Beschreiben Sie, welche Bedeutung der Geburtstag für Kinder hat. In welcher Form wird der Geburtstag der Kinder in Ihrer Gruppe gefeiert (Rituale, Symbole, Traditionen)? Sammeln Sie Liedgut, Gedichte, kleine Geschenkideen u. Ä. in Ihrem Portfolio. Welche weiteren Ideen haben Sie, um Geburtstage in der Kita zu begehen?

13. Dokumentieren Sie ein Fest Ihrer Einrichtung mit kulturellem Hintergrund, Ablaufbeschreibung und zugehörigen Bildern, Liedern oder Gebeten. Möglich ist auch eine Beschreibung der Mahlzeiten oder der Gestaltung der Tische und Räume.

14. Beobachtungsaufgabe

Ein Tag im Kindergarten

Der Tag beginnt mit der ***Bringzeit***, in der die Eltern ihre Kinder in die Einrichtung bringen. Die Fachkraft begleitet die Ankunft der Kinder, indem sie Eltern und Kinder begrüßt. Je nach Bedürfnislage unterstützt sie die Kinder in dieser Übergangsphase. Sie bietet sich z. B. als Kuschel- oder Spielpartnerin an, hilft Kindern, in bestehende Spielgruppen zu finden oder ermöglicht ihnen einen ruhigen Ort zum Ankommen.

Je nachdem, ob es eine gleitende oder gemeinsame ***Frühstückszeit*** gibt, können die Kinder individuell entscheiden, wann und mit wem sie essen möchten, oder die Gruppe frühstückt gemeinsam zu einem festen Zeitpunkt.

Sind alle Kinder angekommen, führt die ***Morgenrunde*** die Gruppe zusammen. Unter Anleitung der Erziehenden begrüßen sich die Kinder, singen und spielen gemeinsam. Bei der Planung und Gestaltung der Morgenrunde beteiligt die Fachkraft die Kinder. Sie bespricht mit den Kindern aktuelle Themen, hört Befindlichkeiten, Wünsche und Interessen. Häufig werden die Bildungsangebote für die nachfolgende Angebotszeit vorgestellt und die Teilnahme der Kinder festgehalten. Auch wird Geburtstag und manchmal auch Abschied von Kindern gefeiert. Die Morgenrunde dient dazu, dass die Kinder erfahren, dass sie gesehen werden, eine Orientierung für den Tag bekommen und ihnen somit ein guter Start in den Tag ermöglicht wird.

Der Tagesablauf unserer Kita

7:00 – 8:30 Uhr	Die Kinder treffen sich in einem der 3 Gruppenräume.
8:30 – 9:30 Uhr	Jede Gruppe wechselt in ihre eigenen Räumlichkeiten. Die Kinder können in der Zeit bis 9:30 Uhr frühstücken und werden im Freispiel begleitet.
9:30 – 10:00 Uhr	Morgenrunde
10:00 – 11:30 Uhr	Pädagogische Aktivitäten: Projektarbeit, Ausflüge, Turnen, Geburtstagsfeiern, gruppenübergreifende oder gruppeninterne Feste, die sich jahreszeitlich oder projektbezogen anbieten, kreative Angebote.
11:30 – 12:00 Uhr	Mittagessen
12:00 – 12:30 Uhr	Zähne putzen, waschen, Vorbereitung zum Schlafen (bei Bedarf)
12:30 – 14:00 Uhr	Mittagsruhe (einige schlafen, andere ruhen sich aus), Gestaltung der Ruhephase mit den Kindern, die nicht schlafen: Vorlesen, Entspannungsübungen, Kassetten hören, Mandalas malen usw., Vespervorbereitung
Ab 13:00 Uhr	Die Ruhephase für die „Wachkinder" ist beendet, Snackvorbereitung, Freispiel, Projektarbeit, Kleingruppenarbeit.
14:00 – 18:00 Uhr	Nachmittagssnack, anschließend Freispiel im Haus oder Garten, Angebote, Abholphase.

Während des ***Freispiels*** können die Kinder Spielort, Spielthema und (Spiel-)Materialien selbst wählen, allein, mit anderen Kindern oder der Fachkraft spielen. Sie bestimmen Intensität, Tempo und Dauer des Spiels selbst. Somit lässt das Freispiel Raum für Bildung, selbstbestimmtes Tun und gruppendynamische Prozesse.

Bildungsangebote sind geplante pädagogische Vorhaben. Es finden gruppeninterne und gruppenübergreifende Bildungsangebote statt, die Kinder entscheiden selbst, ob sie teilnehmen wollen. Manchmal werden Kinder auch zur Teilnahme angehalten, z. B. zur Vorschularbeit oder Sprachförderung. Es soll ein ausgewogenes Verhältnis von Freispielsituationen und strukturierten Angeboten geben.

Nach dem Mittagessen folgt eine ***zweite Freispielphase***, in der die Kinder oft nach draußen gehen. Jüngere Kinder haben direkt nach dem Mittagessen meist eine offizielle ***Schlaf- oder Ruhezeit***. Während dieser Zeit finden häufig weitere Bildungsangebote und für die Hortkinder die Hausaufgabenzeit statt. Eltern holen ihre Kinder am Nachmittag oder zum Abend hin ab.

14.1 Lesen Sie den Text „Ein Tag im Kindergarten“ und machen Sie eine vergleichende Beobachtung zum Tagesablauf an Ihrer Praxisstelle.

14.2 Fertigen Sie eine Beobachtungsniederschrift zum Kindergartentag an, wie Sie ihn erleben. Berücksichtigen Sie die allgemeinen Angaben zum Tagesablauf (siehe fett gedruckte Begriffe im Text) und verwenden Sie die fachlich korrekten Termini.

14.3 Welche Bedeutung hat der geregelte Tagesablauf?

15. Regeln – im Sinne von Richtlinien – sind für das Zusammensein in einer Gruppe unverzichtbar. Vervollständigen Sie die Aufzählung.
Kinder brauchen Regeln, weil ...

- ____________________
- ____________________
- ____________________
- ____________________
- ____________________

16. Ergänzen Sie das Schaubild zu sinnvollen Regeln.

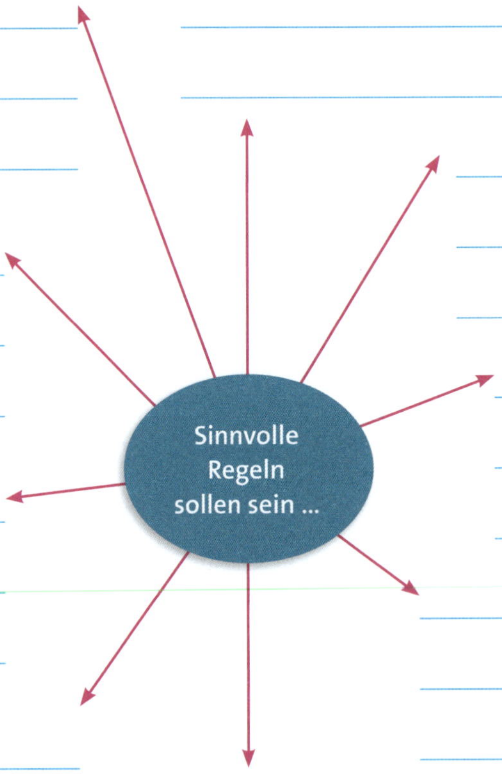

17. „Es wäre besser gewesen, du wärst zur selben Stunde gekommen", sagt der Fuchs. „Wenn du zum Beispiel um 4 Uhr nachmittags kommst, kann ich um 3 Uhr anfangen, glücklich zu sein. Je mehr Zeit vergeht, umso glücklicher werde ich mich fühlen. Um 4 Uhr werde ich mich schon aufregen und beunruhigen; ich werde erfahren, wie teuer das Glück ist. Wenn du aber irgendwann kommst, kann ich nie wissen, wann mein Herz da sein soll [...] Es muss feste Bräuche geben." *(aus: Der kleine Prinz, de Saint-Exupéry, 1997, S. 68)*

17.1 Erläutern Sie, warum sich der Fuchs Regeln und Rituale wünscht.

17.2 Legen Sie fachlich begründet dar, welche Regeln und Rituale Sie im Umgang mit Kindern für wichtig halten.

Projektarbeit

18. Erläutern Sie das Bild vom Kind, das der Methode „Projektarbeit" zugrunde liegt.

19. Beschreiben Sie die Rolle der pädagogischen Fachkraft innerhalb der Projektarbeit. Denken Sie dabei an eine ko-konstruktive Haltung.

20. Projektarbeit planen

20.1 Entwickeln Sie eine Projektidee anhand der folgenden Tabelle:

Projektidee	
Themen & Ereignisse	
Lebenssituation	
Entwicklungsangemessenheit	
Realisierbarkeit	

20.2 Planen Sie Ihr Projekt anhand der dargestellten 4 Phasen eines Projektverlaufs (s. Abb.).

Phase 4: Präsentation
- Dokumentation aller Projektphasen
- Präsentation für beteiligte Kinder, andere Kinder in der Einrichtung, Eltern, Besuche

Phase 3: Durchführungsphase
- Forschungsarbeit
- Zeit und Raum
- Materialien und Wege des Erkenntnisgewinns
- Visualisierung gewonnener Erkenntnisse

Phase 2: Detailfragen klären
- Fragen und Wünsche der Kinder
- Planung von Aktivitäten und Wegen der Informationsgewinnung
- Evtl. Unterteilung des Projekts in mehrere Teilprojekte oder kleinere Abschnitte

Phase I: Projektidee
- Themen und Ereignisse
- Lebenssituation
- Entwicklungsangemessenheit
- Realisierbarkeit

20.3 Führen Sie nach Möglichkeit das geplante Projekt in der Kita durch und reflektieren Sie es mithilfe der dargestellten Reflexionsebenen (s. Abb.). Sollte die Durchführung des Projekts nicht möglich sein: Reflektieren Sie ein Projekt, das Sie während Ihrer Praktikumszeit erlebt haben.
Halten Sie die zentralen Konsequenzen der Reflexion schriftlich in Ihrem Ordner fest.

Wird in einem Bildungsangebot mit den Kindern gemeinsam geplant, gehört es zum Konzept, dass nach jeder Aktivitätseinheit mit den Kindern überlegt wird, wie es weitergehen soll. Dabei wird darüber nachgedacht, was miteinander geplant worden war, was gemacht wurde und welche Abweichungen sich ergeben haben. Daraus resultierend wird es zu neuen Vorhaben kommen.

Wurde ein Bildungsangebot beendet, ist es sinnvoll, reflektierende Fragen mit den Kindern zu besprechen. Da dem Prozess eine vorrangige Bedeutung zukommt, kann in gemeinsamer Rückschau nachvollzogen werden, wie es zu dem Ablauf kam. Auch hier ist ebenso wie im Bildungsangebot selbst wichtig, sich auf die Sichtweise der Kinder einzulassen.

Dazu kommt die Reflexion über das eigene Handeln **(Selbstreflexion)**. Noch sinnvoller ist es, wenn eine beteiligte Person (z. B. die beobachtende Anleiterin) für ein Reflexionsgespräch bereitsteht. Mit der Anleitung zusammen kann die Sozialassistentin überlegen, welche Folgerungen für zukünftiges Handeln sie aus dem abgeschlossenen Bildungsangebot zieht.

Reflexionsebenen

21. Schildern Sie mehrere mögliche Schwierigkeiten/Störungen, mit denen sich eine pädagogische Fachkraft bei der Planung eines Projekts auseinandersetzen muss.

22. Beschreiben Sie Möglichkeiten der Partizipation vonseiten der Kinder bei der Vorbereitung bzw. Durchführung eines Projekts.

23. Unterschiedliche methodische Settings

23.1 Nennen Sie mehrere Unterschiede zwischen den Merkmalen eines gezielten Bildungsangebots und denen eines Projekts.

23.2 Welche Auswirkungen ergeben sich daraus für Zielsetzungen und praktische Umsetzung?

23.3 Projektarbeit als Methode und offene Konzeption: Wie können Sie beides verbinden?

Der Raum als dritter Erzieher

24. Gestaltung des Raums

24.1 Entwickeln Sie in Ihrer Lerngruppe ein Raumkonzept wahlweise für
- einen Bewegungsraum,
- einen Raum zur Sinneswahrnehmung oder
- für das Außengelände einer Kita.

Bedenken Sie bei der Planung die Teilhabe von Kindern mit Behinderung.

24.2 Stellen Sie Ihren Bereich in Form eines Modells (freie Gestaltung) dar und präsentieren Sie dies im Team.

24.3 Nutzen Sie ein DIN A4-Blatt für den Grundriss einer Krippe. Richten Sie in Ihrer Lerngruppe ausgewählte Bereiche der Krippe durch Skizzen altersangemessen förderlich und barrierefrei ein.

8 Übergänge gestalten

1. Das Berliner Eingewöhnungsmodell

1.1 Sammeln Sie im Internet Informationen zum „Berliner Eingewöhnungsmodell".
Evaluieren Sie Ihre Recherche-Ergebnisse, indem Sie betrachten, welche Entwicklungsaufgaben ein Kind bei einer Transition zu bewältigen hat.

1.2 Textarbeit: Das Berliner Eingewöhnungsmodell
Fertigen Sie sich einen Ausdruck des Textes „Das Berliner Eingewöhnungsmodell – Theoretische Grundlagen und praktische Umsetzung" von Katja Braukhane und Janina Knobeloch an, der unter
www.kita-fachtexte.de/uploads/media/KiTaFT_Braukhane_Knobeloch_2011.pdf
online frei zugänglich ist. Setzen Sie diesen in Bezug zu Ihren bisherigen Erkenntnissen.

PRAXIS

1.3 Überprüfen Sie, inwieweit die Grundlagen/Kerngedanken des Modells in Ihrer Kita oder Krippe Beachtung finden.

1.4 Beschreiben Sie, auf welche Weise Kinder in Ihrer Praxiseinrichtung eingewöhnt werden. Evaluieren Sie das Vorgehen.

8

2. Transition Kita – Grundschule

2.1 Informieren Sie sich, welche Grundschulen im Bereich der Kindertagesstätte liegen, in der Sie Ihr Praktikum absolvieren.

2.2 Klären Sie, welche Formen der Zusammenarbeit zwischen beiden Institutionen existieren.

2.3 Überlegen Sie schriftlich, welcher weiteren Unterstützung die Vorschulkinder Ihrer Einrichtung bedürfen, um einen guten Übergang in die Grundschule vollziehen zu können. Bedenken Sie dabei Maßnahmen und Unterstützungsformen aller am Erziehungs- und Bildungsprozess beteiligten Personen. Stellen Sie wie in Aufgabe 1.1 Bezug zu den verschiedenen Entwicklungsaufgaben her.

3. Lesen Sie nochmals die Handlungssituation „Basti" von S. 82 in Kap. 7.

3.1 Bowlby/Ainsworth unterscheiden 4 Arten der Bindung zwischen Kindern und ihren engsten Bezugspersonen: Welche Rückschlüsse können Sie anhand der gegebenen Informationen auf die Bindung von Basti zu seiner Mutter ziehen?

3.2 Ziehen Sie Konsequenzen aus der Bindungstheorie (nach Bowlby/Ainsworth) und dem Übergang von der Familie in eine sozialpädagogische Einrichtung.

4. Entwickeln Sie ein Beispiel eines gelungenen Übergangs im U3-Bereich vor dem Hintergrund Ihrer themenbezogenen Fachkenntnisse. Berücksichtigen Sie Grundlagen einer gelungenen Bindungsbeziehung.

9 Die kindliche Entwicklung von 1 bis 10 Jahren

Sprachentwicklung

1. **Handlungssituation**

Sema arbeitet seit einem Jahr als Zweitkraft in der evangelischen *Kita Christuskirche*. Die Einrichtung betreut 2 Gruppen, die jeweils 24 Kinder im Alter zwischen 3 und 6 Jahren umfassen, und eine Krippengruppe mit 12 Kindern im Alter von 6 Monaten bis 3 Jahren. Sema ist vormittags in der Krippengruppe tätig und wechselt nachmittags zu den Vorschulkindern. Eine zweite Krippengruppe wird zeitnah eröffnet: Dafür müssen Räumlichkeiten umgebaut werden. Dann wird der Bewegungsraum zum Gruppenraum. Der Eingangsbereich soll so umgestaltet werden, dass er als Ausweichraum und für Bewegungsangebote genutzt werden kann. Der Träger verweist in diesem Zusammenhang auch gern auf den gut erschlossenen Außenbereich.
Der Anteil der Kinder, deren Erstsprache nicht Deutsch ist, ist in der Einrichtung relativ hoch. Bei den „Großen" haben z.B. 14 Kinder eine andere Familiensprache als Deutsch: Sie sprechen als Erstsprache Türkisch, Russisch oder Persisch. In der Krippengruppe sind 4 Kinder mit einer anderen Muttersprache. Die Eltern der Kinder sprechen ebenfalls mehrheitlich ihre Muttersprache, können sich aber auf Deutsch verständlich machen. Gerne tauschen sie sich vor der Tür der Einrichtung untereinander aus.
Die junge Pädagogin Sema spricht fließend Türkisch und kann deshalb mit den Türkisch sprechenden Kindern und Eltern leichter in Kontakt kommen. Ihre Sprachkenntnisse waren auch ein wesentlicher Grund für ihre Anstellung in dieser Kindertagesstätte. Die anderen pädagogischen Fachkräfte sprechen keine der Erstsprachen der Kinder. In jeder Gruppe arbeiten eine Erzieherin und eine pädagogische Zweitkraft. Eine Berufspraktikantin ergänzt als Springkraft das Team. Jede Woche kommt eine Sprachpädagogin vom zuständigen Jugendamt, um die Kinder in der Integration zu unterstützen.

Tatjana (3;10 Jahre) ist erst seit wenigen Wochen in der Kita. Ihre Eltern sind vor einem Jahr aus Kasachstan nach Deutschland gekommen und möchten, dass ihre Tochter im Kindergarten Deutsch lernt. Tatjana hat in wenigen Wochen bereits viele deutsche Wörter erworben. Jedoch spricht sie immer nur einzelne Wörter. Wenn sie ein Spiel möchte, sagt sie: „Spiel." Beim Frühstück sagt sie nur: „Essen." Am liebsten mag sie das Wort „das": Wenn sie etwas will oder nicht weiß, sagt sie fragend „Das?" und zeigt auf das Gemeinte. Wenn die Pädagoginnen oder andere Kinder nicht sofort verstehen, was sie möchte, stampft sie mit ihren Füßen auf den Boden oder schubst schon mal. Dann legt sie sich für einige Zeit auf das Sofa in der Leseecke.
Tatjana hält sich gern im Atelier auf. Sie nimmt sich das, was sie für ihre Arbeit braucht, aus den Regalen. Dort sitzt sie mit der gleichaltrigen **Johanna** zusammen, die ebenfalls gern im Kreativraum ist. Beide malen und kleben. Zwar sprechen sie wenig miteinander, scheinen sich aber auch ohne viele Worte zu verstehen.

Murat (5;2 Jahre) aus der Nachmittagsgruppe ist bereits seit seinem 3. Lebensjahr im Kindergarten. Obwohl er schon lange die Kita besucht, spricht er wenig. Sprechen ihn Kinder an, läuft er manchmal weg oder gibt keine Antwort. Nur wenn Fachkraft Sema ihn auf Türkisch anspricht, kommt er aus sich heraus und unterhält sich mit ihr. Sema beobachtet Murat zumeist in Gesellschaft der anderen türkischen Jungen. Wenn diese miteinander spielen, sprechen sie ausschließlich Türkisch. Ähnliches gilt für die russischen Mädchen. Diese Gruppen mischen sich wenig. Sema spricht während des Tages häufig Türkisch mit jenen Kindern, deren Erstsprache Türkisch ist. Oft ist dies die einzige Möglichkeit, Kontakt zu ihnen aufzubauen. Sie wechselt dabei allerdings auch ins Deutsche, um den Kindern die Sprache näherzubringen. Von einer ehemaligen Mitschülerin aus der Ausbildungszeit hat sie gehört, dass es in deren Kita verboten ist, andere Sprachen außer Deutsch zu sprechen. Sie findet diese Vorgehensweise befremdlich.

1.1 Bearbeiten Sie die Handlungssituation mithilfe des Formulars „Bearbeitung einer beruflichen Handlungssituation“ von S. 13 ff. Analysieren Sie entsprechend den Analyseebenen die Handlungssituation.

1.2 Erarbeiten Sie für Tatjana und Murat Erziehungs- und Bildungsziele. Beachten Sie die Zielebenen sowie die SMART-Formel (vgl. Kap. 7, S. 79). Arbeiten Sie in Gruppen mithilfe der Placemat-Methode. Nutzen Sie dazu die beiden Placemats auf den folgenden Seiten.

1.3 Welche Kompetenzen braucht Sema, um den Herausforderungen professionell begegnen zu können? Arbeiten Sie mit dem Kompetenzquadrat (vgl. Kap. 1, S. 19).

2. Die Bedeutung von Sprache und Sprechen

2.1 Erläutern Sie anhand konkreter Beispiele die Bedeutung von Sprache für Sie selbst.

Sprache als Werkzeug zum Denken und Fühlen

Sprache als soziale Funktion

Sprache als Ausdruck der Persönlichkeit

Sprache im Unterricht

2.2 Ziehen Sie anhand der folgenden Tabelle ein Fazit:

Mein persönliches Fazit	Mein Fazit als sozialpädagogische Fachkraft

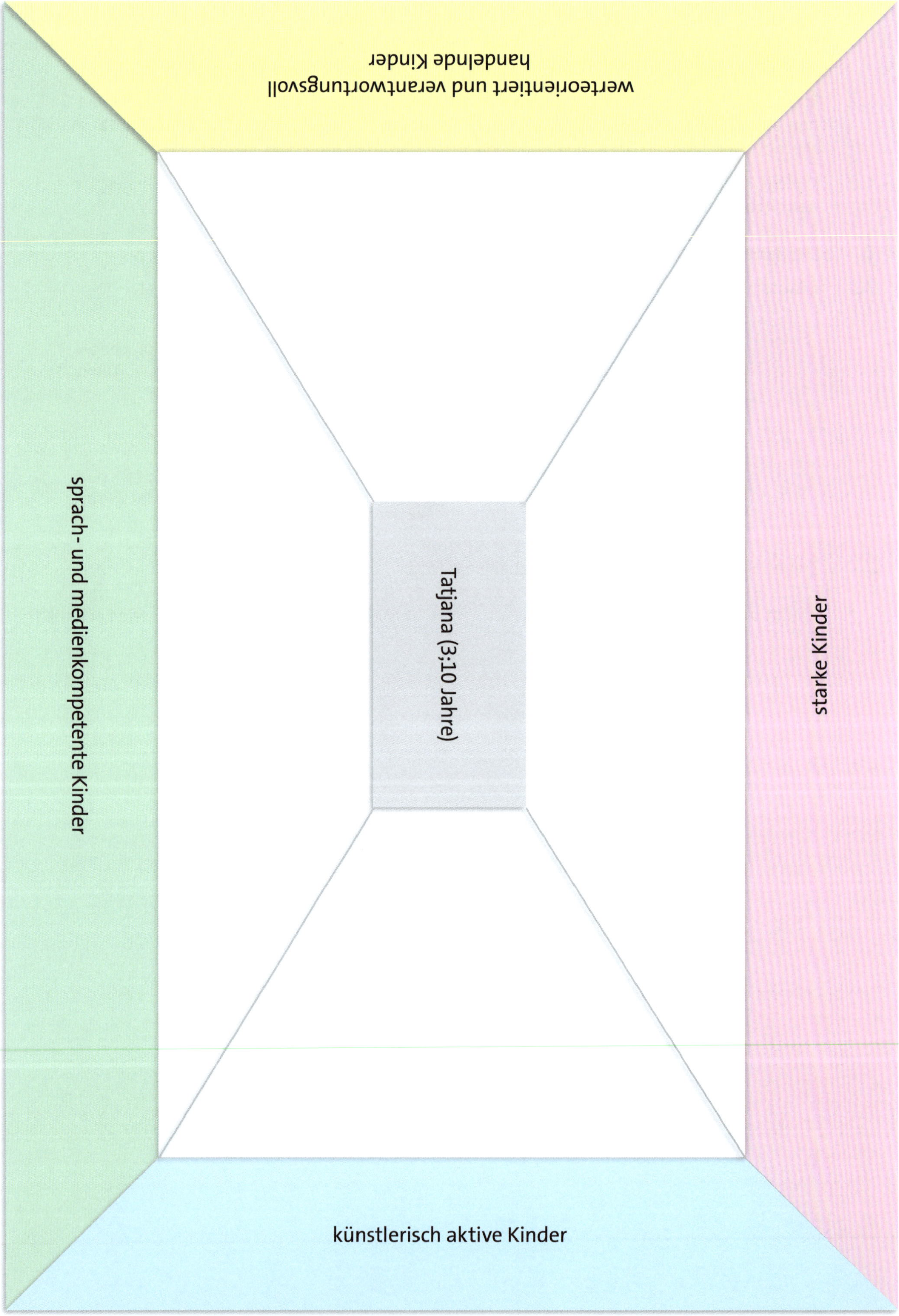
werteorientiert und verantwortungsvoll
handelnde Kinder
sprach- und medienkompetente Kinder
Tatjana (3;10 Jahre)
starke Kinder
künstlerisch aktive Kinder

Murat (5;2 Jahre)

3. Der Spracherwerb

3.1 Skizzieren Sie die Sprachentwicklung von Kindern auf einem Zeitstrahl.

Jahre 0 1 2 3 4 5 6 7

3.2 Erläutern Sie Meilensteine der sprachlichen Entwicklung des Kindes anhand des Zeitstrahls.

3.3 Legen Sie Voraussetzungen dar, die dem Kind beim Spracherwerb helfen.

PRAXIS

4. Analysieren Sie das Sprachverhalten eines Kindes, indem Sie …

4.1 zwei Verhaltensbeobachtungen (jeweils ca. 10 Minuten) in verschiedenen Sprechsituationen durchführen (dies könnte beim Rollenspiel, bei einer Spielsituation im Freispiel oder beim alltäglichen Dialog sein) und

4.2 das Sprachverhalten begründet einer Sprachentwicklungsphase zuordnen. Verwenden Sie für die Beobachtung das Formular „Beobachtungssequenz“ von S. 57/58.

Sozial-emotionale Entwicklung

5. Umgang mit Literacy schafft auch Grundlagen für die sozial-emotionale Entwicklung des Kindes.

5.1 Es gibt eine Reihe von Bilderbüchern, die Kindern helfen sollen, den Ausdruck von Gefühlen in der Mimik eines Menschen zu erkennen. Leihen Sie solche Bilderbücher aus Ihrer Praxisstelle oder einer Bibliothek aus. Beurteilen Sie, ob die den Handelnden zugeschriebenen Gefühle auch aus den Bildern ablesbar sind.

5.2 Lesen Sie eine der „Tiergeschichten“ von Jakob Streit (Verlag Freies Geistesleben). Was erleben Sie dabei? Was erscheint Ihnen wertvoll für die kindliche Entwicklung? Achten Sie auf die Tierbeschreibungen in Bezug auf das Wesen der einzelnen Tiere.

5.3 Bereiten Sie entsprechend dem aktuellen Thema in Ihrer Einrichtung eine passende dieser Tiergeschichten als Bildungsangebot „Erzählen einer Geschichte“ mit Motivations-, Erzähl- und Abschlussphase vor. Führen Sie es in Absprache mit der Praxisanleitung bei den Kindern durch. Beachten Sie dabei wichtige Lernprinzipien.

6. **FALLBEISPIEL** Der Tag in der Kita neigt sich dem Ende entgegen. 3 Jungen spielen noch in der Bauecke. Nachdem 2 von ihnen abgeholt wurden, ist nur noch Tim (4;3 Jahre) übrig. Er wirkt in seinem weiteren Spiel unkonzentriert, da er seit einiger Zeit die Tür nicht aus den Augen lässt.

Als Tims Mutter schließlich in großer Eile ankommt, schluchzt er auf, rennt auf sie zu und klammert sich an sie. Sie befreit sich aus seinen Armen, verdreht die Augen und sagt: „Also wirklich, Tim! Bist du heute wieder mal besonders erwachsen, oder was?“

Interpretieren Sie die Situation aus der Sicht des Kindes und geben Sie der Mutter konkrete Hinweise zur Optimierung ihres erzieherischen Handelns, ohne sie zu belehren.

7. **Handlungssituation**

Anna absolviert ihr 4-wöchiges Praktikum in der neu gebauten Kindertagesstätte *Lustige Wichtel*. 125 Mädchen und Jungen im Alter von 1–6 Jahren werden in 4 Kindergartengruppen und 2 Krippengruppen betreut. Dafür stehen 7 Erzieher und Erzieherinnen, voll- wie teilzeitbeschäftigt, zur Verfügung. Ihre Arbeit in den Gruppen wird unterstützt von Sozialassistentinnen und einem Berufspraktikanten. Die Einrichtung leitet eine Frühkindpädagogin.
Mit der Eröffnung der Einrichtung stehen modern gestaltete Funktionsräume wie ein Kinderrestaurant, welches vor Ort bekocht wird, zur Verfügung: Das Konzept des Hauses orientiert sich an der Reggio-Pädagogik. Große Stellwände erlauben eine umfassende Dokumentation der pädagogischen Arbeit. Die Kita ist ferner vernetzt mit verschiedenen Vereinen und Einrichtungen im Sozialraum. Regelmäßig finden Kontakte mit dem nahe gelegenen Seniorenzentrum statt.

Am Abend erzählt Anna ihrer Freundin Juliane von folgenden Situationen des Tages, die sie ins Nachdenken gebracht haben. Sie fühlte sich nicht in der Lage, den Kindern angemessen beizustehen oder ihnen weiterzuhelfen; sie selbst war handlungsunfähig und hilflos. Zwar denkt sie, dass die Verhaltensweisen der Kinder mit unterschiedlichen Entwicklungsphasen im sozial-emotionalen Bereich einhergehen, weiß dies aber nicht wirklich und ist sich nun komplett unsicher, was sie zukünftig in ähnlichen Situationen machen und wie sie damit umgehen sollte.

Drei 5-jährige Jungen sind **in der Bauecke** damit beschäftigt, die Spielzeuggarage aufzubauen. Dazu legen sie Straßen an; das ist deutlich an den aneinandergelegten flachen Bausteinen zu erkennen. Peter (5;9 Jahre) und Max (5;11 Jahre) haben dabei je ein kleines Spielzeugauto in der Hand, mit dem sie ab und zu Straßen ausprobieren. Plötzlich ruft Peter: „Das ist aber ungerecht! Gib die her!" Es zeigt sich, dass Tom (5;2 Jahre) alle anderen kleinen Autos neben sich aufgereiht hat. Tom schüttelt stumm den Kopf.

Im Morgenkreis erzählen verschiedene Kinder vom Wochenende. Auch **Kristin** (3;2 Jahre) erzählt: „... Und dann waren wir im Zoo bei den Tigern." Es entsteht eine Pause und die Erzieherin nickt Kristin freundlich zu. Einige Kinder werden unruhig. „... Und dann habe ich den ... gestreichelt." Die Erzieherin, die weiß, dass im Zoo am Wochenende Ponyreiten für Kinder angeboten wird, fragt nach: „Und dann hast du ein Pony gestreichelt?" „Ach nee", sagt Kristin und bekommt ganz rote Wangen, „den Tiger!" Einige der älteren Kinder kichern: „Hähä, den Tiger, das ist doch gelogen."

Der 3;4-jährige **Moritz** nimmt Sozialassistentin Anna an die Hand und geht mit ihr zum großen Fenster mit der niedrigen Bank davor. Nachdem sie ihm aufmunternd zugenickt hat, klettert er hinauf, was ihn offensichtlich etwas Mühe kostet, weil er dabei sein Kuscheltier an sich drückt. Als er endlich oben sitzt, winkt er draußen seiner Mutter zu, die im Weggehen ebenfalls winkt und dabei einen Kinderwagen schiebt. Er ruft: „Tschüs, Mama, tschüs, kleine Lena", und drückt sich noch lange die Nase an der Scheibe platt. Als er mit Anna zum Frühstückstisch geht, schnieft er laut. Moritz' Mutter ist an 2 Tagen die Woche berufstätig und hat noch 3 Geschwisterkinder von Moritz zu betreuen. Das geht nur mit Unterstützung der Großeltern und eben der Kita. Trotzdem äußert sich die Mutter manchmal über ihren Stress zwischen Kindern, Küche und Beruf, zumal ihr Mann als Fernfahrer sehr unregelmäßig zu Hause ist.

Die Gruppe der 4;3-jährigen **Marie** kommt vom Spielen auf dem Außengelände zurück in die Kita. Alle Kinder mussten Regensachen anziehen, da es zuvor geregnet hatte. Marie soll auf Annas Anweisung hin ihre Regenkleidung ausziehen und die Hausschuhe anziehen. Alle anderen Kinder der Gruppe sind bereits umgezogen. Marie wirft ihre Regenkleidung mit Nachdruck auf den Boden, die Hausschuhe schmeißt sie an die Wand und schreit: „Ich will diese blöden Hausschuhe nicht anziehen müssen. Immer muss ich machen, was du sagst. Du bist auch blöd."

Bearbeiten Sie die Handlungssituation mithilfe des Formulars „Bearbeitung einer beruflichen Handlungssituation" von S. 13 ff.
Beziehen Sie in Ihre Analyse auch die folgende Abb. und die nachfolgenden Fragestellungen ein:

7.1 Analysieren Sie die Situationen in den verschiedenen Analyseebenen. Setzen Sie einen fachthematischen Schwerpunkt auf die sozial-emotionale Entwicklung der Kinder unter Zuhilfenahme des Phasenmodells. Welche Fragen bleiben offen?

7.2 In welcher Phase ihrer emotionalen Entwicklung stehen die Kinder? Welche Entwicklungsaufgaben haben sie gerade zu bewältigen?
Welche übergeordneten Ziele (Kompetenzen) streben Sie in Ihrer Arbeit an? Berücksichtigen Sie besonders die Entwicklung von Autonomie bei den Kindern. Operationalisieren Sie pädagogische Zielsetzungen im sozial-emotionalen Entwicklungsbereich unter Anwendung der SMART-Formel (vgl. Kap. 7, S. 79).

7.3 Welche methodischen Wege können Sie den Kindern anbieten, um die angestrebten Ziele zu erreichen? Zeigen Sie konkrete praktische Möglichkeiten auf.

7.4 Wie können Sie Ihre Arbeit dokumentieren, den Eltern der Kinder zugänglich machen und schließlich evaluieren?

4. Phase: Ab dem Schulkindalter können Kinder unterschiedliche Situationen und persönliche Lebensgeschichten abwägen. Emotionale Erfahrung kann mit kognitiven Fähigkeiten kombiniert werden. Kinder in diesem Alter können sich vorstellen, dass unterschiedliche Lebenserfahrungen zu unterschiedlichen emotionalen Reaktionen führen können.

3. Phase: Danach, etwa bis zum Erreichen des Schulalters, gelingt dem Kind das Unterscheiden zwischen fremden und eigenen Gefühlen immer besser. Es kann sich darüber mit anderen austauschen und sich spontan einfühlsam verhalten.

2. Phase: Vom 2. bis zum 4. Lebensjahr durchläuft ein Kind in Bezug auf seine Gefühle eine eher egozentrische Phase. Es vermischt noch ab und zu in seinem Erleben eigene und fremde Gefühle, fühlt mit, zunächst ohne zu verstehen. Muss z. B. weinen, wenn es andere Kinder weinen sieht. Lacht gern mit, ohne zu wissen warum.

I. Phase: Im 1. Lebensjahr wird es von Gefühlen überwältigt oder angesteckt und ist vollständig auf das verständnisvolle Verhalten der pflegenden Personen angewiesen.

Phasen der sozial-emotionalen Entwicklung

Motorische Entwicklung

8. Vom Greifen zum Be-greifen: Finden Sie konkrete Beispiele aus der Praxis für den Zusammenhang zwischen der Bewegungsentwicklung des Kindes und jeweils einem der unten abgebildeten 7 Entwicklungsbereiche.

Wechselbeziehung zwischen Motorik und anderen Entwicklungsbereichen

BEWEGUNG

Biologische Entwicklung
- Herz- und Kreislauf-System
- Kraft
- Wachstumsreize

Kognitive Entwicklung
- Materialerfahrungen (Eigenschaften, physikalische Gesetzmäßigkeiten)
- Experimentieren

Motorische Entwicklung
(Grob-/Feinmotorik)

Erwerben, Erweitern und Verfeinern von
- elementaren Bewegungsformen
- feinmotorischen Bewegungen

Psychisch-emotionale Entwicklung
- Erleben und Erfahren des eigenen Selbst
- Erfahren von Gefühlen wie Lust, Freude, Erschöpfung, Energie

Soziale Entwicklung
- Aufnahme von Beziehungen zu anderen, z.B. durch winken, küssen, umarmen, wegstoßen

Sprachentwicklung
- Körpersprache
- Gestik
- Mimik
- Körperhaltung
- Aufbau der Sprache
- Begreifen von Gegenständen und ihren Eigenschaften

Wahrnehmungsentwicklung

Sinnessysteme
- vestibuläres System
- taktiles System
- kinästhetisches System
- gustatorisches System
- olfaktorisches System
- akustisches System
- visuelles System

9. Beschreiben Sie die „Meilensteine" der motorischen Entwicklung auf dem folgenden Zahlenstrahl und geben Sie für die jeweiligen Entwicklungsschritte konkrete Entwicklungsimpulse an.

Jahre 0 1 2 3 4 5 6 7

10. **FALLBEISPIEL** Sie arbeiten als sozialpädagogische Zweitkraft in einer Krippeneinrichtung. Etliche der Kinder können schon ihre ersten Schritte gehen. Die insgesamt altersangemessen entwickelte 1;2-jährige Malina krabbelt allerdings noch. Ihre Mutter ist besorgt und bittet Sie um eine Erklärung für das Verhalten; außerdem möchte sie von Ihnen wissen, ob sie einen Kinderarzt aufsuchen soll, da Malina noch nicht laufen kann.

Gestalten Sie Karteikarten mit Erklärungen und Antworten, die Sie im Gespräch mit Malinas Mutter nutzen könnten.

11. Recherchieren Sie Materialien und Möglichkeiten für eine Bewegungsbaustelle im Krippenbereich.

12. Erinnern Sie sich an das Zitat von Christian Morgenstern: „Wer vom Ziel nicht weiß, kann den Weg nicht haben."

12.1 Formulieren Sie für eine konkrete Zielgruppe (vgl. Praxisstelle) operationale Ziele im Bereich der motorischen Entwicklung.

12.2 Finden Sie mindestens 3 konkrete didaktische Möglichkeiten, diese Ziele zu verwirklichen: Bewegungsspiele, Bewegungsangebote drinnen und draußen, Bewegungsbaustelle, Bewegungsstationen u. Ä.

13. Welche motorischen Entwicklungsziele verfolgt die Pädagogin Emmi Pikler altersspezifisch, wenn sie Kindern im Alter von 10 Monaten bis zum Schuleintritt das Kletterdreieck anbietet? Welche weiteren Bewegungsbausteine bietet sie den Kindern an?
Recherchieren Sie in einschlägiger Fachliteratur oder auf der Website www.pikler-hengstenberg.at/pikler-aus-und-weiterbildung/pikler-kleinkindpaedagogik.

14. **FALLBEISPIEL** Im Kindergarten Ihres Praktikums findet ein Elternabend mit dem Thema „Bewegung für ein gesundes Leben" statt. Herr Peters äußert sich gleich zu Beginn der Veranstaltung folgendermaßen: „Sport und Bewegung werden völlig überbewertet. Für einen guten Beruf müssen die Kinder ordentlich lesen, schreiben und rechnen können. Man sollte einen viel stärkeren Schwerpunkt auf diese Kompetenzen legen."

Erläutern Sie, wie Sie mit dieser Aussage im weiteren Verlauf des Elternabends umgehen.
Tipp: Nutzen Sie für Ihre fachliche Argumentationslinie den Ausspruch „Vom Greifen zum Begreifen" als Grundgedanken.

15. **FALLBEISPIEL** Während eines Bewegungsangebots im Turnraum der *Kita Regenbogen* ist Ihnen als pädagogischer Fachkraft aufgefallen, dass Eliane (5;8 Jahre) nicht auf der umgedrehten Bank balancieren kann. Immer wieder versucht sie es, doch fällt wieder und wieder von der Bank herunter.

Beurteilen Sie die Situation anhand einer Entwicklungstabelle und entwickeln Sie Ideen für das weitere Vorgehen entsprechend operationaler Zielformulierungen.

Entwicklung der Wahrnehmung

16. „Es ist nichts im Verstand, was nicht zuvor in den Sinnen war." (Aristoteles)

16.1 Erläutern Sie den Wahrnehmungsprozess mithilfe eines Beispiels aus dem Kindergartenalltag.

16.2 Stellen Sie ein Sinnessystem in seiner speziellen Verarbeitung von konkreten Reizen anhand eines Informationsplakats dar (Aufbau und Funktion des Sinnesorgans, Bedeutung des Sinnessystems). Beachten Sie das folgende Schaubild zum Wahrnehmungsprozess bei Ihrer Darstellung.

Wahrnehmungsprozess

16.3 Entwickeln Sie konkrete Ideen für eine Station zum freien Experimentieren und Ausprobieren im Kindergarten, an der selbstständig Erfahrungen mit dem von Ihnen bearbeiteten Sinnessystem gemacht werden können.

17. Überlegen Sie sich zielgruppenspezifisch mindestens 3 Kreisspiele, bei denen die Wahrnehmung verschiedener Sinne entwickelt wird.

18. Sinnesmaterialien

18.1 Maria Montessori arbeitet mit einem großen Angebot an Sinnesmaterialien. Recherchieren Sie solche Materialien. Gestalten Sie in Eigenbau ein solches Material, z. B. Geräuschdosen, Riechfläschchen, Tasttäfelchen, barische Brettchen, Stoffkästen oder Wärmeleittäfelchen.

18.2 Bauen Sie sich eine beidhändige Tastbox und setzen Sie diese gezielt für eine Hinführung bei einem Bildungsangebot ein.

19. Jeder Mensch konstruiert sein Bild von der Welt.

19.1 Erklären Sie, warum jedes Kind/jeder Mensch seine ganz eigene Vorstellung von der Welt hat.

19.2 Erörtern Sie die subjektive und die selektive Wahrnehmung.

19.3 Welche Konsequenzen ergeben sich daraus für einen konstruktivistischen Bildungsbegriff?

19.4 Begründen Sie aus dieser Gedankenfolge heraus eine ko-konstruktive erzieherische Haltung.

Kognitive Entwicklung

20. **FALLBEISPIEL** Der 3;4-jährige Tom sitzt mit seiner 5;7-jährigen Schwester Anna und seiner Mutter beim Abendessen. Die Mutter kennt die Menge an Brot, die ihre Kinder aufessen können, und so gibt sie Anna 3 Streifen Käsebrot und Tom 2 Streifen. Der schaut heute ganz genau hin und protestiert: „Will genauso viele Brote wie Anna haben." Vergeblich versucht die Mutter ihm zu erklären, dass er meist nach 2 Brotstreifen satt ist. Sie verspricht ihm Nachschub, sollte das heute anders sein. Es nützt alles nichts: Tom will sich nicht beruhigen lassen. In einer plötzlichen Eingebung schneidet die Mutter den einen Brotstreifen auf Toms Brettchen in 2 Stücke. Tom guckt zwischen seinem und Annas Brett hin und her und strahlt.

Erklären Sie die Situation mit der Theorie der Entwicklungsstadien von Piaget.

21. Textarbeit: Die Zone der nächsten Entwicklung nach Lew Wygotski

Die Zone der nächsten Entwicklung nach Lew Wygotski

„Wygotski bestärkte die Auffassung, dass die kognitive Entwicklung des Menschen nur in Interaktion mit anderen stattfinden kann; Lernen findet demnach nur im sozialen Kontext statt. Dabei betonte er, dass Herausforderungen, die in der Zone der nächsten Entwicklung liegen, die Entwicklung eines Kindes am meisten voranbringen.

Dies bedeutet, sich nicht nur am aktuellen Entwicklungsstand, sondern am **potenziellen Entwicklungsverlauf** des Kindes zu orientieren. Es geht also darum, darauf zu achten, was ein Kind bereits alles allein kann, weiß und versteht – und ihm basierend auf dem bereits vorhandenen Wissen die Möglichkeit zu geben, im Austausch mit anderen in einer lernenden Gemeinschaft Herausforderungen zu bewältigen, die über seinem aktuellen Entwicklungsniveau liegen.

„Wenn wir also untersuchen, wozu das Kind selbstständig fähig ist, untersuchen wir den **gestrigen** Tag. Erkunden wir jedoch, was das Kind in Zusammenarbeit zu leisten vermag, dann ermitteln wir dadurch die **morgige** Entwicklung." (Wygotski, 1987, S. 83)

Die Unterstützung durch Erwachsene geht der Entwicklung des Kindes also immer ein wenig voraus – ohne dabei das Kind in seinen Fähigkeiten weder zu unterfordern noch zu überfordern. Bei sehr kleinen Kindern ist es im Sinne von Scaffolding (Unterstützung geben) sinnvoll, eine Aufgabe zu strukturieren und in Einzelteile zu zerlegen, damit das Kind sie Schritt für Schritt als aktiver Lerner selbst bewältigen kann. Die Handlung des Kindes kann verbal begleitet oder das Nachdenken über etwas durch gezieltes Fragen und Nachfragen aktiviert werden. Begleitendes Feedback darüber, wie nah das Kind am gewünschten Ziel bereits ist, gibt Orientierung und motiviert zum weiteren Experimentieren – ebenso wie Wertschätzung, Lob und Ermutigung.

Die Besonderheit bei allen Lernprozessen von Kindern bis zu 3 Jahren ist deren Einbettung in eine vertrauensvolle Beziehung zur Bezugsperson."

(Bayerisches Staatsministerium für Arbeit und Sozialordnung, Familie und Frauen/Staatsinstitut für Frühpädagogik München (Hrsg.), 2010, S. 28)

21.1 Lesen Sie den Text „Die Zone der nächsten Entwicklung nach Lew Wygotski" und erläutern Sie, was Wygotski meint, wenn er sagt:

„Erzieherische und bildende Einwirkungen sind vor allem dann Erfolg versprechend, wenn sie in die ‚Zone der nächsten Entwicklung' (Wygotski) des Kindes fallen." (Textor, 1999)

21.2 Geben Sie ein konkretes Beispiel aus der Praxis, als Sie die „Zone der nächsten Entwicklung“ bei einem Kind ergriffen haben oder wie Sie sie ergreifen können.
Ich habe ... ich könnte ... ich werde ...

21.3 Lesen Sie den Text noch einmal mit einer methodischen Perspektive.
Worauf achten Sie bei der methodischen Umsetzung? Vervollständigen Sie hierzu das Schaubild.

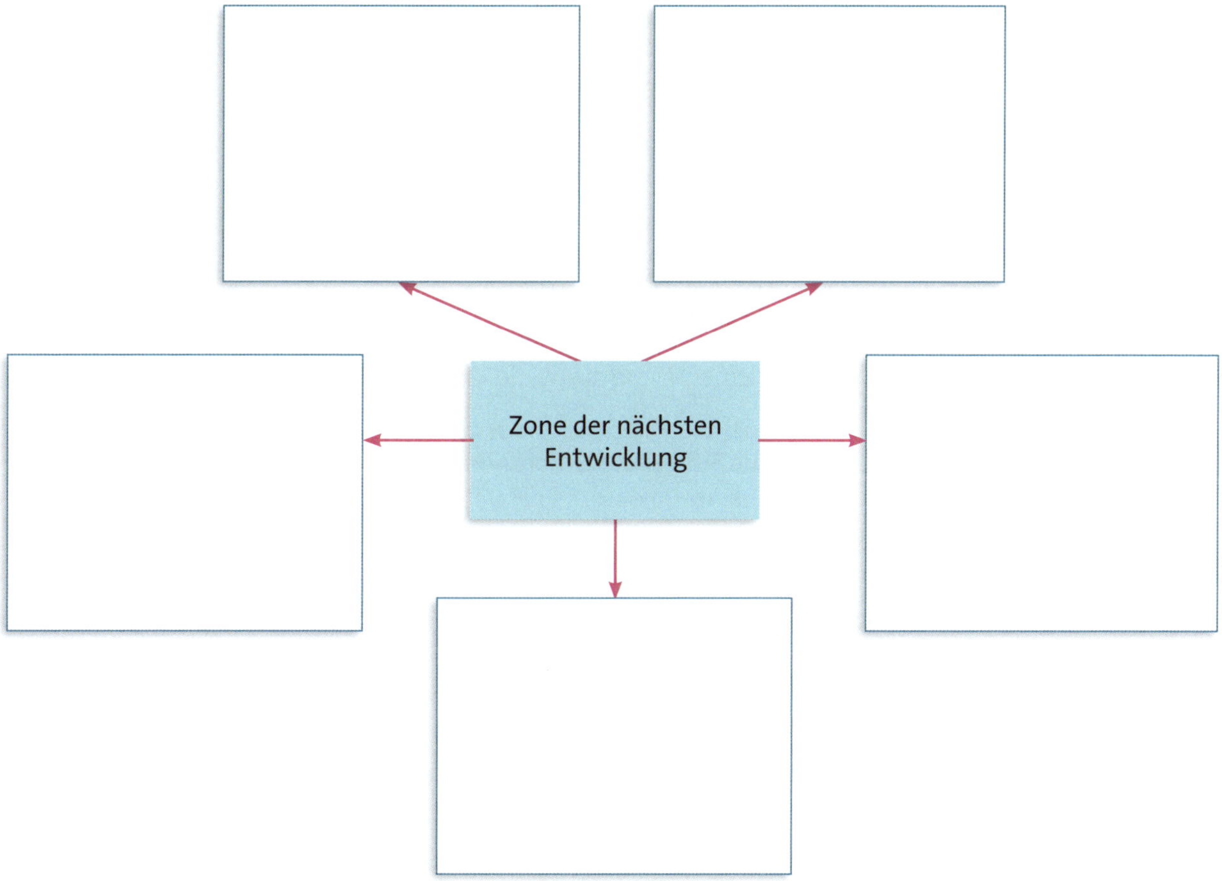

22.

Handlungssituation

In der *Kinderkrippe Kükennest* fühlen sich die Kinder wohl. Ihrem jeweiligen Entwicklungsstand entsprechend, können sie sich ausprobieren und Erfahrungen sammeln, um so individuelle Fortschritte zu machen. Zweitkraft Tanja legt großen Wert auf das selbstständige Handeln und ko-konstruktive Lernen der Kleinen. Sie beobachtet viel, damit sie bei Bedarf gezielt unterstützen kann. Seit einiger Zeit unterstützt eine zusätzliche Praktikantin Tanja in ihrer Arbeit. Tanja ist sehr zufrieden mit ihr, da sie zuverlässig ist, empathisch handelt, bei Unklarheiten nachfragt und ihre Arbeit in der Krippe liebt.

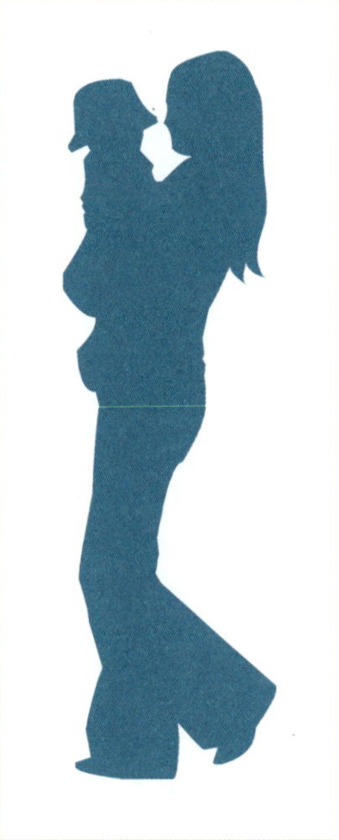

Heute kann Tanja die 1;11-jährige **Lea** beobachten. Sie sieht, wie Lea eher zufällig die ineinandergesteckten Spielbecher umwirft und dabei der kleinste Becher herausfällt. Lea ergreift ihn mit der rechten Hand und schiebt ihn auf die anderen Becher zu, die noch ineinandergesteckt auf der Seite liegen. Sie drückt mit der linken Hand dagegen. Dabei kippen die Becher insgesamt um. Lea hebt einen Becher nach dem anderen hoch und versammelt sie um sich herum.

Dann beginnt sie, sie wieder ineinanderzustecken. Dabei ergreift sie nacheinander 3 Becher, die gut ineinander passen. Auch der vierte Becher passt hinein, dann aber erwischt sie einen etwas größeren Becher, der nicht hineinpasst. Sie nimmt alle Becher auseinander und beginnt von vorn.

Beim nächsten Auseinandernehmen stellt sie den größten Becher mit der offenen Seite auf den Boden und stapelt den nächstkleineren darauf. Er passt genau und bleibt als Turm stehen. Sie setzt einen weiteren Becher darauf und noch einen. Dann kommt ein größerer, der den kleineren beim Stapeln „verschluckt". Sie schubst mit einer Handbewegung alles um und beginnt von Neuem mit dem Ineinanderstecken.

Die gleichaltrige **Evi** setzt sich dazu und ergreift ebenfalls 2 Becher, die sie ineinandersteckt. Dann nimmt sie den nächsten, der nicht passt. Lea nimmt ihn heraus und steckt ihn in die Becher in ihrer Hand, wo er auch passt. Nun versucht es Evi mit dem nächsten bei Leas Stapel. Jetzt probieren die beiden Mädchen gleichzeitig und abwechselnd, die Becher in die passende Reihenfolge zu bekommen. Dabei zeigen sie sich gegenseitig Becher, stecken hinein und nehmen wieder heraus. Immer bleibt ein Becher übrig.

Die Praktikantin der Einrichtung setzt sich dazu und Tanja befürchtet schon, dass sie den Kindern die Sache aus der Hand nehmen wird. Aber nein, sie hat das aufmerksame Abwarten bereits gelernt. Sie zeigt nur ab und zu auf einen jetzt passenden Becher und nimmt nur einmal einen wieder heraus. Nach einer Weile steht die kleine Evi auf und geht weg.

Lea sieht nun bei jedem Griff die Praktikantin an, die abwechselnd nickt oder den Kopf schüttelt. Am Ende setzt die junge Frau den kleinsten Becher ein, schiebt den Stapel zusammen und legt die Spielbecher in die Spielzeugkiste. Es ist Mittagszeit. Tanja schaut auf die Uhr. Eine halbe Stunde ist vergangen.

Bearbeiten Sie die Handlungssituation mithilfe des Formulars „Bearbeitung einer beruflichen Handlungssituation" von S. 13 ff.

22.1 Beschreiben Sie, welche Leistungen Lea vollzieht.

22.2 Ordnen Sie die Leistungen einem kognitiven Entwicklungsstadium nach Piaget zu und begründen Sie Ihre Zuordnung.

22.3 Welche Phase des Bauens und Konstruierens ist erreicht? Vergleichen Sie mit der Entwicklung im Bereich des Malens.

22.4 Erläutern Sie die abwartenden Rollen der pädagogischen Fachkräfte vor dem Hintergrund Ihres Wissens um die Zonen der nächsten Entwicklung nach Wygotski. Evaluieren Sie das Verhalten von Tanja und ihrer Praktikantin in Bezug auf Leas kognitive Entwicklung.

22.5 Beschreiben Sie die Zone der nächsten Entwicklung. Welche Impulse können Sie setzen, ohne die ko-konstruktive Haltung aufzugeben?

22.6 Beschreiben Sie 3 weitere didaktische Handlungsweisen aus unterschiedlichen Entwicklungsbereichen im Sinne Wygotskis aus der sozialpädagogischen Praxis einer Kinderkrippe.

Sexuelle Entwicklung und Sexualpädagogik

PRAXIS

23. Wie wird in Ihrer Praxiseinrichtung mit den Themenbereichen Sinneswahrnehmung, Körperlichkeit und Sexualität umgegangen? Tauschen Sie sich in Ihrer Lerngruppe aus und stellen Sie Vergleiche an.

24. Finden Sie heraus, welche Materialien zur Sexualaufklärung (z. B. Schwangerschaft und Geburt, geschlechtliche Unterschiede) in Ihrer Praxiseinrichtung vorhanden sind und wie sie eingesetzt werden.

Selbstständigkeit in der Körperpflege

25. Vor allem in der Körperpflege zeigt sich das Bedürfnis nach Selbstständigkeit in der Lebensführung.

25.1 Wie zeigt sich diese in der frühesten Kindheitsphase, wie beim Klein- und Vorschulkind?

25.2 Welche lebenspraktischen Situationen aus dem Alltag können Sie nutzen, um die Selbstständigkeitserziehung voranzubringen?

25.3 Reflektieren Sie diesbezüglich Kompetenzbeschreibungen in der Beller`schen Entwicklungstabelle zu Selbstständigkeit in der Körperpflege.

25.4 Formulieren Sie konkrete operationale Zielsetzungen entsprechend Ihrer Zielgruppe in der Praxis.

25.5 Planen Sie ein gezieltes Bildungsangebot zum Thema „Händewaschen“ zielgruppengerecht.

26. Entwickeln Sie Ideen, wie ein 3-jähriges Kind zum selbstständigen Toilettengang motiviert werden könnte. Begründen Sie Ihre Vorschläge mithilfe von themenbezogenen Entwicklungstabellen.

27. **FALLBEISPIEL** Mia (2;3 Jahre) hält Ihnen nach dem gemeinsamen Frühstücken in der Kita stets ihre Hände entgegen und möchte, dass Sie diese mit einem Tuch abwischen. Sie äußert dies deutlich, indem sie „Sauber machen!“ sagt.

27.1 Beschreiben Sie empfehlenswerte Lernschritte, damit Mia die Fähigkeit des selbstständigen Händewaschens (nicht nur nach dem Frühstücken) erlangen kann und dauerhaft durchführt.

27.2 Welche Hilfsmittel, attraktive Utensilien u. a. stellen Sie ihr zur Verfügung, um ihre Motivation zu steigern?

28. Stellen Sie sich vor, Sie arbeiten als pädagogische Fachkraft in einer Kinderkrippe.
Schreiben Sie einen Elternbrief, der das selbstständige Essen und Trinken der Kinder thematisiert. Gehen Sie in Ihrem Brief außerdem darauf ein, dass das Nutzen von Saugflaschen nicht nur völlig überflüssig, sondern auch schädlich ist.

29. Diskutieren Sie schriftlich Vor- und Nachteile der selbstständigen Zahnpflege in einer Kita.

PRAXIS

30. Einüben selbstständiger Pflegeprozesse

30.1 Finden Sie heraus, wie mit dem Thema Zahngesundheit und -hygiene in der elementarpädagogischen Einrichtung Ihres Praktikums umgegangen wird.

30.2 Evaluieren Sie die Ergebnisse vor dem Hintergrund Ihrer Kenntnisse um die Fähigkeit der Kinder zur Selbstständigkeit in der Körperpflege.

Resilienz

31.

Haus der Resilienzförderung

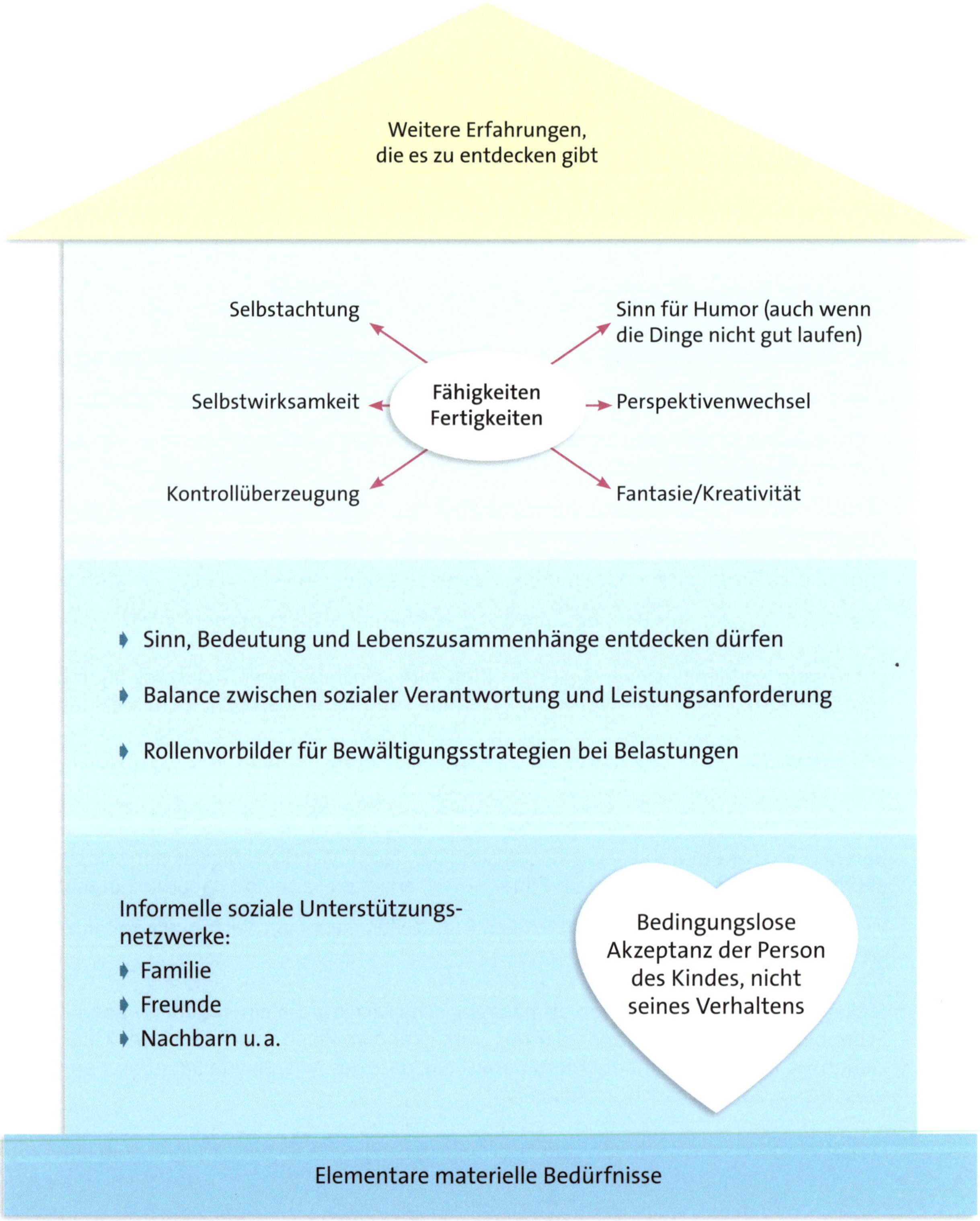

(in Anlehnung an das „Haus der Resilienz" von S. Vanistendael, 2003, S. 37)

Resiliente Kinder sind häufig Kinder, welche in Armut und/oder unter erschwerten Lebensbedingungen aufwachsen: Sie sind mehr Risiken und Belastungen, sowie Frustrationen ausgesetzt als Gleichaltrige. Daher entwickeln sie besondere Fähigkeiten/Kompetenzen diesen zu begegnen.

Resilienzförderung heißt deshalb: bei jedem Kind individuelle Fähigkeiten/Talente/Kompetenzen zu suchen und zu fördern (Ressourcenorientierung), um seine Widerstandskräfte zu stärken.

Gestalten Sie Ihr „Haus der Resilienz", indem Sie die Aspekte im „Haus der Resilienzförderung" möglichst konkret werden lassen und Beispiele aus der sozialpädagogischen Praxis eintragen.

Haus der Resilienzförderung

Entwicklungsbegleitung in der Praxis

PRAXIS

32. Selbstreflexion zur erzieherischen Grundhaltung

32.1 Führen Sie eine Beobachtung einer konkreten Spielsituation im Freispiel in Ihrer Praxisgruppe durch. Nutzen Sie hierzu die Vorlage „Beobachtungssequenz" von S. 57/58. Reflektieren Sie anhand des folgenden Pfeils Ihre ko-konstruktive Haltung gegenüber einem oder mehreren Kindern.
Verwenden Sie für die einzelnen Kinder unterschiedliche Markierfarben.

32.2 Markieren Sie jeweils mit einem Punkt im Pfeil Ihr Eingreifen. Wo finden sich die meisten Ansätze?

32.3 Tragen Sie oben an der Linie ein, welches Verhalten seitens des Kindes Sie zum Handeln animiert hat.
Welche Unterschiede stellen Sie bezüglich verschiedener Kinder fest? Welche Zusammenhänge erkennen Sie (z. B. Alter, Entwicklungsstand, Geschlecht)?

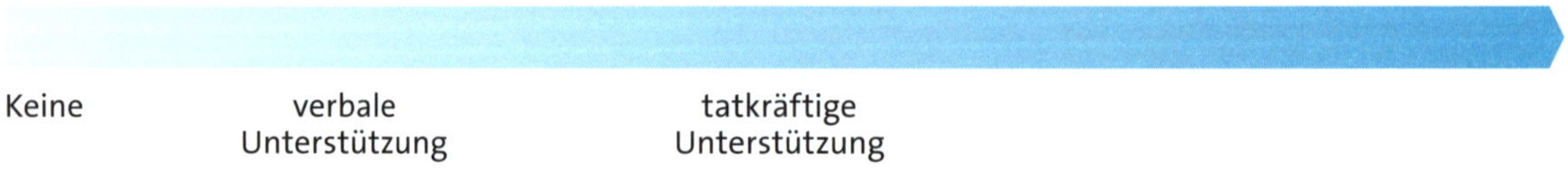

32.4 Ziehen Sie persönliche und fachliche Konsequenzen aus Ihren Beobachtungen.

33. Die kognitive Entwicklung

33.1 Beschreiben Sie 3 Beispiele für kindliche Entwicklungsaufgaben in den ersten 4 Entwicklungsstadien nach Piaget.

Fertigen Sie sich dazu eine Tabelle nach dem folgenden Muster:

Entwicklungsstadium nach Piaget	Kindliche Entwicklungsaufgaben		
	Beispiel 1	Beispiel 2	Beispiel 3
1			
2			
3			
4			

PRAXIS

33.2 Führen Sie eine Beobachtung einer konkreten Spielsituation im Freispiel in Ihrer Praxisgruppe durch. Nutzen Sie hierzu die Vorlage „Beobachtungssequenz" von S. 57/58. Erklären und begründen Sie, welche Art von Entwicklungsaufgabe Sie erkannt haben.

34. Aussagen berühmter Pädagogen zum Thema Entwicklungsbegleitung

34.1 Nehmen Sie Stellung zu folgendem Zitat von Emmi Pikler:

> „Wesentlich ist, dass das Kind möglichst viele Dinge selbst entdeckt. Wenn wir ihm bei der Lösung aller Aufgaben behilflich sind, berauben wir es gerade dessen, was für seine geistige Entwicklung das Wichtigste ist. Ein Kind, das durch selbstständiges Experimentieren etwas erreicht, erwirbt ein ganz anderes Wissen als eines, dem die Lösung fertig geboten wird."
> *(Emmi Pikler, 2001)*

34.2 Vergleichen Sie das o.g. Zitat von Emmi Pikler mit der bekannten Aussage von Maria Montessori:

> *„Hilf mir, es selbst zu tun."*

34.3 Nehmen Sie Stellung zu folgender Aussage:

> *„Ein Wort, das ein Kind nicht kennt, ist ein Gedanke, den es nicht denken kann."*

(Dr. Wolfgang Mair)

35. Einschulung oder Rückstellung? Eltern sind oft unsicher, ob ihr Kind schulreif ist. Erklären Sie, welche Fähigkeiten Kinder haben müssen und welche Kompetenzen sie brauchen, um die Schule gut bewältigen zu können.

36. Begriffekarte kindliche Entwicklung
Lesen Sie die Begriffekarte für sich. Versehen Sie die Begriffe, die Sie erläutern können, mit einem grünen Haken. Tauschen Sie sich über nicht abgehakte Begriffe zu zweit oder im Team aus. Noch keine Klarheit? Recherchieren Sie in der Fachliteratur oder digitalen Medien.

Objektpermanenz	**Meta-Kognition**	**Biologische Entwicklung**	**Grobmotorik**
Entwicklungsbereiche	**Symbolverständnis**	**Auge-Hand-Koordination**	**Kognition**
Zone der nächsten Entwicklung	**?**	**Psychomotorik**	**Reizwahrnehmung**
Feinmotorik	**Gender**	**Wahrnehmungs-störungen**	**Entwicklungsstufen**
Psychosexuelle Entwicklung	**Resilienz-Entwicklung**	**Entwicklungstabellen**	**?**

10 Lebenswelten und Diversität

Der Sozialraum

1. Einrichtungen im Sozialraum

1.1 Definieren Sie den Begriff „Sozialraum“.

Praxis

1.2 Erstellen Sie eine Sozialraum-Map, in der Sie Einrichtungen im Sozialraum Ihrer Praxisstelle abbilden. Verwenden Sie als Basis für Ihre Analyse folgende Vorlage:

Sozialraum-Map

- Welche Menschen leben in der Umgebung (Alterszugehörigkeit, Anteil von Migranten, Armutsanteil, Arbeitslosigkeit u. a.)?
- Welche sozialen Einrichtungen bieten ihre Dienste an? Markieren Sie dabei Erziehungs- und Bildungseinrichtungen erkennbar.
- Welche Freizeiteinrichtungen, Vereine, öffentliche Bibliotheken und ähnliche Einrichtungen sind Kindern und Jugendlichen zugänglich?

1.3 Werten Sie die Sozialraum-Map aus, indem Sie
- die Vernetzungen durch verschiedene Pfeile sichtbar machen,
- kulturelle Aspekte fokussieren.

1.4 Beschreiben Sie kulturelle Ausprägungen der Klientel Ihrer Praxisstelle mit Bezug auf die folgende Abbildung.

Kultur beinhaltet

Sprache	Rituale	Kunst	Erziehung
Kleidung	Traditionen	Musik	Werte & Normen
Gebräuche	Religion	Wissenschaft	Lebensart

Kinder in besonderen Lebensumständen

PRAXIS

2. Der Lebensstandard einer Familie ist als Heterogenitätsmerkmal allgegenwärtig.

2.1 Woran erkennen Sie soziale Unterschiede alltäglich bei den Kindern in Ihrer Praxisstelle? Erstellen Sie eine Liste.
Achten Sie dabei zunächst auf nachvollziehbare Beschreibungen Ihrer Wahrnehmungen, welche Sie anschließend bewerten.

2.2 Entwickeln Sie Ideen, wie Sie in Ihrer täglichen Arbeit diese Diversitäten als Entwicklungschance nutzen können. Geben Sie konkrete Beispiele hierfür aus Ihrer sozialpädagogischen Praxis.

2.3 Beschreiben Sie Formen der Elternkooperation, die eben diese Diversität positiv aufgreifen.

3. Familien im Umbruch

3.1 Stellen Sie die vielfältigen Familienkonstellationen dar. Ordnen Sie die Präsenz dieser in Ihrer Gruppe an der Praxisstelle zahlenmäßig zu.

3.2 Welche Auswirkungen haben diese vielfältigen Veränderungen auf den Alltag der betroffenen Kinder? Erarbeiten Sie eine Narration, also eine Erzählung (z. B. anhand eines fiktiven Fallbeispiels), in die Sie Ihr Erfahrungswissen sowie fachliche Einschätzungen einfließen lassen.

3.3 Welche Hilfen bezüglich Orientierung und Sicherheit können Sie in einer Erziehungsinstitution konzeptionell verankert anbieten, um den Kindern Halt zu geben? Diskutieren Sie im Team oder Klassenplenum Möglichkeiten und Erfahrungen.

4. Kinder und Scheidung

4.1 Stellen Sie Auswirkungen dar, die eine Scheidung auf das Alltagsleben eines Kindes haben kann.

4.2 Überlegen Sie, wie Erziehende in einem Kindergarten Kindern, deren Eltern sich in einer Trennungs- oder Scheidungsphase befinden, Sicherheit, Halt und Orientierung geben können. Bedenken Sie vor allem auch Strukturen in der Alltagsgestaltung.

4.3 Schreiben Sie Ihre Ergebnisse auf und stellen Sie diese Ihren Mitschülern zur Verfügung.

5. Kinder und neue Partner der Eltern

FALLBEISPIEL Lena (9 Jahre) erzählt über ihre neue Familie: „Mein Vater kommt nach Hause und begrüßt als Erstes seine neue Frau mit einem Kuss. Mich sieht er kurz an und sagt ‚Hallo'. Eigentlich wollte ich ihm von meiner tollen Mathearbeit erzählen, dazu habe ich nun keine Lust mehr. Diese Küsserei finde ich schrecklich, denn das hat er ja sonst bei Mama gemacht. Außerdem, das neue Baby finde ich besonders schrecklich. Immer soll ich darauf aufpassen. Eigentlich ist es ja ganz süß, aber immer steht es im Mittelpunkt."

5.1 Reflektieren Sie anhand von Entwicklungstabellen (z. B. Beller'sche Entwicklungstabelle) die Lebens- und Bedürfniswelt von Lena. Übernehmen Sie die Perspektive der 9-Jährigen: Arbeiten Sie Gedanken und Gefühle von Lena aus dem Beispiel heraus.

5.2 Betrachten Sie die folgende Abbildung und entwickeln Ideen, wie Sie Lena bei der Akzeptanz der neuen Familienkonstellation unterstützen können. Bedenken Sie vor allem auch Strukturen in der Alltagsgestaltung.

Kinder müssen bei Wiederheirat eines oder auch beider Elternteile:

- den Elternteil, den sie bisher allein hatten, teilen
- sich an neue Regeln, Gewohnheiten und Personenkreise gewöhnen
- den neuen Partner als Mit-Erziehenden annehmen
- die eigene Rolle in der Geschwisterreihe finden
- ein neues Zugehörigkeitsgefühl entwickeln

5.3 Lesen Sie den folgenden Zeitungsausschnitt und überlegen Sie schriftlich, was Philipp Sebastian dazu bewogen haben könnte, diese Begriffe zu verwenden.

> Philipp Sebastian aus Münster erfand ein neues Begriffspaar. So sagt er heute: „Am Sonntag kommen mich meine Meltern und Veltern besuchen."
>
> (Wiesbadener Tagblatt vom 4.8.2005)

6. Kinder und Umzüge

FALLBEISPIEL Die Mutter erzählt der 6-jährigen Eva, dass der Vater wieder in einer anderen Stadt arbeiten muss. Eva: „Ich will mir aber nicht schon wieder neue Freundinnen suchen! Ich bleibe hier bei Jill! Die haben noch ein Bett in Jills Zimmer stehen. Meine Puppen und Spielsachen können da auch mit hin."

6.1 Legen Sie sozial-emotionale Bedürfnisse dar, die bei Eva deutlich werden.

6.2 Beschreiben Sie Gedanken und Gefühle, die Sie bewegen würden, wenn Sie selbst jetzt umziehen müssten.

6.3 Nehmen Sie an, ein Kind Ihrer Gruppe zieht weg. Sammeln Sie Ideen für eine Abschiedsfeier.

7. Resilienz entwickeln

7.1 Welche personalen Ressourcen schützen das Kind?

7.2 Welche Schutzfaktoren können im sozialen Umfeld hilfreich sein?

7.3 Legen Sie dar, welche Merkmale in der Erziehung geeignet sind, beim Aufbau von Bewältigungsmechanismen zu unterstützen. Arbeiten Sie auch mit dem „Haus der Resilienzförderung" aus Kap. 9 (S. 108).

8. Kinder im Kontext von Gewalt und Missbrauch

8.1 Listen Sie auf, welche Gründe bzw. Auslöser für Gewalt in der Erziehung Ihnen bekannt sind.

8.2 Erläutern Sie anhand konkreter Beispiele, wie Sie den Ursachen für aggressives Verhalten von Kindern (s. Abb.) entgegenwirken können.

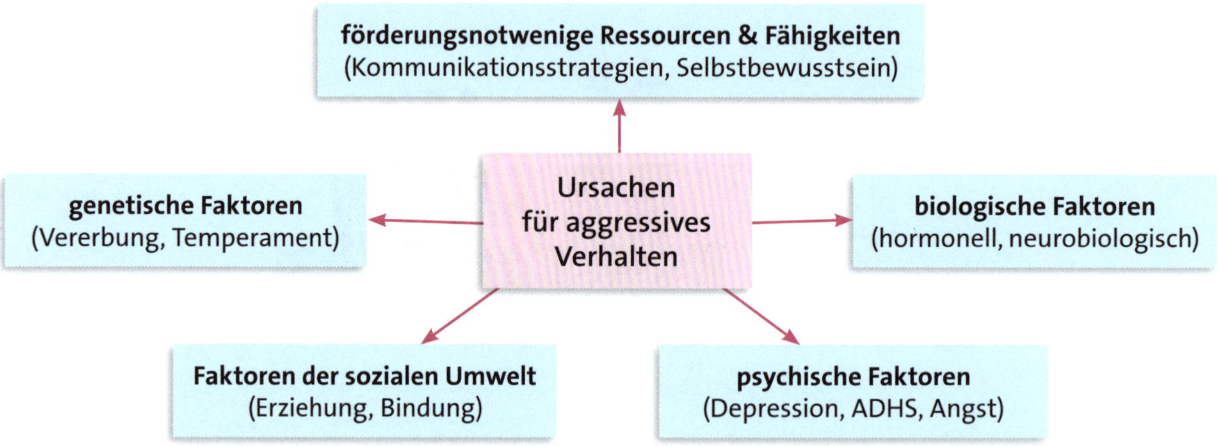

PRAXIS

8.3 Erkundigen Sie sich beim Jugendamt, ob es eine Beratungsstelle gegen sexuellen Missbrauch in Ihrer Nähe gibt, und informieren Sie sich über deren Arbeit.

8.4 Welche weiteren Möglichkeiten von Beratung und Akuthilfen erfahren betroffene Kinder/Jugendliche im Einzugsbereich Ihres örtlichen Jugendamts? Fragen Sie nach und stellen Sie Flyer, Notfallnummern, Seelsorgetelefon u. Ä. auf einer Präsentationstafel für betroffene Familien zusammen. Vielleicht dürfen Sie die Liste in Ihrer Praxiseinrichtung aushängen?

8.5 Entwickeln Sie im Sinne hilfreicher Prävention Möglichkeiten der Sexualerziehung für Kinder im Vorschulalter. Entnehmen Sie der folgenden Abbildung inhaltliche Impulse für methodisches Arbeiten.

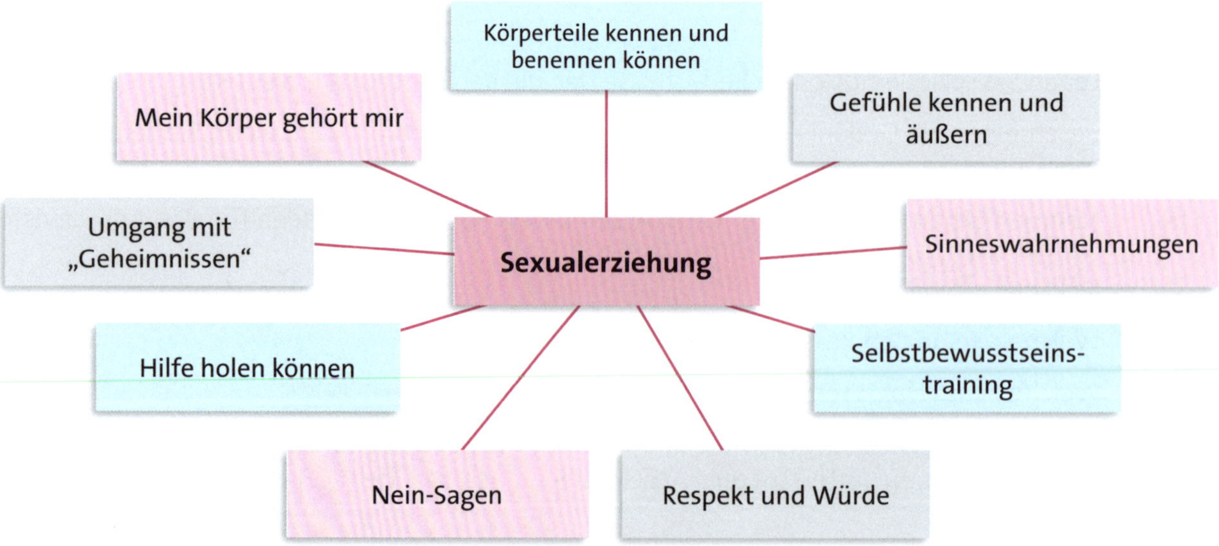

Ideensammlung zu Bildungsangeboten im Bereich Sexualerziehung

9. Gewalt gegen Kinder hat viele Gesichter.

9.1 Welche Formen der Gewalt können Kindern begegnen?

9.2 Welche Konsequenzen ziehen Sie für die sozialpädagogische Praxis?

Kinder mit besonderen Bedürfnissen

10. Hochbegabung gilt als Heterogenitätsmerkmal im Rahmen von Menschen mit besonderen Bedürfnissen.

10.1 Definieren Sie Begabungsfaktoren, welche punktuell oder in komplexeren Zusammenhängen auftreten können. Geben Sie praktische Beispiele.

10.2 Erläutern Sie, wie Sie Hochbegabung erkennen, und tragen Sie die Verhaltensmerkmale in das Schaubild ein.

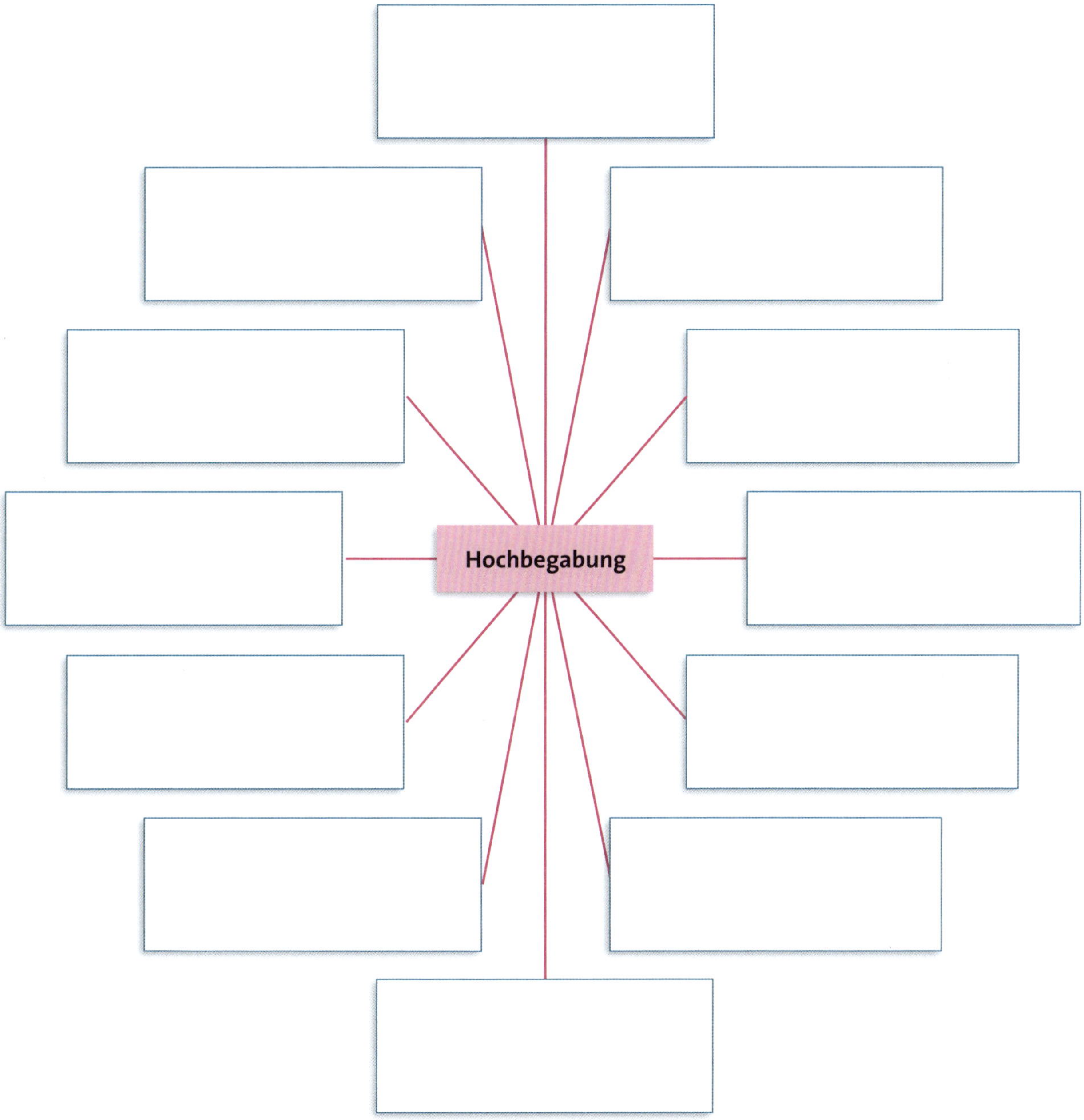

Praxis

10.3 Hochbegabung ist in ihrer Ausprägung immer sehr individuell. Kennzeichnen Sie beschriebene Merkmale, welche Sie an einem Kind bereits in Ihrer Praxis erlebt haben, indem Sie sie im selbst vervollständigten Schaubild farbig einkreisen.

11. Menschen mit Behinderung

11.1 „Menschen mit Behinderung – Ausdruck von Vielfalt.“ Nehmen Sie zu dieser Aussage Stellung.

11.2 Erläutern Sie anhand folgender Begrifflichkeiten den Paradigmenwechsel im Umgang mit Behinderung:
- Exklusion
- Integration
- Inklusion
- Segregation

11.3 Erläutern Sie die Bedeutung folgender fachlicher Begrifflichkeiten.

Diversität	Inklusion

Partizipation	Individualisierung

12. **FALLBEISPIEL** Sie arbeiten in einer integrativen Einrichtung. Eine Mutter spricht Sie mit nachfolgendem Kommentar an:

„Also, wissen Sie, ich habe ja nichts gegen Behinderte, aber wie soll mein Kind hier etwas lernen bei den Schwierigkeiten und Einschränkungen ...?“

12.1 Verfassen Sie eine mögliche Antwort. Bedenken Sie hierbei, dass es sich um eine integrative Einrichtung handelt.

12.2 Eine an der Lebenswelt orientierte sozialpädagogische Praxis strebt wo immer möglich folgende Ziele an:

Par	Inkl	Präv

12.3 Erläutern Sie die Begriffe.

13. Nennen und erläutern Sie eine selbst ausgewählte Form einer Beeinträchtigung.

13.1 Beschreiben Sie konkret hilfreiche Maßnahmen, die die Inklusion eines betroffenen Kindes im sozialpädagogischen Alltag verbessern können.

13.2 Entwickeln Sie ein Beispiel, das die Inklusion eines Kindes mit ausgewählter Beeinträchtigung im sozialpädagogischen Alltag detailliert und begründet darstellt.

14. Kinder, welche ihre familiären Wurzeln in einem anderen Land haben, bedürfen einer besonderen Begleitung.

14.1 Führen Sie aus, welche grundsätzlichen Aussagen laut Kindermigrationsreport von 2013 wahrscheinlich für die meisten Kinder mit Migrationshintergrund gelten. Ergänzen Sie diese mit Ihren persönlichen Erfahrungen aus der Praxis, denn Sie wissen, die Lebenswelten sind immer individuell.

14.2 Erläutern Sie, welche konkreten Methoden Ihnen helfen, die Kinder mit Migrationshintergrund in ihrer individuellen Entwicklung und Bildung zu begleiten.

14.3 Die Erziehungspartnerschaft mit den Eltern spielt eine besondere Rolle für Migrationsfamilien. Führen Sie aus, welche Aufgaben pädagogischen Fachkräften hierbei zukommen.

14.4 Kinder mit Fluchterfahrung haben noch einmal weitergehende Bedürfnisse. Welche Hilfen können Sie in Anspruch nehmen, was können Sie tun?

Pädagogische Grundhaltungen im Umgang mit Diversität

15. Divergierende Methoden in der sozialpädagogischen Praxis

15.1 Erläutern Sie die Bedeutung folgender Methoden in den nachstehenden Tabellen:
- Ressourcenorientierung
- Individualisierung
- Binnendifferenzierung

15.2 Geben Sie konkrete Beispiele bezogen auf unterschiedliche Zielgruppen:
- Krippenkinder (0–3 Jahre)
- Elementarkinder (3–6 Jahre)
- Schulkinder (>6 Jahre)

Ressourcenorientierung	
Erläuterung	Beispiele

Individualisierung	
Erläuterung	Beispiele

Binnendifferenzierung	
Erläuterung	Beispiele

16. Multidisziplinäre Arbeit: Vielfalt bedarf einer vielfältigen Antwort.

16.1 Listen Sie auf, welche Professionen in einem multidisziplinären Team zusammenarbeiten. Entscheiden Sie sich für eine Form der Einrichtung (Krippe, Kita, integrative Kita u. a.).

16.2 Erläutern Sie, welche Vorteile Sie in einem multidisziplinären Team erkennen. Welche haben Sie bereits in der Praxis erfahren können?

16.3 Überlegen Sie persönlich für sich schriftlich, ob die Spezialisierung im sozialpädagogischen Tätigkeitsbereich zu einem therapeutischen Beruf (s. Abb.) eine Option für Ihre berufliche Zukunft sein könnte.

Ergotherapie	Kunsttherapie	Ernährungstherapie
Logopädie	Musiktherapie	Psychotherapie
Physiotherapie	Tanztherapie	u. a.

Therapeutische Berufe

11 Kommunikation und Gesprächsführung

1. Erläutern Sie „Kommunikation“ mit einem konkreten Beispiel aus Ihrer Praxis und unter Zuhilfenahme folgender Abbildung.

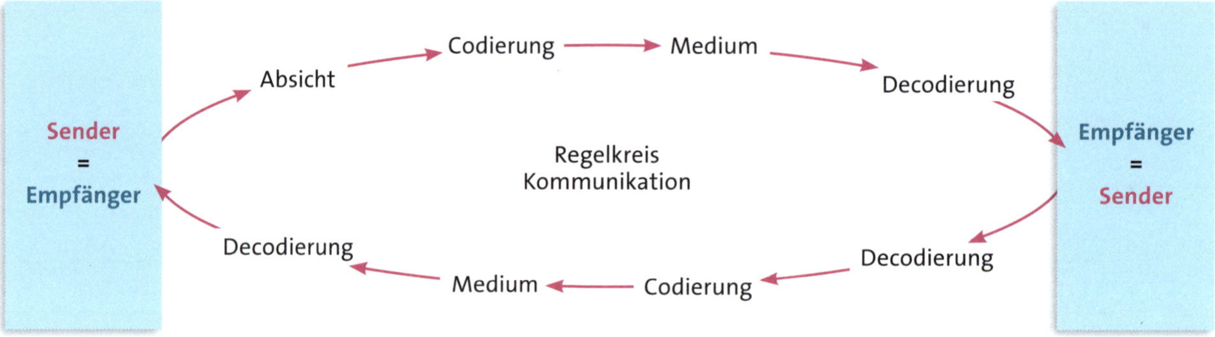

2. Nennen Sie die Ebenen von Kommunikation und führen Sie 2 konkrete Beispiele an.

- ______________________________

  ____
- ______________________________

  ____

3. Nennen Sie die Formen nonverbaler Kommunikation.

- ______________________________
- ______________________________
- ______________________________

4. Erläutern Sie Botschaften, die häufig über die Mimik ausgedrückt werden.

5. „Worte sind Erinnerung.“

5.1 Erläutern Sie diese Feststellung.

5.2 Jedes Mal, wenn ein Mensch ein Wort benutzt oder hört, verbindet sich dieses mit einer bestimmten Situation. Der äußere Zusammenhang mag schnell in Vergessenheit geraten, nicht so das damit verbundene Gefühl. Dieses wird sehr oft recht lange gespeichert. Wann immer ein Mensch ein bestimmtes Wort gebraucht, aktiviert er gleichzeitig die in ihm gespeicherten Emotionen, d. h., mit jedem Wort wird unbewusst eine emotionale Erinnerung aktiviert.
Erinnern Sie sich bewusst an solche Worte bzw. den biografischen Kontext.

Das 4-Ohren-Modell nach Schulz von Thun

6. Eine Nachricht – 4 Botschaften

6.1 Nennen und beschreiben Sie die 4 Botschaften, die nach Schulz von Thun wirksam sind.

- ____
- ____
- ____
- ____

6.2 Fertigen Sie anschließend eine Skizze zur Veranschaulichung.

6.3 Analysieren Sie folgende Beispiele nach dem Modell der 4 Seiten einer Nachricht. Entschlüsseln Sie jede Nachricht nach dem Modell der 4 Botschaften.
- Die Erzieherin sagt zur Praktikantin: „Jan hat in die Hose gemacht."
- Die Praktikantin stöhnt: „Nie informiert mich jemand."
- Die Mutter sagt zu ihrem Kind: „Toll, dass du die Hausaufgaben schon fertig hast."

6.4 Legen Sie eine selbst gewählte gesendete Nachricht aus der sozialpädagogischen Praxis unter die kommunikationspsychologische Lupe nach Schulz von Thun.

6.5 Erinnern Sie sich an die Reaktion auf die Nachricht und beurteilen Sie diese vor dem Hintergrund des Wissens um die unterschiedlichen Ebenen.

Watzlawick

7. Erläutern Sie die Axiome Watzlawicks an konkreten Beispielen aus Ihrer beruflichen Praxis.

8. Watzlawick wurde vor allem durch sein Axiom „Man kann nicht nicht kommunizieren" bekannt.

8.1 Erklären Sie dieses Axiom.

8.2 Erläutern Sie weitere Anteile (außer den Worten), die nach Watzlawick in Kommunikation enthalten sind.

TZI nach Ruth Cohn

9. Das Handlungskonzept Ruth Cohns zielt ab auf eine effiziente Arbeit an Aufgaben- und Problemlösungen mittels Kommunikation.

9.1 Informieren Sie sich zu den Werten und dem Menschenbild, das Ruth Cohn in Bezug auf die Themenzentrierte Interaktion (TZI) hat.

9.2 Diskutieren Sie die Relevanz der Werte und des Menschenbilds, wenn es um Kommunikation zur Lösung einer Aufgabe geht.

9.3 Was meint Ruth Cohn mit „dynamischer Balance“ innerhalb der Kommunikation/Interaktion von Menschen?

9.4 Welche konkreten Regeln der TZI sind Ihnen bewusst und welche können Ihnen in der sozialpädagogischen Praxis nützlich sein?

Gesprächsführung

10. Förderliche Gesprächshaltungen umsetzen: Spielen Sie in einem Rollenspiel eine Gesprächssituation durch. Berücksichtigen Sie dabei die förderlichen Aspekte für ein Gespräch (s. Abb.). Lassen Sie sich beobachten. Noch besser: Machen Sie eine Video-Aufzeichnung.

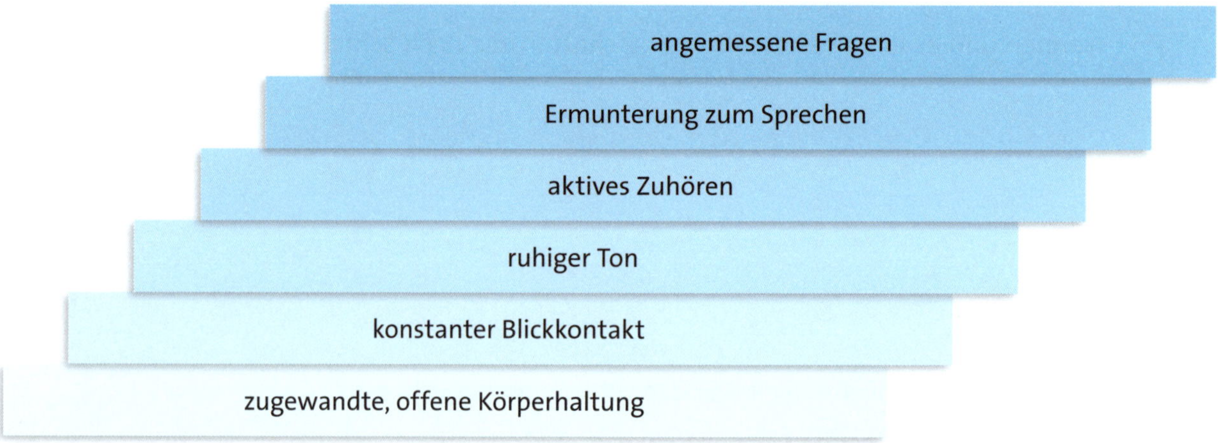

Förderliche Aspekte für ein Gespräch

11

11. Gesprächsregeln: Lesen Sie die folgende Liste zu den goldenen Regeln für eine gute Kommunikation. Reflektieren Sie, welche dieser Regeln Sie in der sozialpädagogischen Praxis leicht umsetzen können und welche Ihnen noch schwerfallen. Wie können Sie Ihre Fertigkeiten in der Gesprächsführung verbessern?

Goldene Regeln einer guten Kommunikation

1. Authentizität bewahren
2. Respekt und Wertschätzung entgegenbringen
3. Mit 4 Ohren hören
4. Ich-Botschaften senden
5. Geduld und Zeit aufbringen
6. Bei Unklarheiten nachfragen
7. Nonverbale und paraverbale Kommunikation betonen das Gesagte
8. Unterstützen, Lösungen/Antworten zu finden
9. Offenheit für neue Impulse zeigen
10. Störungen vermeiden

12. Grundemotionen im Gespräch

12.1 Benennen Sie die Grundemotionen, die Sie kennen.

12.2 Gestalten Sie einen Holzwürfel mit den 6 Grundemotionen. Würfeln Sie und spielen vor dem Spiegel die Grundemotionen nach. Beobachten Sie dabei Ihr Spiegelbild: Wie verändern sich Ihr Blick, Ihre Mundwinkel, Ihre Stirn u. a.?

12.3 Nutzen Sie den Würfel, um in den folgenden Szenen die Grundemotion zu bestimmen. Sprechen Sie die Sätze vor dem Spiegel in den unterschiedlichen Grundemotionen aus:
- „Vergiss das Zähneputzen nicht.“
- „Leg den Schlüssel weg.“
- „Komm bitte in die Küche.“

12.4 Welche Erkenntnisse können Sie aus Ihren Beobachtungen im Spiegel gewinnen? Erläutern Sie in diesem Zusammenhang die Bedeutung der Grundemotionen für die Kommunikation

- mit Kollegen,
- mit Eltern,
- mit Kindern

anhand je eines Beispiels. Bedenken Sie hierbei vor allem die Bedeutung in der non-verbalen Kommunikation.

Arten des Zuhörens

13. Übung zu den verschiedenen Arten des Zuhörens

Benötigtes Material:

- die 24 Sprechblasen „Antworten der Fachkraft", kopiert und ausgeschnitten (eine der vorbereiteten Sprechblasen ist leer; diese können Sie selbst mit einer Antwort befüllen)
- 4 Infoboxen „Arten des Zuhörens"
- rote, gelbe, grüne Farbtäfelchen, Klebeband

Situation: Der 6-jährige Georg möchte nicht in die bevorstehende Flötenstunde, sondern mit seinen Freunden weiterspielen. Er spricht mit der pädagogischen Fachkraft in der Kita darüber. (Frau Geiger ist seine Flötenlehrerin.)

GEORG (6;3 Jahre)
Ich möchte nicht in die Flötenstunde gehen. Das ist langweilig, und außerdem will ich jetzt mit Max und Anton im Garten spielen, wir bauen doch gerade eine Wasserrutsche!

Regieanweisung:
[Die pädagogische Fachkraft fordert nun Georg mit folgenden Worten auf, in die wöchentliche Flötenstunde zu gehen: ...]

Pädagogische Fachkraft:
Das kann ich verstehen – mir ging das früher auch so. Aber da muss man durch, Georg!

Arbeitsauftrag

Arbeiten Sie in Teams oder zu zweit.

1. Es werden die Sprechblase des 6-jährigen Georgs und die Regieanweisung vorgelesen. Die Gruppenmitglieder ziehen sich Antworten aus den 24 Fachkraft-Sprechblasen. Nun werden die Antworten nacheinander vorgelesen – schlüpfen Sie in die Rolle der sprechenden Person!
2. Nach jeder Antwort folgt die Bewertung im Gespräch: Bewerten Sie die Aussage der pädagogischen Fachkraft nach dem Ampelprinzip mit roten, gelben und grünen Farbtäfelchen. In einer Tabelle (Tafel/Wand) lassen sich die Sprechblasen in die 3 Bewertungsfarben sichtbar für alle einordnen.
3. Auswertung: Was haben die pädagogischen Fachkräfte mit ihrer jeweiligen Antwort signalisiert? Welche Arten des Zuhörens lassen sich unterscheiden? Nutzen Sie dazu die Infoboxen „Arten des Zuhörens".

Aufnehmendes Zuhören

- Der Gesprächspartner wird wahrgenommen (oft schweigend). Die Aufmerksamkeit wird sichtbar oder hörbar gezeigt.
- Beispiele: Kopfbewegung, Kopfschütteln, Zuneigen des Körpers, hörbares Ausatmen, deutliches Luftholen, Blick woanders hin richten

„Nichts sagen vermittelt tatsächlich Annahme.
Schweigen – ‚passives Zuhören' – ist eine wirksame, nicht verbale Botschaft,
die [...] das Gefühl geben kann, wirklich angenommen zu sein [und] ermutigt,
Sie immer mehr an seinem Leben teilnehmen zu lassen." *(Gordon, 1977, S. 61)*

Umschreibendes Zuhören

- Das Gehörte wird in eigenen Worten wiedergegeben.
- Diese Art des Zuhörens hilft, Missverständnisse zu vermeiden, und fördert das Gespräch aktiv durch das Erwecken von Verstehen.
- Eine eigene Bewertung des Gesagten wird konsequent vermieden, ebenso die eigene Meinung, Fragen oder Ratschläge (wären nicht hilfreich).
- Mögliche Einstiegsformulierungen:
  „Erzähl mir die ganze Geschichte", „Interessant ...", „Dir ist wichtig, dass ...", „Du meinst, wenn ...", „Ich habe jetzt verstanden, dass du ...", „Das scheint dir sehr wichtig zu sein" u. a.

Türöffner:
Gordon (1972, S. 55) schlägt Sätze vor, die dem Gegenüber Interesse und Wertschätzung signalisieren, mit Botschaften wie:
„Deine Gedanken sind es wert, angehört zu werden."
„Du hast das Recht auszudrücken, wie du empfindest."
„Du interessierst mich."

Das Paraphrasieren
Paraphrasieren: Das Wiederholen oder Umschreiben dessen, was man denkt, verstanden zu haben.

- Paraphrasieren ist besonders dort wichtig, wo Probleme angedeutet werden und wo zum besseren Verständnis eine Rückversicherung gesucht wird. Missverständnisse können gleich ausgeräumt werden.
- Es geht beim Paraphrasieren im „umschreibenden Zuhören" vor allem um die Wiedergabe von Sachverhalten.
- Negativer Effekt einer solchen Gesprächshaltung kann aber auch sein, dass eine Art „Echo" oder „Papageieneffekt" auftritt, der sehr mechanisch, technisch wirkt – und dann eben keinen öffnenden Impuls sendet.
- Geeignete Formulierungen für dieses Gesprächsverhalten: *„Du glaubst ...", „Ich frage mich gerade ...", „Verstehe ich dich richtig ...", „Das klingt für mich so ..."* u. a.

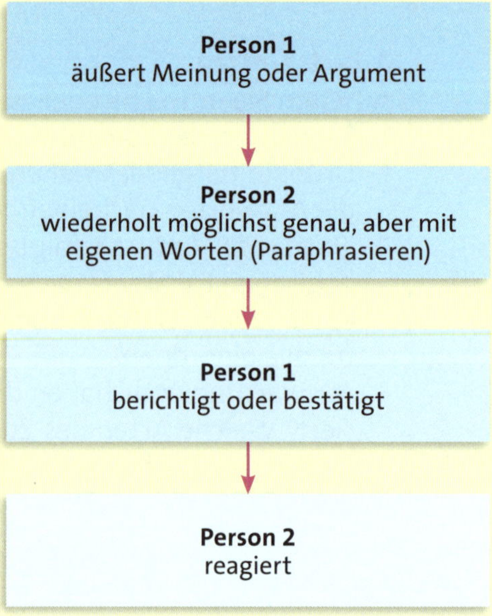

Ich-verstehe-Zuhören

- Diese Art des Zuhörens gilt als nicht ‚echtes' Zuhören, sie ist vielmehr eine Einleitung eigener Rede, eine Floskel, eine Höflichkeitsform, z. B.:
  „Jaja, da hast du schon recht, aber ..."
  „Ich verstehe, ..."
  „Da bin ich ganz deiner Meinung, ..."
  „Das ist schon richtig, ..."
- Beurteilt/bewertet oftmals das Gesagte nach eigenen Maßstäben, oft durch „Du-Botschaften": *„... du bist einfach bequem"*
- Zeigt sich unter Umständen durch sogenannte „gute Ratschläge" und greift dann konstruktivistischem Vorgehen vor.
- Nimmt nicht ernst, pauschaliert.
- Nimmt sich keiner Verantwortung an, sucht Schuld bei Dritten.
- Appelliert an „guten Willen", „Verpflichtungen", moralisiert (z. B. Dankbarkeit).
- Verharmlost, bagatellisiert: *„Ist doch nicht so schlimm", „War doch immer so"*

Aktives Zuhören

- Einfühlsame, unterstützende Reaktion des Zuhörers auf die Mitteilung des Sprechers, indem sich der Zuhörer in die äußere wie innere Situation des Gesprächspartners versetzt und versucht, diese
  – aus dessen Perspektive wahrzunehmen und
  – zu verbalisieren.
- Gefühle, Hoffnungen, Wünsche und Bedürfnisse werden angesprochen.
- Durch das hohe Maß von Verstehen wird der Gesprächspartner ermutigt, sich weiter zu verbalisieren, sich zu entfalten, nach eigenen Lösungen zu suchen und so eine individuelle Entwicklung zu ermöglichen.
- Empathie zeigen: Aktiv zuzuhören bedeutet, empathisch zu sein, sich einzufühlen in die Wut, Trauer oder Freude des anderen Menschen.
- Ein von Vertrauen geprägtes Gespräch nimmt seinen Lauf, indem der Sprechende in die Lage versetzt wird, Zugang zu seinen eigenen Gefühlen zu bekommen.
- Diese „Spiegelungen" müssen nicht immer zutreffen, sind aber der echte Versuch, die Gefühle des anderen zu verbalisieren.
- Eine möglichst zentrale Spiegelung kann nur gelingen, wenn der Zuhörer ein hohes Maß an Aufmerksamkeit und Wertschätzung für sein Gegenüber zeigt.
- Dann jedoch wirkt das „aktive Zuhören" konstruktiv im Sinne eines selbstverantwortlichen Entwicklungsprozesses: **Selbstexploration**.
- Besonders wichtig ist eine derartige Gesprächshaltung bei Kleinkindern: Durch die Spiegelungen wird resilientes Verhalten (= konstruktiver Umgang mit Belastungen) gefördert.
- Formulierungen für „aktives Zuhören" können sein: *„Und das hat dich ziemlich geängstigt", „Daher bist du jetzt niedergeschlagen", „Das macht dich froh, nicht wahr" u. a.*

Sprechblasen: Antworten der pädagogischen Fachkraft

Tja, wenn es dir keinen Spaß macht, Georg, dann musst du halt aufhören!

Du möchtest mit dem Flötenunterricht aufhören.

Warum ist der Flötenunterricht denn langweilig? Spielt Frau Geiger keine lustigen Lieder mit euch?

Georg, jetzt bist du richtig wütend, weil du beim Spielen gestört wirst durch die Flötenstunde.

Das stimmt schon, aber das ist halt so, am Dienstagnachmittag!

Es scheint dir sehr wichtig zu sein, mit den anderen Jungs die Wasserrutsche zu bauen.

Du bist ganz schön sauer, weil ich dich beim Spielen störe – und du viel lieber mit deinen Freunden spielen möchtest.

Also, Georg, ich habe jetzt keine Zeit, mit dir darüber zu diskutieren!

Also, Georg, das kann ich schon verstehen. Aber dann baut ihr halt morgen an der Rutsche weiter.

Weißt du, Georg, deine Eltern legen aber großen Wert darauf, dass du Flöten lernst – und außerdem zahlen sie jede Woche 15 Euro für diese Musikstunde. Du solltest dankbar sein!

Also, Georg, ganz ehrlich: Ich mochte auch nie Flöte spielen – aber das gehört eben dazu im Leben.

Du bist enttäuscht, Georg, dass du jetzt nicht im Garten spielen darfst. Du möchtest selbst entscheiden, was du tun willst.

Also weißt du, Georg, ich finde, du bist schon undankbar. Frau Geiger kommt extra wegen dir zu uns am Nachmittag.

Georg, du bist traurig, weil die anderen Kinder jetzt ohne dich weiterspielen.

Hör mal, Georg, ich mache dir einen Vorschlag: Jetzt gehst du in die Flötenstunde – und anschließend baue ich mit dir eine Wasserrutsche im Garten, okay?

Du möchtest weiterspielen, Georg?

Also, ich verstehe es nicht, Frau Geiger kommt auch neuerdings immer so spät am Dienstag ...

Da hast du schon recht, Georg, aber deine Mutter hat mir heute Morgen noch einmal extra aufgetragen, dass du pünktlich in die Flötenstunde gehen sollst.

Du findest es ungerecht, dass du immer in den Flötenunterricht musst, statt im Garten spielen zu können.

[Pädagogische Fachkraft schüttelt ärgerlich den Kopf und wendet sich der Kollegin zu.]
Jedes Mal dieses Theater!

Also, Georg, dieses Mal gehst du noch hin – und morgen rede ich mit deiner Mutter, okay?

Georg, du möchtest doch auch so gut werden im Flötenspielen wie deine Schwester, oder?

[Pädagogische Fachkraft hört zu und nickt verständnisvoll mit dem Kopf.]

11

14. Übung zum Paraphrasieren und zum aktiven Zuhören

14.1 Bilden Sie 3er-Gruppen. Lesen Sie gemeinsam die Infokarte zum umschreibenden Zuhören/Paraphrasieren von der vorigen Aufgabe.

14.2 Üben Sie nun zu dritt: Zwei von Ihnen unterhalten sich über eine als schwierig empfundene Situation mit einem Kind aus der Praxis. Die Dritte von Ihnen beobachtet Sie bei diesem Gespräch. Für die Gesprächspartnerinnen gilt folgende Aufgabe: Versuchen Sie, Ihre Partnerin mit Paraphrasieren zu begleiten. Nach einigen Minuten tauschen Sie sich kurz zu dritt über das Beobachtete und Empfundene in dieser Gesprächssituation aus.

14.3 Lesen Sie gemeinsam die Infokarte zum aktiven Zuhören von der vorigen Aufgabe.

14.4 Führen Sie nun das gleiche Gespräch unterstützt durch aktives Zuhören. Auch hierüber tauschen Sie sich nach einigen Minuten aus.

14.5 Stellen Sie Unterschiede fest. Anschließend wechseln Sie die Rollen.

Du- und Ich-Botschaften

15.1 Erklären Sie anhand des Beispiels in der Abbildung, was mit dem Ausdruck „Von der Du- zur Ich-Botschaft" gemeint ist. Finden Sie eigene Beispiele.

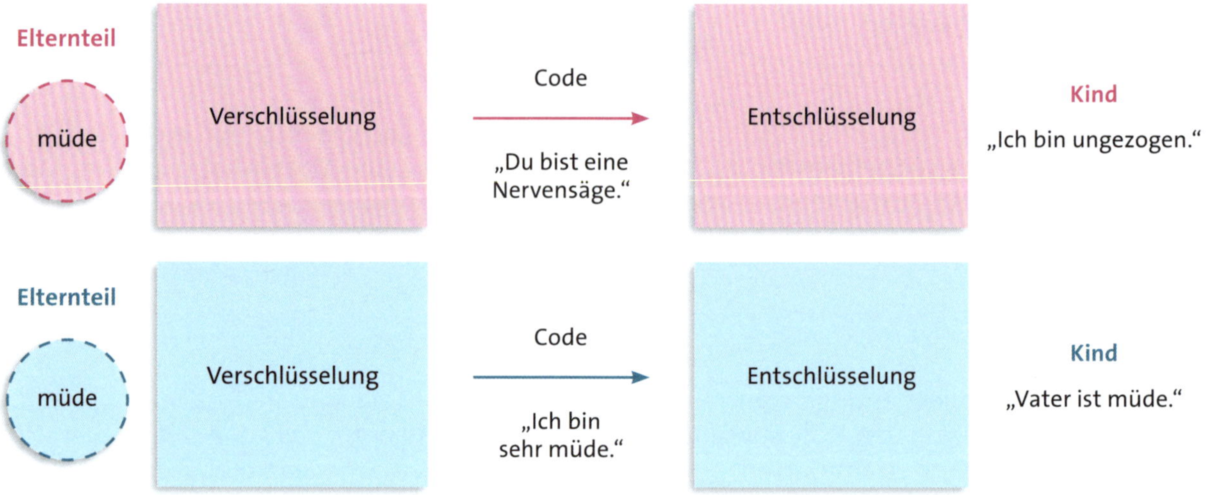

15.2 Worin besteht der entscheidende Unterschied beider „Botschaften" für das Kind? Erläutern Sie.

16. Formulieren Sie die nachfolgenden Du-Botschaften in Ich-Botschaften um:
- Die Mutter kommt nach einem anstrengenden Tag nach Hause und sagt zu ihrer Tochter: „Du hättest wenigstens dein Zimmer aufräumen können.
- Die pädagogische Fachkraft sieht Torben und Jan streiten, geht auf sie zu und sagt zu Torben: „Du musst nicht immer Streit anfangen."
- Die Mutter lässt ihre Tochter am Eingang stehen und will gehen, da sagt die Erzieherin zu ihr: „Ich finde, Sie hätten freundlicher zu Ihrer Tochter sein sollen."

Gewaltfreie Kommunikation nach Rosenberg

17. „Ich will verstehen, was du wirklich brauchst." *(Marshall B. Rosenberg)*

17.1 Nennen Sie die 4 Schritte der gewaltfreien Kommunikation nach Rosenberg.

17.2 Lesen Sie nochmals die verschiedenen Äußerungen in Aufgabe 16. Formulieren Sie die Beispiele nach den 4 Schritten der gewaltfreien Kommunikation um.

Kommunikation und Gesprächsführung mit unterschiedlicher Klientel

18. Kommunikation im professionellen Kontext

18.1 Erläutern Sie, welchen Wert Kommunikation für den Menschen in sich trägt.

18.2 Nehmen Sie die Perspektive eines Kindes ein, das sich – aus welchem Grund auch immer – nur schwer verständlich machen kann.

19. Geben Sie möglichst konkrete Beispiele aus dem Praktikumsalltag dafür, was förderlich für das Gesprächsverhalten im Umgang mit Kindern ist. Differenzieren Sie Ihre Ausführungen nach:
- Kinder in schwierigen Lebenssituationen
- Kinder aus anderen Kulturkreisen
- Kinder mit Behinderungen oder Beeinträchtigungen

20. Die „3 A" in der Gesprächsführung: Ansprechen – Anschauen – Atmen

Ansprechen	Anschauen	Atmen
Ideal ist zunächst die persönliche Anrede mit dem individuellen Namen. Das Kind weiß dann, dass es gemeint ist.	Kurz abwarten, bis sich ein Blickkontakt einstellt. Dieser bestätigt beiden Gesprächspartnern gegenseitige Beachtung – Voraussetzung, für ein Gespräch in gegenseitiger Achtung. Erst jetzt ist der Beginn eines Gesprächs wirklich sinnvoll. Vor allem junge Kinder sind zeitweise so ins Spiel vertieft, dass ihre Wahrnehmung sehr eingeschränkt ist. Dann ist es evtl. notwendig, vorsichtigen Körperkontakt herzustellen, um die Aufmerksamkeit des Kindes zu erhalten.	Bevor wir dem Kind eine Mitteilung machen, ist es durchaus sinnvoll, sich einen kurzen Augenblick der Sammlung zu gewähren, indem wir beispielsweise kurz durchatmen. So ist die Stimme oft klarer und kräftiger, gibt der Aussage eine zielgerichtete Wirkung.

20.1 Legen Sie die Bedeutung dar, die der Blickkontakt in der Kommunikation hat.

PRAXIS

20.2 Gehen Sie bewusst mit den „3 A" in eine Gesprächssituation mit
- einer Kollegin/einem Kollegen
- einem Kind.

Was sind Ihre Beobachtungen?

11

Die pädagogische Fachkraft als sprachliches Vorbild

21. Das Lernprinzip von Kindern im vorschulischen Alter ist das Lernen am Modell (vgl. auch Kap. 16). Erklären Sie, wie sich erzieherische Haltungen in der Sprache abbilden können.

22. „Wer schlampig spricht, erzieht ohne Nachhaltigkeit."

22.1 Beschreiben Sie die Bedeutung, die der Sprachgestaltung in erzieherischen Berufen zukommt.

22.2 Erklären Sie folgende Äußerung: „Eine pädagogisch wirksame Aussage muss eine klare Intention haben." Geben Sie konkrete Beispiele aus der sozialpädagogischen Praxis.

22.3 Geben Sie 3 Beispiele für folgende Aussage: „Äußere Haltung gleich innere Einstellung."

- ____________________
- ____________________
- ____________________
- ____________________
- ____________________

23. Benennen Sie wesentliche Grundsätze sprachlichen Modellverhaltens.

24. Dem Lernen am Modell kommt in der vorschulischen Erziehung eine besondere Bedeutung zu. Nehmen Sie vor diesem Hintergrund Stellung zu folgender Äußerung: „Kinder brauchen weniger Lernprogramme, als primär eine Umgebung, die zur Nachahmung anregt."

12 Erziehungspartnerschaften

1. **Handlungssituation**

Die sozialpädagogische Zweitkraft Samira kommt in der zweiten Woche nach der Sommerpause wieder in die *Kita St. Ansgar* und weiß, dass sie in nächster Zeit etliche Kontakte mit neuen Eltern erwarten. Am Morgen stehen 3 Mütter mit ihren kleinen Kindern vor der Kita und warten darauf, dass geöffnet wird. Samira nimmt sie mit ins Foyer der Kita, lässt sich ihr Anliegen sagen und bittet die Mütter, in der kleinen Sitzgruppe am Rand des Flurs zu warten.
Eine Mutter möchte ihr Kind anmelden, Frau Jensen nimmt heute an der Eingewöhnungszeit für ihre Tochter Anna im Elementarbereich teil und die dritte Mutter hat gleich einen Gesprächstermin mit der Leiterin Frau Hermann.
Die Kita füllt sich allmählich mit Kindern und Müttern, Vätern, Großmüttern oder großen Geschwistern. Samira hilft den Kindern beim Ankommen und nimmt Informationen entgegen, sofern Besonderes bei dem jeweiligen Kind zu beachten ist.
„Wann beginnt noch mal der Elternabend morgen, um 18 Uhr? Ich schaffe es wohl nicht pünktlich", sagt die Mutter von **Lea**. Samira fällt ein, dass sie unbedingt **Murats** Mutter mitteilen muss, sie möge kommen. Murats Mutter ist alleinerziehend und spricht nur sehr wenig Deutsch.

In Samiras Gruppe wird heute **Anna** wieder von ihrer Mutter bei der Eingewöhnung begleitet. Anna ist 3;2 Jahre alt und scheint ein stilles Kind zu sein. Samira begrüßt Frau Jensen, Annas Mutter, und wendet sich dann Anna zu: „Hallo Anna, ich freue mich, dass du wieder da bist. Maria ist auch da und wartet schon auf dich. Vielleicht mögt ihr wieder in der Puppenecke spielen?" Anna versteckt ihren Kopf im Arm der Mutter. Samira sagt zu Frau Jensen: „Wir werden sehen, vielleicht können Sie sich heute kurz zurückziehen."
Samira wird im selben Moment von einem verspäteten Vater, Herrn Svenson, angesprochen: „**Mario** ging es heute Morgen nicht gut, daher sind wir zu spät. Achten Sie auf ihn, dass er nicht so herumtobt – ich kann ihn nicht zu Hause lassen, da ich heute einen wichtigen Termin habe." „Ist gut, Herr Svenson, ich kümmere mich um Mario." Samira nimmt Mario und erkundigt sich, ob er sich besser fühle, geht dann mit ihm, als dieser die Frage bejaht, zur Kreativecke, in der Marios Freunde sitzen.
Gleich darauf spricht die Leiterin Frau Hermann sie an: „Samira, kannst du gucken, ob die Einladung für den Elterntreff nächste Woche gut sichtbar aushängt? Und was ist mit den Übersetzungen? Kannst du dich mal kurz kümmern?" „Ja, mache ich noch, bevor die Kinder wieder abgeholt werden", erwidert Samira, und setzt sich in die Nähe von Anna.

Bearbeiten Sie die Handlungssituation mithilfe des Formulars „Bearbeitung einer beruflichen Handlungssituation" von S. 13 ff. Gehen Sie nach folgenden Schritten vor:

1.1 Analysieren – welche Situation finden die Pädagogen vor?

1.2 Ordnen Sie die Begleitung Annas durch ihre Mutter in das Berliner Eingewöhnungsmodell ein: Reflektieren Sie die Phasen der Eingewöhnung zeitlich mit ihren zentralen Zielen, den jeweiligen Bedürfnissen von Mutter und Kind, der Haltung der erzieherischen Fachkraft und methodisch-didaktischen Überlegungen.

1.3 Formulieren Sie Ziele für die Begleitung von Anna im Bereich personaler und sozialer Basiskompetenzen.

1.4 Konkretisieren Sie das methodisch-didaktische Vorgehen: Was genau können die Pädagogen Anna im Freispiel und bei Bildungseinheiten anbieten, um diese Ziele zu erreichen?

1.5 Reflektieren und Bewerten: Wie deuten die pädagogischen Fachkräfte und werten sie aus?

Formen der Erziehungspartnerschaft

2. Schriftlich und mündlich

2.1 Der Elternbrief: Schreiben Sie einen (fiktiven) Elternbrief und laden darin ein zu einem informativen Elternabend mit dem Thema „Mein Kind kommt in den Kindergarten".

2.2 Der Elternabend: Erstellen Sie eine Checkliste für die Vorbereitung eines solchen Elternabends.

PRAXIS

3. Die Kindergartenzeitung: Verfassen Sie einen ansprechenden Beitrag zu einer pädagogischen Fragestellung für die Elternzeitung Ihrer Kita. Besprechen Sie diesen mit Ihrer Anleitung. (Wenn es den Bedarf dafür gibt, können Sie den gelungenen Beitrag auch mitveröffentlichen.)

4. Der Tür-und-Angel-Kontakt: Achten Sie gezielt darauf, dass Sie morgens alle Eltern grüßen und nachmittags wieder verabschieden.

5. Das Elterngespräch

5.1 Notieren Sie alle Situationen, in denen Sie Eltern angesprochen haben, in der zweiten Spalte der folgenden Tabelle. Überlegen Sie, wann Sie Eltern nicht angesprochen haben, und ordnen auch diese Situationen zu.

5.2 In einem zweiten Schritt überlegen Sie sich zu jeder der Situationen: Was waren die Gründe, warum es mir leicht (bzw. schwer) fiel?
Notieren Sie die Gründe in den nebenstehenden freien Spalten.

5.3 Diese Punkte besprechen Sie mit Ihrer Anleitung und versuchen so, Möglichkeiten zu finden, leichter mit Eltern in Kontakt zu kommen, wenn es erforderlich ist.

Warum fiel es mir leicht?	Wann fällt es mir leicht, Eltern anzusprechen?	Wann fällt es mir schwer, Eltern anzusprechen?	Warum fiel es mir schwer?

12

6. Das Entwicklungsgespräch

6.1 Das Entwicklungsgespräch: Vereinbaren Sie mit Ihrer Anleitung, an welchen Elternkontakten Sie in Ihrer Ausbildungszeit teilnehmen können. Manche Eltern akzeptieren auch die Anwesenheit einer Praktikantin bei einem Entwicklungsgespräch. Fragen Sie nach.

6.2 Erstellen Sie eine Checkliste für die Vorbereitung eines solchen Gesprächs. Stellen Sie sich im Gespräch selbst vor. Führen Sie Protokoll; dies kann Ihnen im Reflexionsgespräch mit Ihrer Praxisanleitung dienlich sein.

7. Elternpartizipation

7.1 Die Elternmitbestimmung: Welche Möglichkeiten einer solchen Mitwirkung sieht der Gesetzgeber vor? Nehmen auch Sie während Ihres Praktikums an entsprechenden Veranstaltungen teil, z. B. an der Durchführung der Elternbeiratswahl.

7.2 Die Elternmitarbeit: Beschreiben Sie Möglichkeiten der elterlichen Mitgestaltung in Ihrer Praxisstelle bei Festen, Ausflügen, regelmäßigen Bildungsangeboten u. a.

PRAXIS

7.3 Erstellen Sie eine Ideensammlung von weiteren Möglichkeiten der Elternpartizipation in Ihrer Praxisstelle.

8. **FALLBEISPIEL** Die Pädagogin Margit teilt den Eltern der Kinder aus der „Regenbogengruppe“ in einem Brief mit, dass in der nächsten Woche ein Waldprojekt startet. Dafür werden die Kinder jeden Tag Regenhosen, Gummistiefel und eine zusätzliche Verpflegung von den Eltern brauchen. In den nächsten Tagen beginnen die Eltern, Regenhosen und Gummistiefel in die Kita mitzubringen. Nur die Mutter von Johann denkt nicht daran. Margit überlegt sich, dass sie Johanns Mutter am besten beim Abholen anspricht, allerdings hat Frau Bernau immer wenig Zeit.

8.1 Erläutern Sie Schritte, die Margit im Rahmen der Erziehungspartnerschaft gehen kann, um Frau Bernau stärker in Johanns Leben in der Kita einzubinden.

8.2 Planen Sie ein Elterngespräch mit Frau Bernau und notieren Sie zentrale Sätze.

8.3 Antizipieren Sie Frau Bernaus mögliche Reaktionen und gehen Sie auf angemessene Konsequenzen Ihrerseits ein, um zu einem positiven Ergebnis zum Wohle Johanns zu gelangen.

Interkulturelle Erziehungspartnerschaft

9. Heterogenität in der Elternschaft

PRAXIS

9.1 Erkundigen Sie sich über die Vielzahl kultureller, sozialer und religiöser Einflüsse in Ihrer Praxiseinrichtung.

9.2 Was bietet Ihre Kita den Eltern an, wenn sie nicht ausreichend Deutsch sprechen und sich daher an Angeboten für Eltern wenig beteiligen?

9.3 Erläutern Sie Schritte, die in Ihrer Praxisstelle unternommen werden, wenn Eltern von Kindern mit Migrationshintergrund nicht zum Elternabend kommen.

9.4 Welche Möglichkeiten der Partizipation gibt es speziell für Eltern mit Migrationshintergrund und welche Vorteile sehen Sie in einer solchen?

Rollenspiele: Gesprächssituationen zwischen Eltern und Fachkräften

10. Anleitung zum Rollenspiel

1. Es werden Gruppen zu je 4 Teilnehmern (TN) gebildet.
2. Jeder Teilnehmer übernimmt eine Aufgabe, die im Verlauf rotiert.
3. TN 1 und TN 2 übernehmen die Rollen der pädagogischen Fachkraft (Erzieherin/Zweitkraft) bzw. des Elternteils.
   TN 1 und TN 2 wählen aus den Gesprächssituationen 1-10 im gegenseitigen Einvernehmen eine Situation aus. Sie nehmen an einem Tisch Platz und führen erst ein Übungsgespräch, dann das „echte" Gespräch. Die Zeitvorgabe für das echte Gespräch beträgt 10 Minuten.
4. TN 3 übernimmt die Rolle des Beobachtenden und hält eigene Beobachtungen zum Elterngespräch schriftlich fest. Dabei soll geachtet werden auf:
   - die inhaltliche Vorgehensweise
   - Körperhaltung und Gestik
   - Mimik und Tonfall
   - sprachlichen Ausdruck
   - Einstieg und Beendigung des Gesprächs
   - Ergebnis des Gesprächs
   - emotionale Betroffenheit der Beteiligten (u. a.)

   Der Beobachtende kontrolliert auch die zeitliche Vorgabe und beendet gegebenenfalls das Übungsgespräch.
5. Die Aufgabe von TN 4 ist es, die Szene zu filmen und die Datei zu sichern.
6. Die Rollen werden getauscht, weitere Übungsgespräche und Rollenspiele können geführt werden.
7. Auswertung: Die aufgezeichneten Elterngespräche werden dann in einer Gesprächsrunde betrachtet, besprochen und ausgewertet. Bei der Auswertung sollen die Beobachtungen aus Punkt 4 miteinbezogen werden.

Situation 1
Die Mutter M. kommt aus eigener Initiative zum Elterngespräch zur Fachkraft F. Sie bringt ihren Ärger vor, dass ihr Sohn S. schon mehrmals nicht zum Angebot mit der Praktikantin P. mitgehen durfte, während der befreundete Junge J. immer dabei sein konnte. Sie deutet an, dass ihr Junge wohl weniger beliebt sei bei der Praktikantin, eventuell auch bei der Fachkraft.

Situation 2
Die Mutter M. kommt aus eigener Initiative zum Elterngespräch zur Fachkraft F. Sie möchte sich informieren, warum in der Kita noch nicht bilingual gearbeitet werde, während dies in der ortsansässigen konfessionellen Kita bereits seit 2 Jahren geschehe.

Situation 3
Die Mutter M. fordert ganz spontan ein Elterngespräch mit der Fachkraft F. ein, sie möchte sich beschweren über die „unhaltbaren Zustände" in der Kita:
Die Kinder spielten fast den ganzen Vormittag im Gruppenzimmer, während die Fachkräfte andere Sachen vorbereiten. Die Pädagogen seien zwar anwesend, aber die Kinder spielten meist „nur so für sich allein".

Situation 4
Die Fachkraft F. bittet die alleinerziehende Mutter M. schon zum zweiten Mal zum Elterngespräch. Hintergrund: Die Kindergartenbeiträge sind seit mehreren Monaten überfällig.

Situation 5
Das Mädchen A. wird heute wiederholt zu spät abgeholt. Die Zweitkraft Z. kann ihre Mittagspause erneut nur verkürzt wahrnehmen und das schon zum zweiten Mal in einer Woche. Sie bittet die berufstätige Mutter M. beim Abholen zum Gespräch.

Situation 6
Das Vorschulkind V. hat noch immer Probleme mit dem Sprechen. Er stottert, wenn er vor mehreren Kindern sprechen soll. Die Fachkraft F. hat die Eltern wiederholt gebeten, mit dem Jungen eine Logopädin aufzusuchen, um eine Klärung des Problems noch vor Schuleintritt zu erreichen. Bislang haben sich die Eltern dafür keine Zeit genommen und verschieben eine Terminierung seit Monaten.

Situation 7
Der Vater V. ersucht beim Abholen von Sohn S. die Fachkraft F. um ein Gespräch in Ruhe. Auf Nachfrage erklärt er, genauere Informationen zur Umsetzung des Bildungsplans in der Kita-Arbeit bekommen zu wollen. Der Gesprächstermin wurde daraufhin vereinbart.

Situation 8
Der Elternvertreter E. kommt aus eigener Initiative zum Elterngespräch zur Fachkraft F. Er fordert verlängerte Öffnungszeiten am Morgen und auch am späteren Nachmittag ein, weil er und seine Frau ungünstige Arbeitszeiten haben. Im Übrigen sei das auch ein Anliegen mehrerer Eltern in der Gruppe.

Situation 9
Im Elterngespräch beklagt sich die Mutter M., dass sie sich mit der Mitarbeit im Kindergartenbeirat, im Kirchenbeirat, im Gemeinderat und beim Sportverein überfordert fühle. Sie möchte gern, dass andere Eltern sich mehr einbringen in der Kita, sie selbst sei ja auch noch berufstätig. Die konkrete Bitte an die Fachkraft F. ist, sie möge andere Elternteile ansprechen.

Situation 10
Die Fachkraft F. bittet den Vater des Kindes K. zum Elterngespräch, weil dieses im Kindergarten oft sehr müde ist. Bei genauerem Nachfragen und durch die Erzählungen des Kindes wurde klar, dass K. viel Zeit bei anderen Familien in der Nachbarschaft verbringt. Häufig wird das Kind abends und nachts von den schon recht gebrechlichen Großeltern betreut, wenn der Vater Nachtschicht hat. Dort darf K. viel fernsehen.

Öffentlichkeitsarbeit

11. Die Kita als Teil des Sozialraums

11.1 Welche Ziele strebt Öffentlichkeitsarbeit in sozialpädagogischen Einrichtungen an? Nennen Sie Möglichkeiten der Umsetzung.

11.2 Erläutern Sie, wie Sie eventuellen Vorbehalten anderer sozialpädagogischer Fachkräfte gegenüber Öffentlichkeitsarbeit begegnen können.

11.3 Studieren Sie mindestens 2 Internetauftritte örtlicher Kitas und vergleichen Sie diese schriftlich. Was gefällt Ihnen gut, was weniger? Begründen Sie fachlich.

12. Wählen Sie *eine* Form der Öffentlichkeitsarbeit und entwickeln Sie ein konkretes Beispiel für die praktische Umsetzung in einer Kita.

13. Entwerfen Sie ein Einladungsplakat zum Tag der offenen Tür einer Kita.

13 Zusammenarbeit mit anderen Einrichtungen und Qualitätssicherung

Qualität durch Kooperation

PRAXIS

1. Die Kita im Sozialraum: Führen Sie eine Sozialraumanalyse durch. Gehen Sie dabei sowohl auf die Einflussfaktoren auf die Kita als auch auf Beeinflussung durch die Kita ein (s. Abb.).

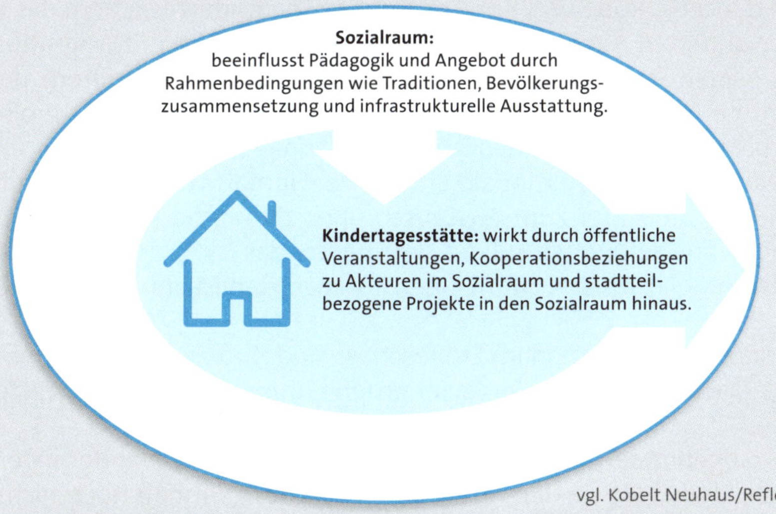

vgl. Kobelt Neuhaus/Refle, 2013

Die Wirkung von Sozialraum und Kindertagesstätte aufeinander

2. Kooperationen sichern Qualität

2.1 Suchen Sie das Gespräch mit Ihrer Anleiterin und finden Sie gemeinsam heraus, welche Aufgaben mit den Ihnen anvertrauten Kindern in andere Hände als die von Erzieherinnen gehören.

2.2 Legen Sie mittels eines Schaubilds (ähnlich der Abb. unter 2.3) dar, mit welchen Einrichtungen Ihre Praxisstelle zusammenarbeitet.

2.3 Finden Sie weitere Angebote, die im Einzugsgebiet der Praxisstätte vorhanden sind, und ergänzen bzw. kennzeichnen Sie solche im Schaubild dementsprechend.
Nutzen Sie die folgende Abbildung zur Unterstützung Ihrer Recherche.

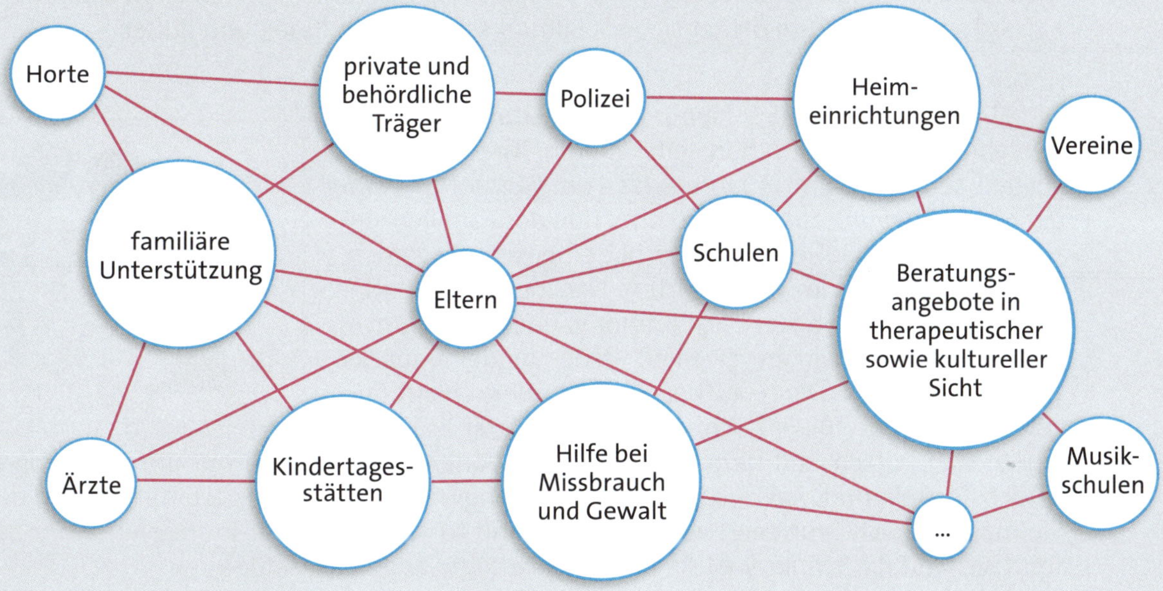

Prüfung

3. Rahmenbedingungen

Das *Familienzentrum Kindervilla Kunterbunt* folgt den Grundsätzen des „Early-Excellence-Konzepts". Das Konzept wurde vor über 20 Jahren in Großbritannien von Margy Whalley entwickelt. Ihre Überzeugung ist: „Eltern und Erzieher müssen eng zusammenarbeiten, um den Kindern den bestmöglichen Start zu bieten."
Die „Kindervilla" war vorher eine normale „Kita Kunterbunt". Die Einrichtung hat sich auf den Weg gemacht, sich entsprechend des „Early-Excellence-Konzepts" zertifizieren zu lassen, um dem Wandel der Familie in unserer Gesellschaft und damit auch in ihrem Umfeld gerechter zu werden.
Angeboten werden 3 altersspezifische Gruppen: Hort (in Zusammenarbeit mit den Grundschulen des Stadtteils), Kindergartengruppe und Krippengruppe. Der Stadtteil, in dem das Familienzentrum liegt, hat unter anderem einen großen Anteil von Menschen mit Migrationshintergrund, mittlerweile aus vielen verschiedenen Ländern und Kulturen. Die Eltern der Kinder kämpfen um eine geeignete Arbeit und damit finanzielle Absicherung ihrer oft großen Familien; auch haben sie noch Probleme, sich sprachlich zu verständigen.
Ein Angebot der *Kindervilla* ist das internationale Elterncafé. Einmal wöchentlich am Nachmittag treffen sich dort Mütter und Väter zum Austausch über alltägliche Fragen und erzieherische Probleme. Zwei Frauen aus dem Vorstand des Vereins, der das Familienzentrum trägt, sind dann dort Gastgeber. Sie ermöglichen den Eltern einen entspannten Nachmittag, die Kinderbetreuung ist gesichert.
Ebenfalls in den schön renovierten Räumen im Erdgeschoss findet monatlich ein Elterntreff für Kindergarteneltern statt. Die Eltern der Kindergartengruppe organisieren dieses Treffen eigenverantwortlich.
Die Kinder sind teilweise eingebunden, z. B. bei gemeinsamen Ausflügen, Wanderungen – lieber würden sie im Garten der *Kindervilla* spielen, aber der ist seit dem Umbau noch nicht wiederhergestellt.
Regelmäßig finden im Foyer, dem größten Raum des Hauses, Vorträge zu meist pädagogischen Themen statt, so demnächst „Kinder, Küche, Karriere – die Alles-ist-möglich-Lüge". Damit versucht die Leiterin der *Kindervilla*, den Eltern Hilfestellungen anzubieten, die es nach wie vor schwer haben, Familie und Beruf zu vereinbaren.
Mit der Zertifizierung des Familienzentrums agieren alle Mitarbeitenden auf der Basis der 3 „Early-Excellence"-Prinzipien:

- Jedes Kind ist exzellent und es steht mit seinen Stärken und Kompetenzen im Mittelpunkt der pädagogischen Arbeit.
- Eltern sind die Experten ihrer Kinder und sie werden deshalb in die Bildungsprozesse ihrer Kinder einbezogen und arbeiten mit den erzieherischen Fachkräften eng zusammen.
- Das Familienzentrum öffnet sich als Bildungsstätte nach innen und außen.

Anton und Sofie

Die Eltern von Anton (5;9 Jahre) und die Eltern von Sofie (6;1 Jahre) kennen sich schon seit 3 Jahren. Ihre Kinder besuchen seit insgesamt 4 Jahren das *Familienzentrum Kindervilla Kunterbunt*, zuerst deren Kita, nun das Familienzentrum allgemein. Sofie soll im Herbst eingeschult werden, Anton bleibt noch im Kindergarten. Darüber sind die Kinder traurig. Anton weigert sich immer wieder an Bildungsangeboten mitzuwirken. Er spielt lieber in der Bauecke oder im Turnraum: Dann läuft er, klettert oder schlägt Purzelbäume. Bei der Bilderbuchbetrachtung kitzelt er Kinder neben sich, rutscht auf dem Stuhl oder am Boden, beteiligt sich nur auf Nachfrage am Gespräch. Basteln und Malen, sagt er, fände er langweilig. Er möchte gern mit Sofie in die Schule. Sie mag ihn auch sehr, zeigt aber schon ab und zu Ärger, wenn er immer hinter ihr her ist. Sie freut sich auf die Schule, weil sie Kita, wie sie sagt, langweilig findet.

Zahlreiche Aufgaben und Erfahrungen in diesen Jahren haben die Eltern beider Kinder zusammenrücken lassen: Die Eröffnung einer Krippengruppe war lange umstritten in der Elternschaft, der Umbau des Familienzentrums war manchmal recht anstrengend, auch weil die Finanzierung lange nicht gesichert war. Jetzt unterstützen die Eltern die Zertifizierung der Einrichtung nach dem „Early-Excellence-Konzept“. Ihre Überzeugung ist, dass Familien den Herausforderungen, die gesellschaftliche Veränderungen mit sich bringen, kaum noch gewachsen seien und daher der Unterstützung vernetzter Einrichtungen bedürfen.
Antons Mutter ist als Sozialpädagogin im Familienzentrum sehr engagiert: Sie arbeitet oft ehrenamtlich im internationalen Elterncafé, bietet dort auch Veranstaltungen zu pädagogischen Inhalten an. Antons Vater leitet die Finanzgruppe des Vereins. Die Mutter von Sofie ist im Vorstand des Trägervereins. Beide Familien sind häufig Initiatoren von gemeinsamen Veranstaltungen für die Kindergarteneltern. Der Übergang vom Familienzentrum in die Schule geht ihnen durch den Kopf. Wie werden beide Kinder damit umgehen?

Bearbeiten Sie die Situation „Anton und Sofie“ mithilfe des Formulars „Bearbeitung einer beruflichen Handlungssituation“ von S. 13 ff.

3.1 Transitionen stehen an: Welche Ebenen der Veränderung sehen Sie und wie können Sie Kinder und Eltern gut begleiten?

3.2 Bereiten Sie im Team ein Gespräch mit Antons Mutter vor, in dem Sie mit ihr absprechen, welche Veranstaltungen im nächsten Quartal im Elterncafé wünschenswert sind – sammeln Sie Ideen.

3.3 Welche Ideen, Wünsche, Vorstellungen haben Sie für die Bildungspartnerschaft zwischen Familienzentrum und Kindergarteneltern? Formulieren Sie diese in einem Gespräch mit den engagierten Eltern. Führen Sie das Gespräch als Rollenspiel in der Zweiergruppe.

3.4 Die Mutter von Sofie ist im Vorstand des Trägervereins. Führen Sie ein Informationsgespräch mit ihr:
- Stellen Sie einen Zusammenhang her zwischen dem gesellschaftlichen Wandel der Familie und den Leistungen eines Familienzentrums.
- Erläutern Sie ihr die Grundprinzipien des „Early-Excellence-Konzepts“ nach Margy Whalley.
- Erläutern Sie ihr die Vorzüge einer Zertifizierung nach diesem Konzept.

3.5 Erarbeiten Sie verschiedene Möglichkeiten von Öffentlichkeitsarbeit im Hinblick auf die Etablierung Ihrer Einrichtung im Stadtviertel. Achten Sie dabei auf die Partizipation der Elternschaft.

3.6 Welche Vernetzungen planen Sie in naher Zukunft mit Institutionen im Umfeld Ihres Familienzentrums? Recherchieren Sie vorab im Internet, welche Möglichkeiten andere Familienzentren nutzen.

Qualitätssicherung

Praxis

4. Standards überprüfen

4.1 Finden Sie heraus, wie oft die Qualität in Ihrer Praxisstätte überprüft wird und welche Kriterien angelegt werden.

4.2 Erstellen Sie eine Checkliste zur Qualitätssicherung in einem frei gewählten sozialpädagogischen Bereich der Praxisstätte. Gehen Sie dabei auf die Aspekte der folgenden Abbildung ein.

Qualitätssicherung

reaktiv	**aktiv**
▪ Beschwerden nachgehen ▪ fehlende Nachfrage aufgreifen ▪ schlechte Evaluationswerte verbessern	▪ systematisch Qualitätsfelder angehen

(vgl. Meier, 2005)

Die Qualität verbessern

PRAXIS

5. Die pädagogische Qualität in Tageseinrichtungen für Kinder hat viele Bereiche.

5.1 Benennen Sie zentrale Qualitätsbereiche schriftlich auf kleinen Kärtchen.

5.2 Ordnen Sie diese hierarchisch entsprechend Ihrer persönlichen Einschätzung auf einer horizontalen Linie und diskutieren Sie im Team darüber.

5.3 Informieren Sie sich über die Umsetzung der Leitgesichtspunkte in den Qualitätsbereichen pädagogischer Arbeit an Ihrer Praxisstelle. Reflektieren Sie Möglichkeiten der Qualitätssicherung im Gespräch mit der Anleiterin.

6. Die Qualität einer Kindertagestätte geht u. a. einher mit den fachlichen, sozialen und personalen Kompetenzen ihrer Mitarbeitenden. Ordnen Sie zentrale Kompetenzen tabellarisch:

Kompetenzen	
fachlich	
sozial	
personal	

Die eigene professionelle Arbeit

7. Hohe emotionale Belastung führt im Einsatz für andere Menschen nicht selten zur emotionalen Erschöpfung. Stress, mangelnde Wertschätzung, langfristige Enttäuschungen u. Ä. können zu Burn-out und anderen gesundheitlichen Beeinträchtigungen von Mitarbeitenden führen und damit die Qualität der pädagogischen Arbeit beeinträchtigen.

7.1 Welche Ursachen von Stress sind Ihnen bekannt? Ordnen Sie diese in einer persönlichen Hierarchie: Welche Stressoren könnten auf mich zutreffen?

Persönliche Stressoren-Rangliste	
1.	
2.	
3.	
4.	

7.2 Benennen Sie Strategien zur Stressbewältigung und überlegen Sie konkret persönliche Möglichkeiten der Umsetzung.

13

8. Work-Life-Balance bedeutet, dass in diesen Bereichen (s. Abb.) eine Ausgewogenheit von Arbeit und Privatleben herrschen sollte:
Überlegen Sie für sich, wie Sie persönlich die 5 Säulen für Ihr berufliches Leben und Ihre Gesundheit nutzen können, und schreiben Sie Ihre Ideen zwischen die Säulen.

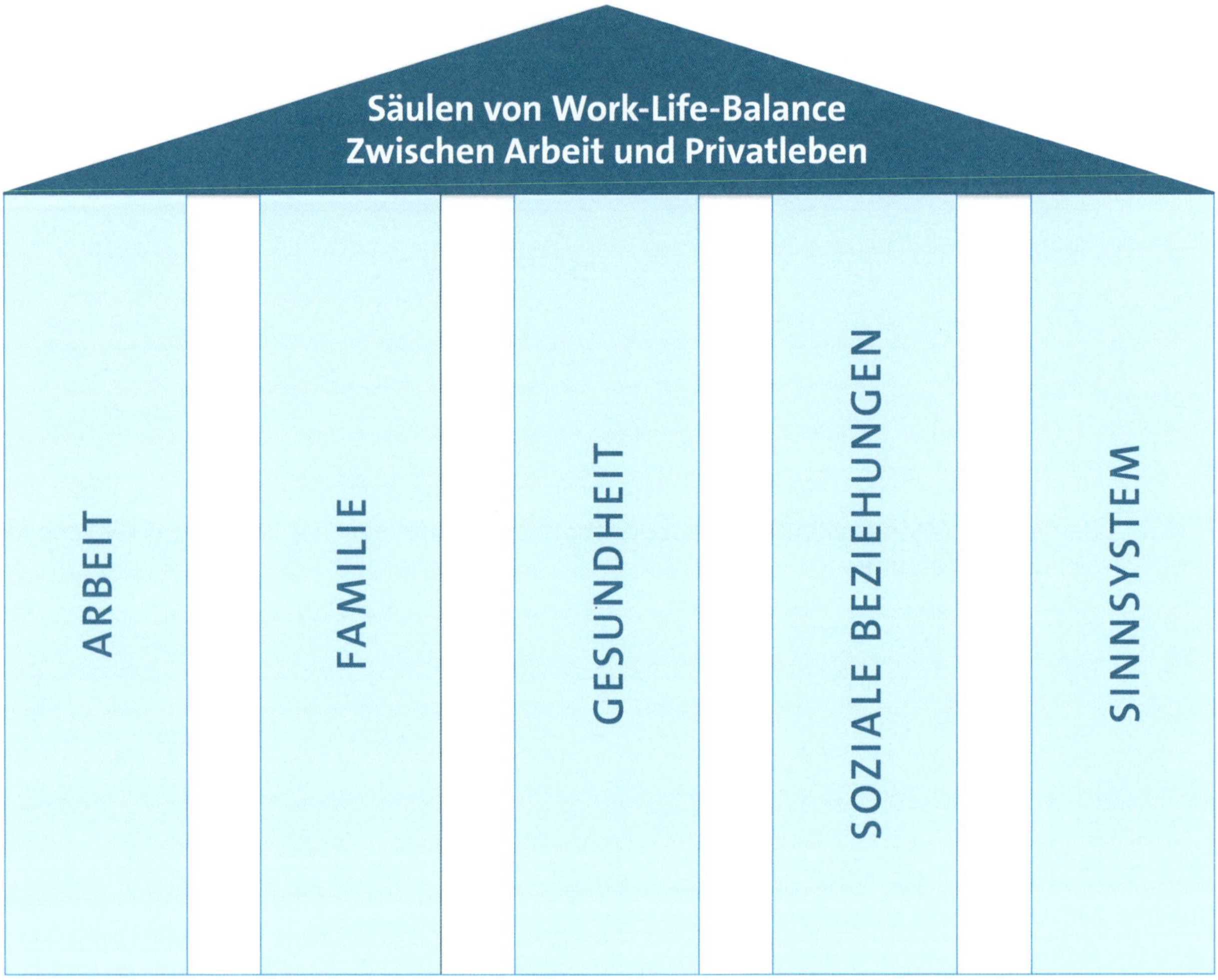

9. Wie können Sie folgende Punkte verbessern?

Ihr persönliches Zeitmanagement

Ihre persönliche Arbeitsorganisation

10. Kooperationen, die entlasten: Vervollständigen Sie die Schaubilder bezüglich der Unterstützung, die Sie durch Kooperation erhalten.

10.1 Teamarbeit hilft mir dabei ...

Teamarbeit

10.2 Supervision hilft mir dabei ...

Supervision

10.3 Externe Kooperationen helfen mir dabei ...

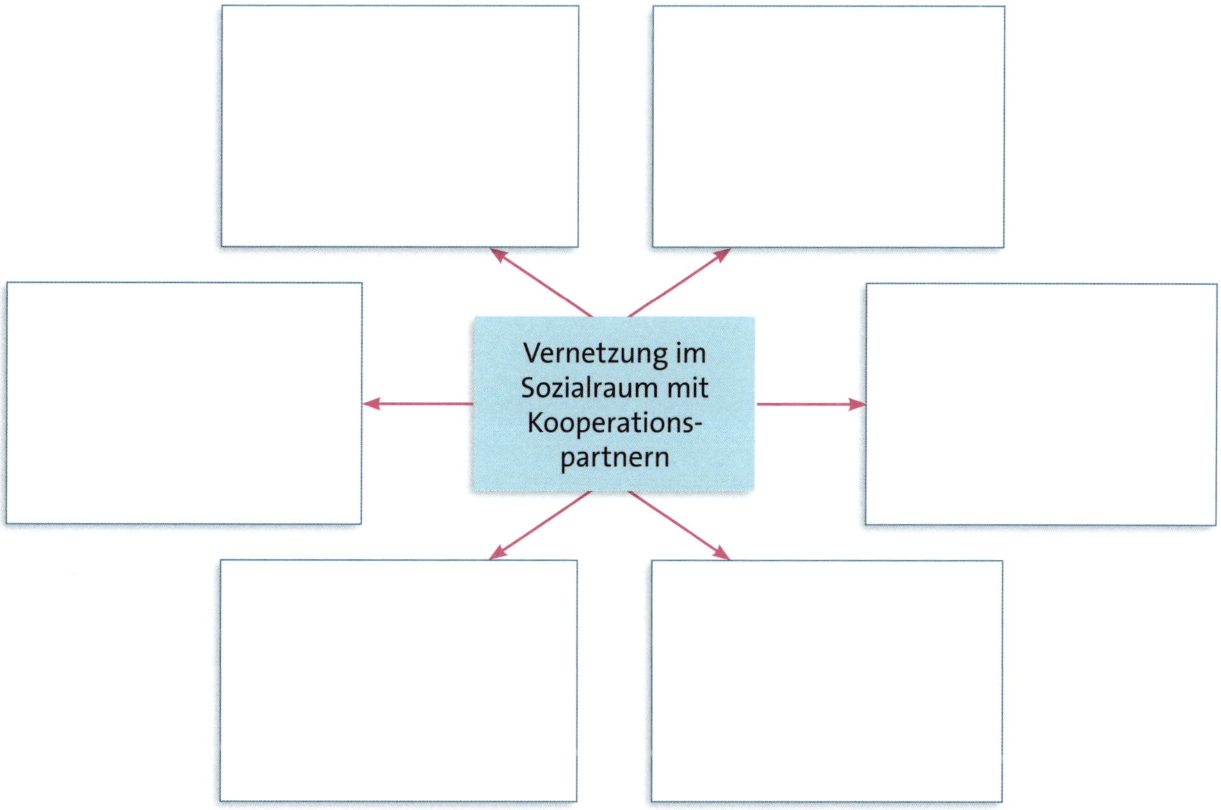

14 Rechtliche Grundlagen des Berufsfelds

1. Grundrechte im Berufsfeld

1.1 Diskutieren Sie schriftlich, welche Grundrechte in Ihrem Arbeitsfeld besonders wichtig sind.

1.2 Überlegen Sie sich Beispiele für die Verletzung von Grundrechten in der Familie.

2. Spezifische Gesetze im sozialpädagogischen Berufsfeld: Informieren Sie sich über

2.1 die Inhalte des Kinder- und Jugendhilfegesetzes von 1990 (KJHG bzw. SGB VIII) sowie

2.2 das 2000 in Kraft getretene Gesetz zur Ächtung der Gewalt in der Erziehung.

3. Beschreiben Sie 2 konkrete Beispiele für Leistungen nach § 2 Abs. 2 SGB VIII. Nutzen Sie dazu die folgende Abbildung.

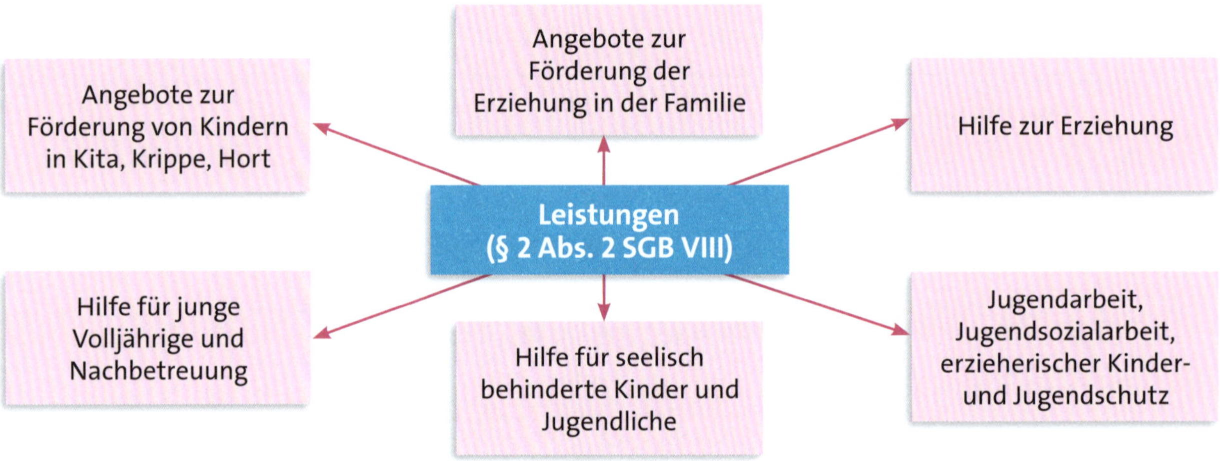

4. Folgende Abbildung stellt die Inhalte der Kindertagesstättengesetze (Ländergesetze) heraus. Entwickeln Sie jeweils ein Beispiel pro Inhaltsaspekt und bewerten Sie dessen Relevanz im Praxisalltag.

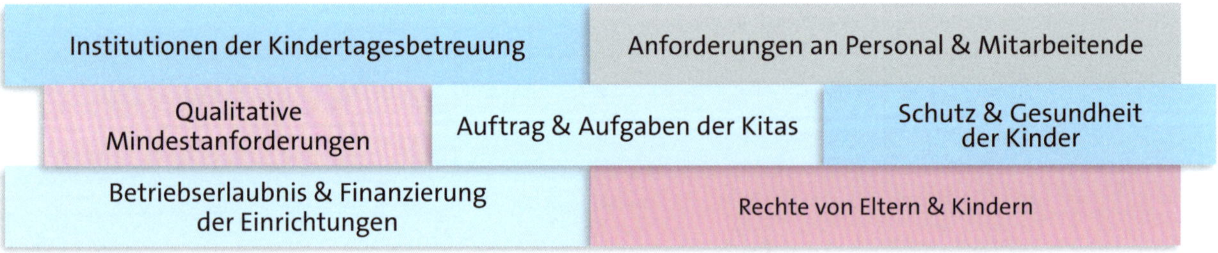

Kindertagesstättengesetze

5. **FALLBEISPIEL 1** Bastian (5;3 Jahre) hat entgegen der abgesprochenen „Aufräumregel" die Bauecke nach dem Spielen unordentlich verlassen. Erzieherin Susanne bestraft ihn dafür, indem er das Mittagessen alleine an einem gesonderten Tisch mit dem Rücken zu den anderen Kindern mit Verzicht auf den Nachtisch einnehmen muss.

FALLBEISPIEL 2 Anton (4;3 Jahre) wird an einem kühlen Herbsttag gegen 11 Uhr von der Nachbarin auf der Treppenstufe vor der Haustür der elterlichen Wohnung sitzend gefunden. Auf ihr Nachfragen erklärt der Junge, dass er aus dem Kindergarten weggelaufen sei, da er dort immer Ärger bekommen würde und heute sogar alleine vor dem Gruppenraum hätte sitzen müssen, während die anderen Kinder zusammen spielen durften.

Diskutieren Sie mit Ihrem Praxisanleitenden, welche Rechtsverletzungen hier zu erkennen sind. Entwickeln Sie jeweils Handlungsalternativen, die im gesetzlichen Rahmen liegen.

6. Beschreiben Sie anhand der folgenden Abbildung ein reales oder fiktives Beispiel, beginnend bei den Anhaltspunkten bis zur Planung geeigneter Hilfemaßnahmen durch das Jugendamt. Fragen Sie ggf. in Ihrer Praxisstelle nach.

Möglicher Verfahrensablauf bei Kindeswohlgefährdung

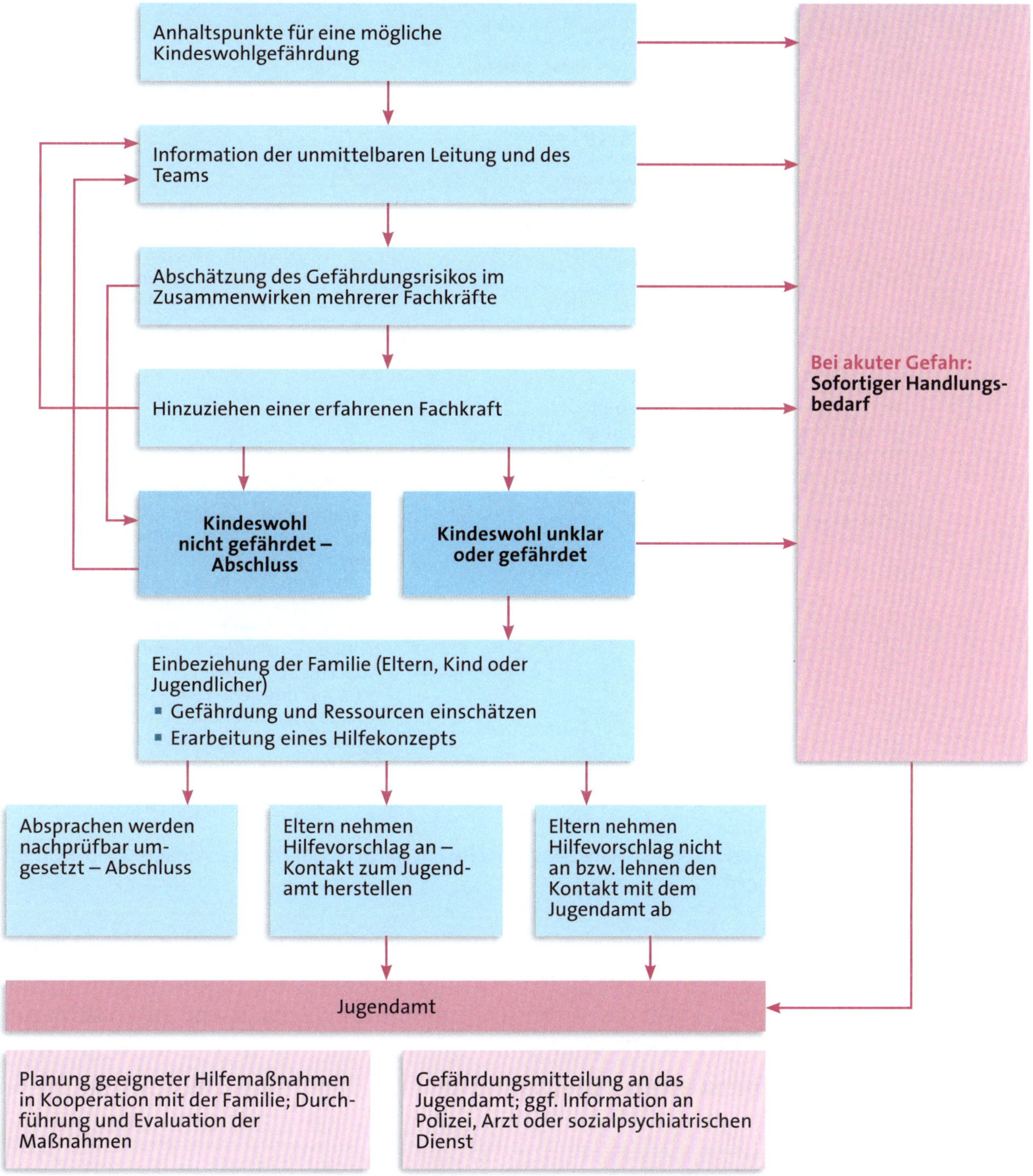

7. Im Spannungsfeld von Verantwortung übernehmen und Freiraum gewähren: die Aufsichtspflicht

7.1 Welche Kriterien leiten Sie bei der Ausführung Ihrer Aufsichtspflicht?

7.2 Erläutern Sie die Formen der Aufsichtsführung in ihrer Viererfolge (s. Abb.), an einem konkreten Beispiel aus der sozialpädagogischen Praxis. Gehen Sie auch darauf ein, weshalb der Ausschluss von einer Maßnahme als „letztes Mittel“ gilt.

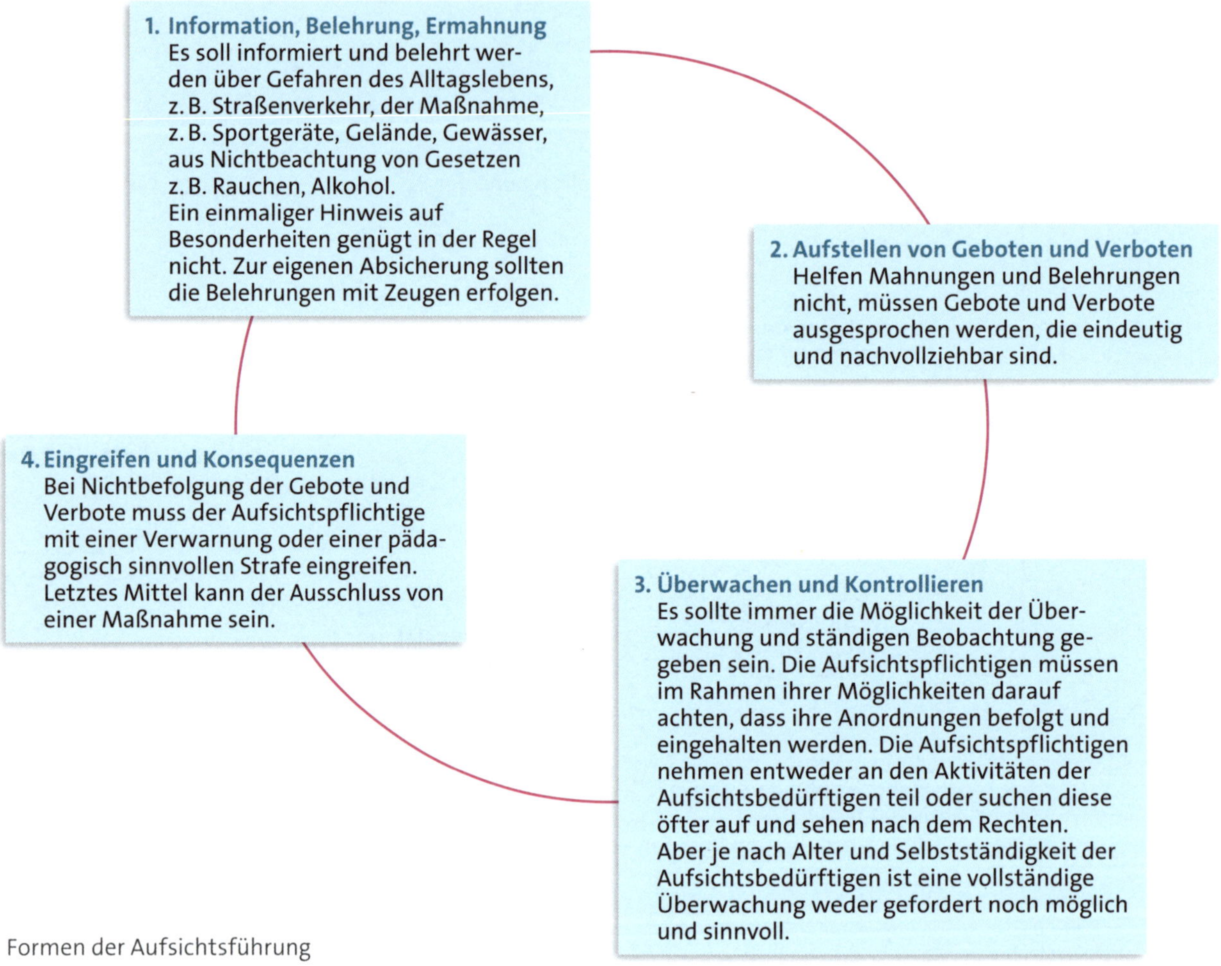

Formen der Aufsichtsführung

7.3 Mit welchen Folgen haben sozialpädagogische Fachkräfte bei nachgewiesener Aufsichtspflichtverletzung zu rechnen?

8. Recherchieren Sie zu den folgenden arbeitsrechtlichen Fragestellungen und legen Ihre Ergebnisse übersichtlich in Ihrem Lerntagebuch/Portfolio ab:

8.1 Welche Regelungen enthält das Mutterschutzgesetz für werdende und stillende Mütter? Welche sind in der Sozialassistenz von Bedeutung?

8.2 Wie kann ein Arbeitsverhältnis beendet werden? Überlegen Sie sich Beispiele für die verschiedenen Varianten.

8.3 Zwischen welchen Zeugnisarten kann ein Arbeitnehmer wählen?

8.4 Welche Arten von Tarifverträgen kennen Sie?

8.5 Welche Rechte der Mitwirkung und Mitbestimmung haben Sie als Arbeitnehmer/-in?

8.6 Welche Aufgaben hat ein Betriebsrat und welche Rechte hat er?

9. Kinderrechte

9.1 Welche Rechte haben Kinder laut UN-Kinderrechtskonvention? Vergleichen Sie mit denen in der obigen Abbildung.

9.2 Finden Sie konkrete Maßnahmen zur Umsetzung dieser Rechte an Ihrer Praxisstelle.

9.3 Lesen und informieren Sie sich im Internet über die „ursprünglichen Kinderrechte" von Gianfranco Zavalloni:

Das Recht auf
Nuancen: Das Recht, den Sonnenaufgang und den Sonnenuntergang zu sehen und nachts den Mond und die Sterne zu bewundern.
Gerüche: Die Freude an Gerüchen zu spüren und die Düfte der Natur kennenzulernen.
Stille: Das Recht, zu hören, wie der Wind bläst, die Vögel singen und das Wasser rauscht.
Wildnis: Das Recht auf einen Unterschlupf im Wald, aufs Versteckspiel zwischen Schilfrohren und darauf, auf Bäume zu klettern.
sich schmutzig zu machen: Das Recht, mit Sand, Erde, Gras, Blättern, Kiesel und kleinen Zweigen zu spielen.
die Straße: Das Recht, frei draußen zu spielen und draußen auf der Straße herumzulaufen.
einen gesunden Anfang: Das Recht auf gesunde Lebensmittel von Geburt an; das Recht, frisches Wasser zu trinken und saubere Luft zu atmen.
die Hände zu benutzen: Das Recht, einen Nagel einzuschlagen, Holz zu sägen und zu feilen, Sandpapier zu verwenden, zu kleben, Ton zu formen, Seile zusammenzubinden und ein Feuer zu entfachen.
Dialoge: Das Recht, zuzuhören, und die Möglichkeit, zu sprechen.
Muße: Das Recht auf Zeiträume, die nicht von Erwachsenen verplant werden.

Was bedeuten sie Ihnen und wie können Sie diese in Ihrem sozialpädagogischen Alltag umsetzen? Geben Sie konkrete Beispiele.

9.4 Anfang der 1920er-Jahre schrieb der polnische Kinderarzt und Pädagoge Janusz Korczak in seiner „Magna Charta Libertatis" das Recht der Kinder auf eine uneingeschränkte Achtung ihrer Persönlichkeit als Grundlage sämtlicher Kinderrechte fest. Informieren Sie sich über die Grundlagen seiner Pädagogik (vgl. Kap. 6).

9.5 Recherchieren Sie den Art. 24 der Behindertenrechtskonvention von 2006 (in Deutschland seit 2009 in Kraft) bezüglich der Teilhabe von Menschen mit Behinderung an Bildung. Welche Konsequenzen sehen Sie für die Arbeit in sozialpädagogischen Einrichtungen?

PRAXIS

10. **FALLBEISPIEL** Sozialassistentin Paula zerstört aus Unachtsamkeit in der Kita ein teures Gerät.

Fragen Sie in der Praxisstätte nach, unter welchen Voraussetzungen ihr Arbeitgeber den Ersatz des Geräts von Paula verlangen kann.

11. **FALLBEISPIEL** Der Träger einer Kita weist die Mitarbeitenden an, während der Arbeit keinen Schmuck, insbesondere keine Ohrringe und Piercings zu tragen. Er begründet dies mit einer erhöhten Verletzungsgefahr.

Diskutieren Sie die Rechtmäßigkeit dieser Anweisung in Bezug auf die folgende Abbildung.

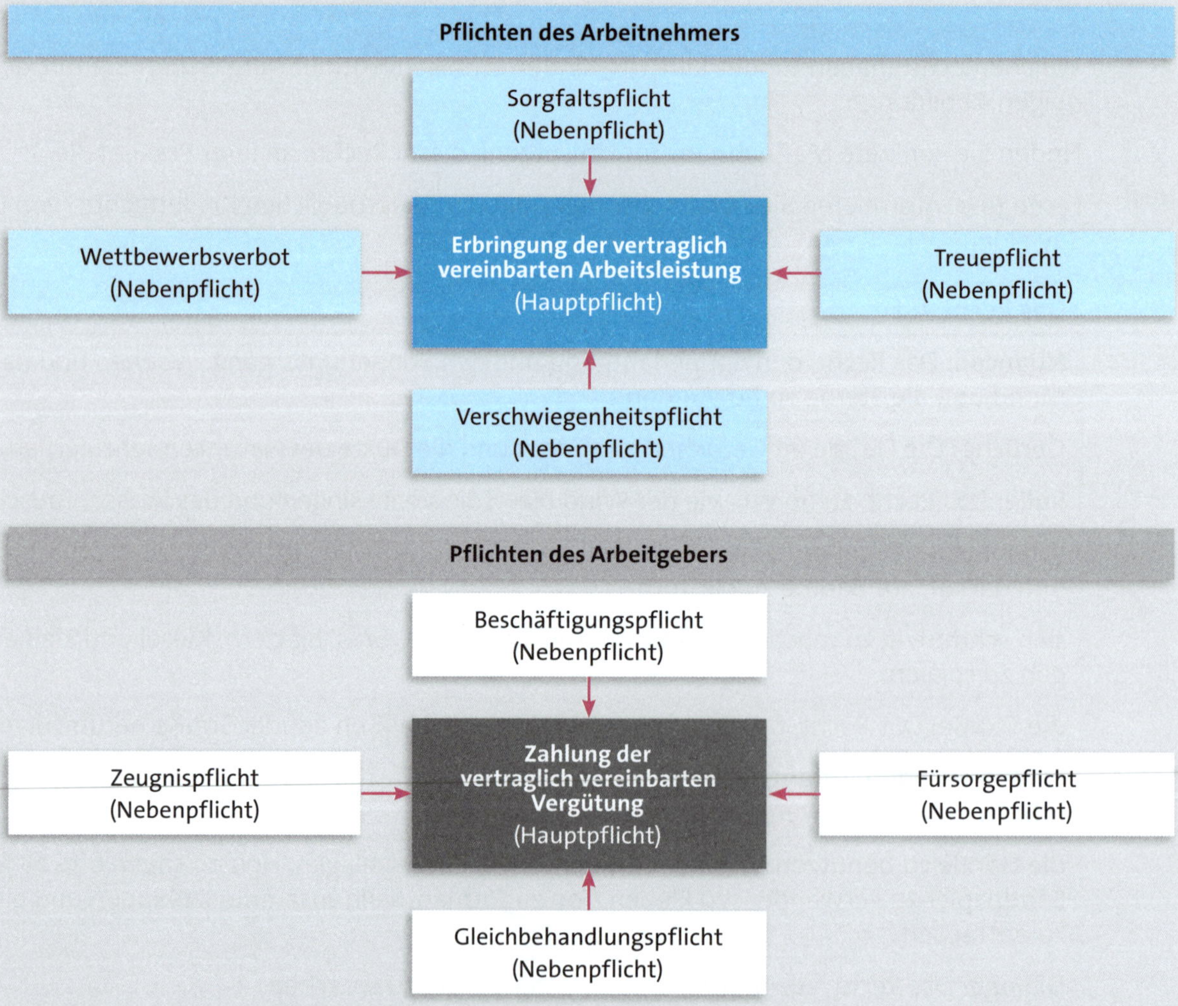

Pflichten aus dem Arbeitsvertrag

12. Begriffekarte Rechtliche Grundlagen
Lesen Sie die Begriffekarte für sich. Versehen Sie die Begriffe, die Sie erläutern können, mit einem grünen Haken.
Tauschen Sie sich über nicht abgehakte Begriffe zu zweit oder im Team aus. Noch keine Klarheit? Recherchieren Sie in der Fachliteratur oder in digitalen Medien.

Aufsichtspflicht	**Erforderlichkeits-gebot**	**Personensorge-berechtigter**	**Träger**
Schutzauftrag	**KIND**	**Elterliche Sorge**	**Betreuungsvertrag**
Bring- und Abhol-pflicht	**Sozialdaten**	**?**	**JUGENDLICHER**
JUNGER VOLLJÄHRIGER	**Ersterhebungsgebot**	**Erziehungs-berechtigter**	**Transparenzgebot**
Schweigepflicht	**Fahrlässigkeit**	**Umgangsrecht**	**Hilfe zur Erziehung**
UN-BRK	**Befristung im Arbeits-verhältnis**	**Mutterschutzgesetz**	**Mitwirkungsrecht**

14

15 Gruppe und Team

Praxis

1. Regeln regeln das Zusammensein

1.1 Beobachten und beschreiben Sie, welche festgesetzten und unausgesprochenen Normen und Regeln es in Ihrer Kindergartengruppe gibt. Unterscheiden Sie entsprechend der nachfolgenden Abbildung.

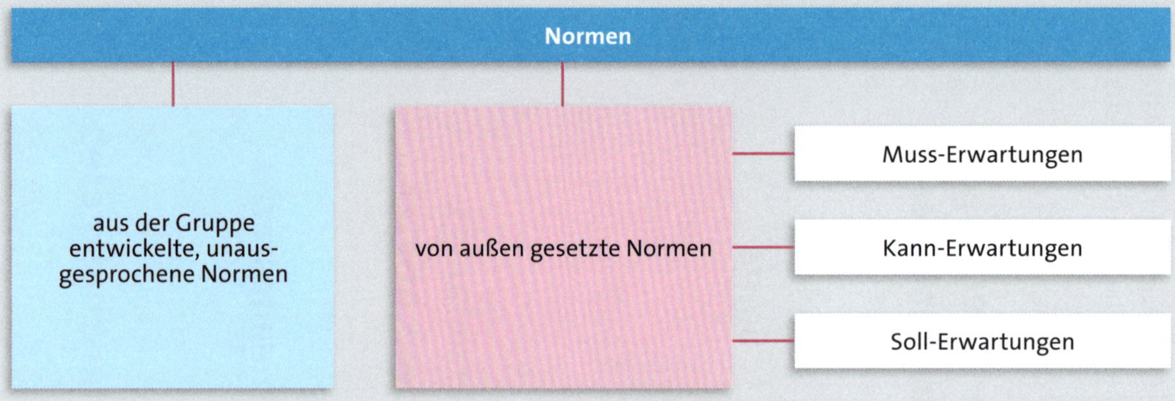

1.2 Erläutern Sie nach Rücksprache mit Ihrer Anleitung bezugnehmend auf unterschiedliche Kinder, was geschieht, wenn diese Normen nicht eingehalten werden.

1.3 Recherchieren Sie, wie die Regeln zustande gekommen sind. Wer hat sie festgeschrieben?

1.4 Legen Sie dar, wie man zusammen mit Kindern Regeln entwickeln kann.

2. Soziale Rollen erleichtern gegenseitige Erwartungen innerhalb einer Gruppe.

2.1 Stellen Sie für sich selbst fest, welche sozialen Rollen Sie zurzeit einnehmen.

2.2 Überlegen Sie schriftlich, welche sozialen Rollen im beruflichen Kontext am häufigsten von Ihnen erwartet werden und wie Sie diese ausfüllen.

2.3 Stellen Sie durch Selbstreflexion fest, wann Sie eine negative Sanktion erfahren haben, weil Sie eine Verhaltenserwartung nicht einhielten. Klären Sie, wie Sie und wie Ihr Gegenüber die soziale Rolle verstanden haben.

2.4 Die Etikettierung in Quasirollen in einer Gruppe (Clown, Anführer u. a.) hat Licht- und Schattenseiten: Legen Sie dar, wann diese Etikettierung hilfreich und wann sie problematisch ist.

Praxis

3. Gruppen entwickeln sich in bestimmten Phasen.

3.1 Beobachten Sie in nächster Zeit Ihre Gruppe in der Praxisstelle und halten Sie fest, wo Ihre Gruppe bezüglich der Gruppenphasen nach Bernstein/Lowy steht. Begründen Sie Ihre Einschätzung fachlich.

3.2 Tauschen Sie sich im Anschluss mit Ihrer Anleitung über Ihre Gruppenbeobachtung aus. Klären Sie Ziele für die Gruppe und erstellen Sie eine Mindmap mit Maßnahmen zum Erreichen dieser Ziele.

3.3 Beschreiben Sie mithilfe der Abbildung, welche Relevanz den einzelnen gruppenpädagogischen Prinzipien im Praxisalltag zukommt. Ziehen Sie ein Fazit aus Ihren Erkenntnissen.

Gruppenpädagogische Prinzipien					
individualisieren	anfangen, wo die Gruppe steht	mit den Stärken arbeiten	sich entbehrlich machen	helfen durch Programmgestaltung	erzieherisch richtige Grenzen setzen

3.4 Analysieren Sie Ihre momentane Klassensituation anhand des Modells der Gruppenphasen nach Bernstein/Lowy. Welchen Wert für die Klassensituation hat Ihre Erkenntnis konkret?

3.5 Erstellen Sie eine Liste mit Vorschlägen zur Weiterentwicklung des Gruppenprozesses bzw. zur Beibehaltung der optimalen Situation der Klasse.

Die Arbeit im Team

4. **FALLBEISPIEL** An ihrem ersten Praktikumstag wird Roja sehr freundlich von der Leiterin des Kindergartens mit folgenden Informationen empfangen: „Bei uns findet jeden Tag ein kurzer Austausch über unsere Arbeit und wöchentlich ein mehrstündiges Teamgespräch statt. Wir legen viel Wert auf gegenseitige Informationen, gemeinsame Vorbereitungen von Projekten und die Reflexion unserer pädagogischen Arbeit. Durch diese enge Zusammenarbeit ist es uns möglich, die Fähigkeiten aller Mitarbeitenden optimal zu nutzen und neue Ideen in der täglichen Arbeit umzusetzen. Also, herzlich willkommen im Team."

4.1 Versetzen Sie sich in Rojas Lage. Wie wirkt die Aussage der Leiterin auf Sie?

4.2 Erläutern Sie, wodurch sich ein Team, z. B. ein Mitarbeiterteam im Kindergarten, von einer Gruppe wie Ihrer Klasse unterscheidet.

PRAXIS

4.3 Berichten Sie, wie Sie Teamarbeit in Ihrer Praktikumsstelle erlebt haben. Erläutern Sie positive und negative Aspekte, die Ihnen aufgefallen sind. Begründen Sie Ihre Einschätzungen.

4.4 Informieren Sie sich, was unter Teamfähigkeit verstanden wird. Welche Eigenschaften, Fähigkeiten, Fertigkeiten usw. zeichnen eine/n teamfähige/n Mitarbeiter/-in aus?

4.5 Welche Bedeutung hat Ihre Teamfähigkeit für die professionelle Arbeit?

5. Nehmen Sie vor dem Hintergrund Ihrer Kenntnisse zur Teamarbeit Stellung zu folgender Aussage: „Ein Team ist mehr als die Summe der Einzelnen."

6. Beschreiben Sie, unter welchen Voraussetzungen (Strukturen/Merkmale der Teamarbeit) ein Team tatsächlich als solches benannt werden darf.

7. Erläutern Sie anhand eines konkreten Beispiels, was unter einer „gelungenen Teambesprechung" zu verstehen ist. Gehen Sie dabei auf die einzelnen Aspekte der folgenden Abbildung ein.

Ich-Botschaften senden	Gegenseitiges Zuhören	Respekt zeigen	Aussprechen lassen	Details darlegen	Sachebene betonen	Deutliche Aussprache
Keine „Killerphrasen" verwenden, z. B.: „Das haben wir noch nie so gemacht."	Zielgerichtete Äußerungen	Angenehmer Gesprächsrahmen	Eigene Ideen einbringen			
Freiwilligkeit, sich zu äußern oder nicht	Kompromissbereitschaft zeigen	Positive Kritik üben, gute Leistungen loben	Eigene Körpersprache und die der Teilnehmer beachten und darauf reagieren			

Ausgewählte Kommunikationsregeln im Team

8. Beschreiben Sie Situationen, in welchen Sie Ziele im beruflichen Kontext durch Teamarbeit effizient erreichen konnten. Ziehen Sie Schlussfolgerungen für Ihre sozialpädagogische Arbeit.

9. Im Team arbeiten heißt oft reflektieren.

9.1 Beschreiben Sie, welche Methoden hierfür geeignet sind.

9.2 Erläutern Sie ein konstruktives Feedback.
[Hinweis: Weitere Aufgaben zum Thema Feedback finden Sie in Kap. 16.]

Konflikte und der Umgang damit

10. Konflikte und deren Ursachen

PRAXIS

10.1 Schildern Sie eine Konfliktsituation aus der sozialpädagogischen Praxis. Gehen Sie darauf ein, wie sie entstanden ist und welche Ursachen sie haben könnte. Nehmen Sie innerhalb Ihrer Schilderungen Bezug zu folgender Tabelle.

Der innere Konflikt
ist gekennzeichnet von einem Zwang, sich zwischen 2 oder mehreren Möglichkeiten entscheiden zu müssen. Er wird begleitet von innerer Unsicherheit, hohem Druck und starker Anspannung sowie Angst vor Versagen.
Der Beziehungskonflikt
zeichnet sich dadurch aus, dass die Beteiligten häufig unverhältnismäßig stark emotional reagieren, überreagieren und die Situation nur selektiv wahrnehmen.
Der Rollenkonflikt
entsteht dadurch, dass jemand unterschiedliche Rollen verkörpert und dementsprechend unterschiedliche Erwartungen an ihn gestellt werden.
Der Sachkonflikt
tritt immer dann auf, wenn sich 2 oder mehr Personen über verschiedene Problemlösungen auseinandersetzen und niemand von seiner Lösungsmöglichkeit ablässt.
Der Interessenkonflikt
besteht dann, wenn unterschiedliche Vorstellungen und Interessen aufeinandertreffen.
Der Wertekonflikt
tritt auf, wenn aufgrund unterschiedlicher Norm- und Wertvorstellungen Auseinandersetzungen entstehen.

10.2 Analysieren Sie durch Beobachtungen in der Praxiseinrichtung, ob es Ursachen für Konflikte gibt, die häufiger auftreten als andere.

10.3 Ziehen Sie aus Ihren Ergebnissen ein Fazit für Ihre professionelle Arbeit in der sozialpädagogischen Praxis.

11. Erklären Sie die Verschiedenheit der Auftretenswahrscheinlichkeit bestimmter Konfliktursachen mithilfe des Eisbergmodells (s. Abb.).

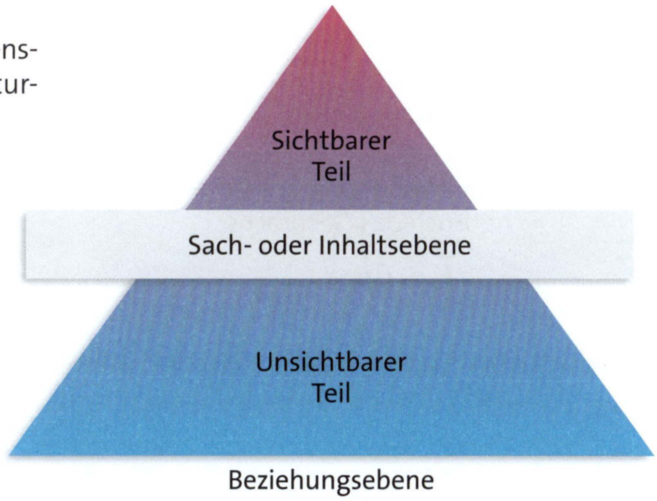

Das Eisbergmodell

12. Ordnen Sie begründet folgende Konflikte den verschiedenen Konfliktarten zu:

- Sie planen einen Ausflug mit Ihrer Kindergruppe. Sollen Sie mit dem Bus oder mit dem Zug fahren?

___

- An der letzten Teamsitzung konnten Sie nicht teilnehmen. Bei der nächsten Sitzung erfahren Sie, dass Ihre Kollegin Sie über wichtige Angelegenheiten nicht informiert hat.

___

- Als Sie nach längerer Abwesenheit wieder in Ihre Gruppe kommen, sind die Fenster mit „Schablonenarbeiten“ beklebt, was Sie stört.

___

13. Ein immer wiederkehrender Konflikt – verschiedene Lösungen

FALLBEISPIEL Eltern wollen, dass Kinder immer etwas produzieren und mit nach Hause bringen. Ihnen als sozialpädagogische Fachkraft ist es wichtig, dass die Kinder im Umgang mit verschiedenen Materialien vielfältige Erfahrungen machen können. Der Spielprozess ist Ihnen dabei wichtiger als die entstehenden Produkte.

13.1 Um welche Konfliktart handelt es sich?

13.2 Beschreiben Sie Möglichkeiten des Umgangs mit diesem Konflikt.

14. Legen Sie 3 grundsätzliche Möglichkeiten des Umgangs mit einem Konflikt dar. Gehen Sie dabei auf die folgende Abbildung ein.

Möglichkeiten der Konfliktbearbeitung

15. Erarbeiten Sie eine Liste mit Kompetenzen, die für konstruktive Kritik notwendig sind.

16. Möglichkeiten der Konfliktlösung

16.1 Erläutern Sie die 4 Möglichkeiten der Konfliktlösung anhand eines konkreten Beispiels.

- Sieg – Niederlage
- Kompromiss oder Anpassung
- Win-Win-Lösung
- Abbruch des Gesprächs

PRAXIS

16.2 Erkundigen Sie sich, welchen Stellenwert Supervision in Ihrer Praxiseinrichtung hat und wie Supervision vor Ort durchgeführt wird.

17. Begriffekarte Gruppe und Team

Lesen Sie die Begriffekarte für sich. Versehen Sie die Begriffe, die Sie erläutern können, mit einem grünen Haken. Tauschen Sie sich über nicht abgehakte Begriffe zu zweit oder im Team aus. Noch keine Klarheit? Recherchieren Sie in der Fachliteratur oder in digitalen Medien.

Gruppe	Mediation	Soziomatrix	Gruppenkohäsion
Fremdgruppe	Primärgruppe	Gruppenentwicklungs-prozess	Stammgruppe
Rollenaufgabe	Rollendistanz	Rollenabweichung	Heterogene Gruppe
Untergruppe	Interrollenkonflikt	?	Sekundärgruppe
Gruppennormen	Homogene Gruppe	Soziale Position	Rollenerwartung
?	Sozialer Status	Bezugsgruppe	Soziogramm
Rollenfixierung	Informelle Gruppe	Intrarollenkonflikt	Gruppenphasen

16 Lernen und Motivation

Motivation – Beweggründe und Motive

1. **FALLBEISPIEL** Frank (6;7 Jahre) fragt seinen Freund Marcel (6;10 Jahre): „Kommst du mit zum Fußball? Das ist richtig toll und macht Riesenspaß. Ich habe schon ganz viele Tore geschossen. Mein Vater ist auch ganz stolz auf mich. Der schaut meistens zu, wenn wir ein Spiel haben. Der hat früher auch gespielt – in der Regionalliga. Das will ich auch." Marcel: „Nö, mir macht das keinen Spaß. Ich habe das schon ein paarmal probiert, aber ich bin nicht so schnell. Dann haben die anderen mich ausgelacht. Und mein großer Bruder, der mal zugeschaut hat, hat auch mit mir gemeckert. Da lese ich lieber. Das ist viel schöner. Ich will später sowieso Forscher werden."

1.1 Stellen Sie heraus, welche Motive die Kinder für ihr Handeln haben und was sie diesbezüglich besonders beeinflusst hat.

1.2 Worum handelt es sich bei den gefundenen Motiven: intrinsische Motive oder extrinsische Motive? Ordnen Sie zu.

2. Informieren Sie sich im Internet über die verschiedenen Motivationsmodelle.

PRAXIS

2.1 Wählen Sie ein Modell und nutzen Sie es für eine strukturierte Beobachtung in Ihrer Praxisstelle (z. B. zum Neugierverhalten eines Kindes). Nutzen Sie hierzu das Formular „Beobachtungssequenz" von S. 57/58. Legen Sie Ihren Schwerpunkt auf die Motivation (linke Spalte im Formular).

2.2 Evaluieren Sie Ihr Vorgehen bez. des Einsatzes des gewählten Motivationsmodells.

3. Die eigenen Motive reflektieren

3.1 Beschreiben Sie Motive, die Ihr Verhalten und Handeln zurzeit besonders stark bestimmen.

3.2 Reflektieren Sie unter Anführung von Begründungen, ob Sie anderen Motiven eine höhere Relevanz zukommen lassen sollten.

4. Nennen und beschreiben Sie Beispiele für extrinsische Motivation und gehen Sie auf mögliche Gefahren ein.

5. **FALLBEISPIEL** Paula (4;6 Jahre) läuft durch den Garten auf den Basketballkorb zu. Sie holt sich einen Ball, wirft und trifft den Fangkorb. Charlotte (5;11 Jahre) sieht ihr zu und klatscht in die Hände; sie ruft: „Toll, Paula!" Paula fordert Charlotte auf mitzuspielen, doch Charlotte kommt der Aufforderung nicht nach. Mit gesenktem Blick geht sie zum Sandkasten und setzt sich dort auf den Rand.

5.1 Welche förderlichen Aspekte von Motivation sind Ihnen bekannt?

5.2 Beschreiben Sie, wie Sie Charlotte zum Mitspielen motivieren können.

5.3 Welche Bedeutung für die Motivation haben die Interaktionen zwischen den mitspielenden Kindern?

Motivation und Leistung

6. „Leistungsgesellschaft, Ellenbogengesellschaft, Konkurrenz" sind negativ belegte Begriffe, die uns immer wieder begegnen.

6.1 Diskutieren Sie schriftlich, was darunter verstanden wird und wie Sie zu dem Motiv „Leistung" stehen. Vergleichen Sie mit dem Motiv „Neugier".

6.2 Definieren Sie intrinsische Motivation und erläutern Sie den Vorteil für den wachsenden Lernprozess.

7. „Wenn du Schiffe bauen willst, trommele nicht die Männer zusammen, um Holz zu beschaffen, Aufgaben zu vergeben, sondern lehre die Männer die Sehnsucht nach dem weiten, endlosen Meer." *(Antoine de Saint-Exupéry, 1969)*

7.1 Erläutern Sie, was Sie aus dieser Aussage für Ihre pädagogische Arbeit in Bezug auf Motivation ableiten können.

7.2 Begründen Sie, warum Kenntnisse über mögliche Motive für sozialpädagogische Fachkräfte wichtig sind.

Lernen

PRAXIS

8. Lernoptionen

8.1 Beobachten Sie die Lernwege von Kindern in Ihrer Praxisstelle. Nutzen Sie hierzu das Formular „Beobachtungssequenz" von S. 57/58 und legen Ihren Fokus auf den Lernprozess.

8.2 Werten Sie Ihre Beobachtungen dahingehend aus, welche Lerntheorien hinter dem jeweils beobachteten Verhalten stecken könnten. Begründen Sie.

9.1 Bringen Sie einfache mechanische Gegenstände in die Kita, die die Kinder z. B. in Bezug auf Konstruktion und Verwendung untersuchen können (Flaschenzug, mechanische Kaffeemühle, Wecker, Sahnequirl etc.). Beobachten Sie, wie die Kinder dabei vorgehen. Nutzen Sie das Formular „Beobachtungssequenz" von S. 57/58.

9.2 Bringen Sie Ihre Wahrnehmungen in Zusammenhang mit dem Lernzyklus (s. Abb.). Erläutern Sie anhand dieses Vorgangs den Begriff „Lernprozess".

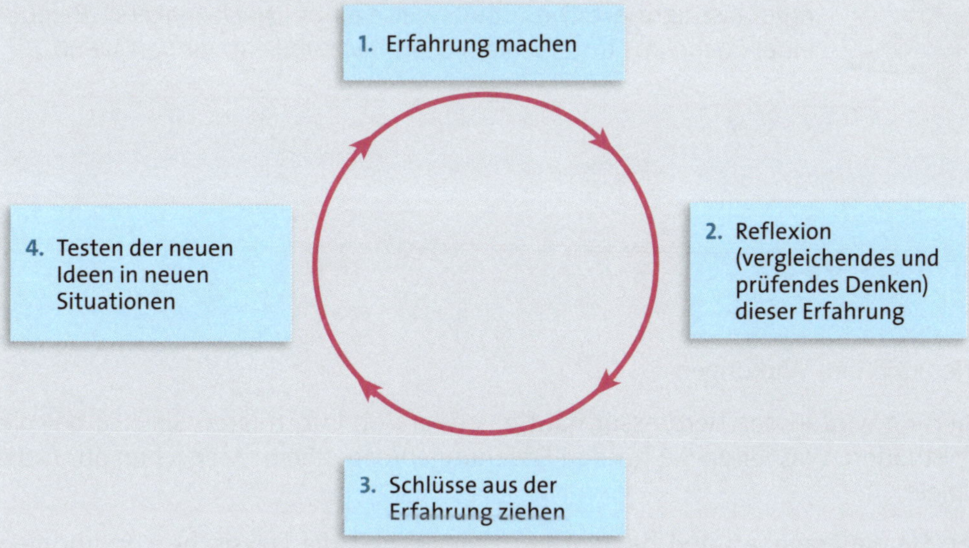

16

9.3 Welche Lernstile nach Honey und Mumford könnten bei den beobachteten Kindern greifen? Orientieren Sie sich an der folgenden Abbildung und begründen Sie Ihre Zuordnung. Reflektieren Sie, welche Vor- und Nachteile eine solche Zuordnung hat.

Aktivisten

sind begeisterungsfähig und offen für alles Neue. Sie müssen alles ausprobieren, handeln überwiegend spontan und intuitiv, ohne über die Konsequenzen nachzudenken. Wiederholungen und Eintönigkeit langweilen sie. Sie stehen gern im Mittelpunkt und sind ständig in Aktion.

Hansdampf in allen Gassen

Nachdenker

sammeln Fakten und Erfahrungen, betrachten die gewonnenen Daten von allen Seiten und überlegen mögliche Konsequenzen, ehe sie zu einem Entschluss kommen und handeln. Sie bleiben lieber im Hintergrund und treffen Entscheidungen zögerlich.

Nachdenker

Theoretiker

müssen die logischen Zusammenhänge des Ganzen verstehen. Sie hinterfragen den Sinn und haben einen hohen Anspruch an ihre Arbeit (Perfektionisten). Intuitive (gefühlsmäßige) Entscheidungen werden abgelehnt, sie müssen rational (verstandesmäßig) begründet sein.

Theoretiker

Pragmatiker

lieben keine endlosen Diskussionen, sondern sie möchten Neues eher schnell in die Praxis umsetzen. Dabei handeln sie zweck- und ergebnisorientiert. Die Arbeitsweise eines „Nachdenkers" (Beleuchtung einer Sache aus unterschiedlichen Blickwinkeln) lehnen sie ab.

Handeln!

Lernstile nach Honey und Mumford

10. Lerntheorien und ihre Wirkungen

10.1 Konditionierung wird in der Tierdressur häufig verwendet. Informieren Sie sich beispielhaft über einzelne Methoden. Was leiten Sie für den Erziehungsprozess beim Menschen ab? Geben Sie konkrete Beispiele.

10.2 Diskutieren Sie die Frage, ob und bei welcher Gelegenheit die klassische Konditionierung in der Erziehung kleiner Kinder ethisch vertretbar ist.

10.3 Betrachten Sie die folgende Abbildung und beschreiben jeweils ein konkretes Beispiel pro Lerntheorie. Vervollständigen Sie damit die Kreise im Schaubild.

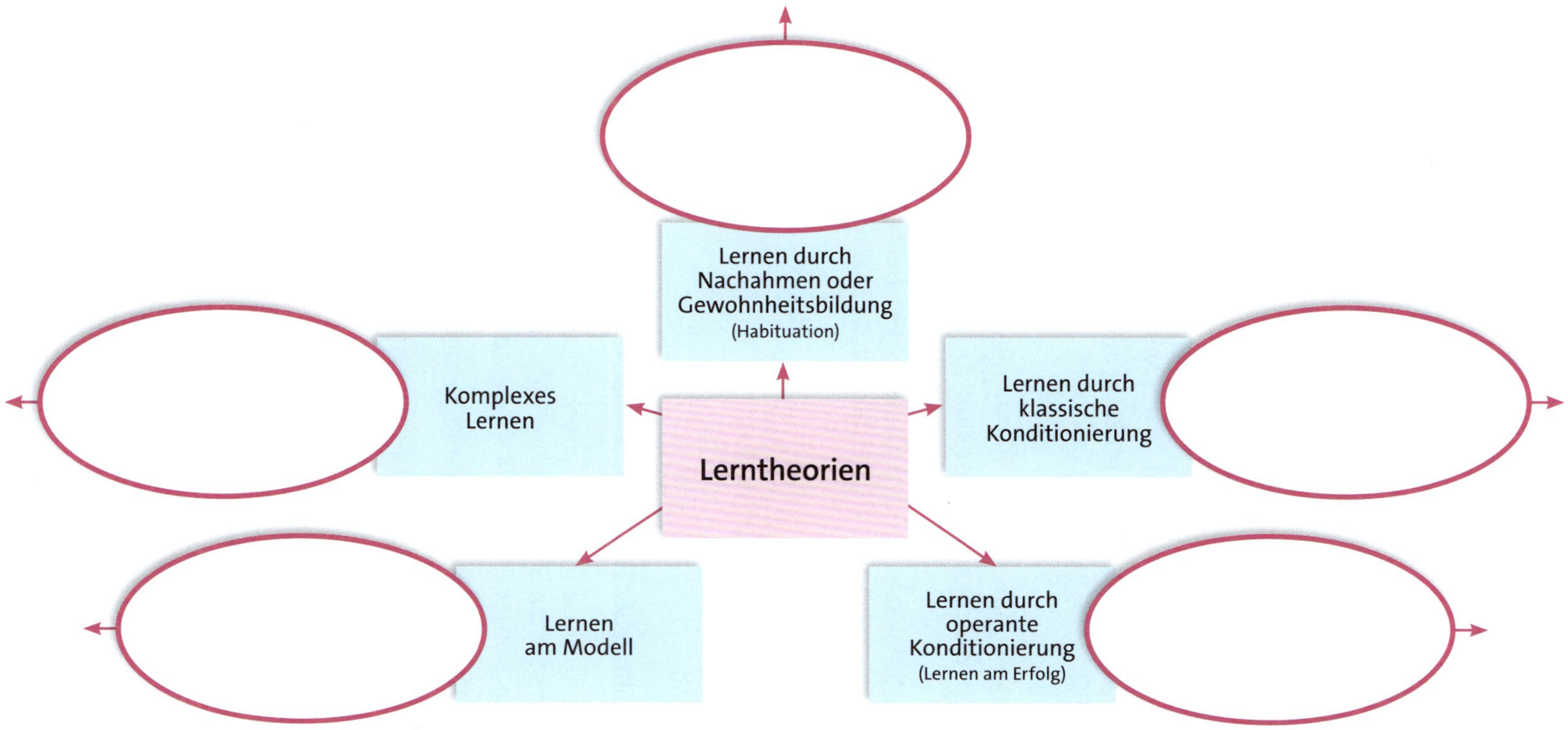

10.4 Leiten Sie aus den Lerntheorien und Ihren Beispielen kompatible Ziele ab. Vervollständigen Sie auch hiermit das Schaubild.

11. Lernen am Modell ist das Lernprinzip von Kindern im Vorschulalter.

11.1 Was sagt Ihnen folgender Ausspruch: „Tue nichts, was es nicht wert ist, nachgeahmt zu werden"? Reflektieren Sie diesbezüglich einen Tag in der Praxis bezogen auf Ihre Haltung, Ihre Tätigkeiten usw.

11.2 Erläutern Sie, welche Konsequenzen für Ihr methodisches Vorgehen Sie für die Arbeit mit Vorschulkindern daraus ziehen.

11.3 Leiten Sie für sich persönliche Konsequenzen ab im Hinblick auf Ihr Sprachverhalten den Kindern gegenüber.

PRAXIS

12. Forschendes Lernen

12.1 Betrachten Sie die räumliche Ausstattung in Ihrer Praxisstelle. Beschreiben Sie, in welcher Weise kindliches Lernen unterstützt wird. Achten Sie dabei darauf, was die Kinder ohne die Hilfe von Erwachsenen erreichen können.

12.2 Welche Signale (Zeichen, Farbmarkierungen, Piktogramme) sind beispielsweise an welchen Stellen zur Orientierung angebracht?

12.3 Finden Sie heraus, auf welche Art und Weise in Ihrer Praxisstelle das kindliche Forschen unterstützt wird. Legen Sie dar, welche Erfahrungsmöglichkeiten mit welchem Material zur Verfügung gestellt werden.

12.4 Fotografieren Sie typische „Forscherstationen“. Lassen Sie den Garten nicht außer Acht.

12.5 Maria Montessori sieht als elementare Grundlagen ihrer Pädagogik „Vorbereitete Umgebung“ und „Selbstkontrolle“. Recherchieren Sie diese Aspekte und setzen Sie sie in Zusammenhang mit Lernprinzipien. Welche Ziele verfolgt Maria Montessori? Konkretisieren Sie die Ergebnisse Ihrer Arbeit mit Materialien aus der Montessori-Pädagogik (z. B. Übungen des täglichen Lebens) in der praktischen Umsetzung in Ihrer Praxisstelle.

12.6 Recherchieren Sie die Handlungskonzepte der Reggio-Pädagogik bezugnehmend auf forschendes und selbsttätiges Lernen. Welches Bild vom Kind steckt dahinter?

13. Analysieren Sie Spielmaterial, das bei den Kindern sehr beliebt ist, unter der Fragestellung, was es ihnen bieten kann. Was macht es so interessant oder zum Lernen/Üben so geeignet, dass es immer wieder genutzt wird?

Selbstreflexion – Lernoptimierung

14. Lernfördernde Maßnahmen

14.1 Welche Regeln für ein hilfreiches Feedback erinnern Sie? Zählen Sie auf.

14.2 Versuchen Sie sich an eine Situation zu erinnern, in der Ihnen ein Feedback geholfen hat, ein Problem zu lösen. Schildern Sie die Situation und was Sie als besonders unterstützend empfunden haben. Ziehen Sie daraus Konsequenzen für Ihr persönliches und berufliches Lernen.

14.3 „Gut lernen in guter Beziehung.“ Was ist damit gemeint?

14.4 Nennen und beschreiben Sie 8 lernfördernde Aspekte der Lernorganisation.

15. Mein eigenes Lernen
Um eigenes Lernen besser zu verstehen bzw. zu optimieren, ist es sinnvoll, sich eigener Lernprozesse bewusst zu werden. Die Stärkung der Lernkompetenz ermöglicht einen individuellen Zugang zum eigenen Lernen. Damit fühlen Sie sich den Lernvorgängen nicht ausgesetzt, sondern können diese selbst strukturieren und gestalten. Die Instrumente auf den folgenden Seiten können Ihnen dabei hilfreich sein.

Checklisten: Mein eigenes Lernen

Selbstlernreflektor

„Wie intensiviere ich meine Selbstlernkompetenzen? Welche Möglichkeiten aktiver Lernbeteiligung sind mir zugänglich? Nutzen Sie die Übersicht zur Selbsteinschätzung. Dieser Check hilft Ihnen, Ihre Lernprozesse zu entwickeln (hellblau unterlegte Bereiche!).

Selbstlernreflektor **Wie intensiviere ich mein Selbstlernen?**		– –	–	+	++
Planung	Ich weiß stets genau, was ich bis wann lernen muss bzw. will und plane entsprechende – großzügig bemessene – Lernzeitfenster sowie Erholungspausen und Selbstbelohnungsphasen ein.				
Ressourcen	Ich sorge dafür, dass ich ungestört und in anregender Umgebung konzentriert „lernen“ kann. Hierfür habe ich einen eigenen „Lernort“ vorbereitet und ich vermeide, an wechselnden oder unstabilen Orten (z. B. der U-Bahn) zu lernen.				
Ownership	Ich weiß, dass ich selbst für meinen Lernerfolg zuständig bin und male mir deshalb immer wieder mein ganz persönliches Interesse an dem Gelingen meines Lernens aus – auch in „bunten Farben“.				
Feinplanung	Ich entwickle einen verbindlichen Zeitplan, indem ich den Lernstoff sequenziere, Wiederholungsphasen einplane und dafür sorge, dass ich nicht unter Druck und „auf den letzten Drücker“ fertig werde.				
Intensivierung	Ich lerne intensiv, d. h., ich gestalte meine Lernphasen ganz bewusst als Routinebestandteil meines Lebens und vermeide so, dass Lernen eine „außergewöhnliche“ Belastung ist, zu der ich mich immer wieder neu „zwingen“ muss.				
Lerntagebuch	Aus diesem Grunde entwickle und trainiere ich ein „persönliches Verhältnis“ zu meinen Lernaufgaben, indem ich sie definiere, reflektiere und – mir selbst – darüber in meinem Lerntagebuch berichte.				
Energiehaushalt	Ich haushalte mit meinen Energien, indem ich dafür sorge, dass ich mich stets in einem ausgeruhten und erholten Zustand meinen Lernaufgaben widme.				
Redundanz	Ich plane bewusst Zusammenfassungs-, Wiederholungs- und Übungsphasen ein und sorge so dafür, dass das Wissen und Können, welches ich mir angeeignet habe, wirklich zu meinem wird.				
Niederschrift	Ich übe mich in der Anfertigung von schriftlichen Zusammenfassungen, Visualisierungen und Strukturierungen (z. B. Mindmaps), die mir helfen, das Neue in einen Zusammenhang zu rücken und mit anderen Bereichen meines Wissens und Könnens zu verzahnen.“				

(aus: Arnold, 2013, S. 169 ff.)

Selbstcheck

„Entdecken Sie Ihren Lerntyp: Menschen nutzen unterschiedliche Lernzugänge, haben individuelle Lerngewohnheiten und Lernerfahrungen entsprechend unterschiedlicher Anregungsmilieus, Vorbilder, Lernstrategien. Deshalb gibt es nicht den ‚exklusiven' Lernweg! Schon Pestalozzi (1746–1827) spricht die Dreidimensionalität des Lernens an, wenn er vom Lernen mit ‚Kopf, Herz und Verstand' spricht.

Selbstcheck: Auswege aus exklusiven Lernformen		– –	–	+	++
Kopf	Ich bringe (mir) das Neue auf den Begriff und „brauche" (Er-)Klärungen, Definitionen und Strukturen, die ich „nachschlagen" kann, um das Wesentliche zu begreifen. *Für mich ist Lernen das Begreifen von Strukturen.*				
	Ich lerne, indem ich Texte durcharbeite, eigene Zusammenfassungen erstelle und mir diese immer wieder einzuprägen versuche. *Für mich ist Lernen eine (einsame) Klärung der Dinge.*				
	Ich kann mir Schritt für Schritt selbst ein Bild vom Ganzen erarbeiten, wobei es mir hilft, wenn ich die übergeordneten Zusammenhänge erläutert bekomme und nachfragen kann. *Für mich ist Lernen eine Einordnung in das Ganze.*				
Herz	Ich muss das Neue spüren, um mich ihm wirklich öffnen und mich auf neue Kenntnis und Erklärungen einlassen zu können. *Für mich ist Lernen ein Spüren und Fühlen der Relevanz.*				
	Ich muss mich mit anderen austauschen können, um ihre Weise, mit dem Neuen umzugehen, beobachten, fühlen und erleben zu können. *Für mich ist Lernen eine gemeinschaftliche Aktivität.*				
	Ich brauche Ruhe, Aufgeschlossenheit und Freiheit von Bedrohungsgefühlen, um mir wirklich nachhaltig Neues aneignen zu können. *Für mich ist Lernen ein mutiges Sich-(Zu-)Trauen.*				
Hand	Ich muss etwas herstellen, um das Neue wirklich zu „haben". Mir helfen deshalb Aufzeichnungen, Projekte, die ich bearbeiten, oder Produkte, die ich herstellen konnte. *Für mich ist Lernen ein Tun.*				
	Ich nutze auch kreative Formen, um mir Neues, Unsicheres oder Unverstandenes näher zu bringen, und male z. B. Bilder, schreibe Essays oder Kurzgedichte zu dem, was ich lerne. *Für mich ist Lernen eine kreative Gestaltung.*				
	Ich lerne wirksam, wenn meine praktischen Fragen und Alltagsprobleme einer neuen Lösung zugeführt werden, die ich selbst anwenden und erproben kann. *Für mich ist Lernen die Ermöglichung neuen Handelns."*				

(aus: Arnold, 2013, S. 171)

Proaktive Prüfungsvorbereitung

„Prüfungen sind Bestandteil schulischer und beruflicher Laufbahn. Ihr Bestehen ist grundlegend für das Gelingen von ‚Lebenschancen'. Deshalb geht von diesen eine ängstigende und bedrückende Wirkung aus. Wie kann diese Wirkung minimiert werden? Wie kann eine Fülle von Lernstoff ökonomisch bewältigt werden? Die proaktive Prüfungsvorbereitung kann Sicherheit schaffen und Routine anbahnen.

8 Schritte einer proaktiven Prüfungsvorbereitung	
1. Schritt: Planung	Planen Sie frühzeitig Ihre Lerphasen ein (nicht erst eine Woche vor der Prüfung)! Dabei ist es wichtig, sich zunächst einmal einen Überblick über die Fülle der Themen und Lernanforderungen zu verschaffen (z. B. Zahl der durchzuarbeitenden Texte oder Gebiete) und diese in Lernkapitel mit jeweils festzugewiesenen Zeitblöcken zu ordnen.
2. Schritt: Rasterfahndung	„Lernkapitel" folgen meist einer ähnlichen Struktur. So kann es z. B. sinnvoll sein, jedes Thema in die Bereiche „Grundbegriffe", „Thesen und Einsichten", „Kritik und Anwendung" sowie „praktische Bedeutung" aufzuteilen und den Lernstoff entsprechend zuzuordnen. Im Idealfall verfügt man nach der Prüfungsvorbereitung zu jedem Prüfungsthema über ein Set von Karteikarten zu den genannten Bereichen.
3. Schritt: Organisation	Eine erfolgreiche Prüfungsvorbereitung muss in den täglichen Ablauf eingeplant sein. Zudem ist es hilfreich, einen festen Ort (Arbeitszimmer bzw. Schreibtisch) zu haben, den man für seine Lernarbeit aufsucht. Dabei ist es lernpsychologisch wenig sinnvoll, „rund um die Uhr" zu lernen. Hilfreich ist die Kooperation mit anderen („Lerngruppe"), mit denen man sich trifft, um sich auszutauschen – „angeeignet" wird jedoch allein.
4. Schritt: Aneignen	Um eine dauerhafte Einwurzelung des Gelernten zu erreichen, sollte man zwischen verschiedenen Lernaktivitäten wie Wiederholung (des bisherigen Stoffes), Auswertung (von Texten durch Anfertigung von Bereichskarteikarten) oder Einprägen – die meist intensivste Phase des Lernens – abgewechselt werden. Auch Pausen sind wichtige Lernphasen.
5. Schritt: Kontrollieren	Phasen der Aneignung sollten immer durch Kontrolle überprüft werden, wozu sich Fragen an den Stoff anbieten. Diese „Fragen" kann sich der Lernende selbst stellen (vorweggenommene Prüfungsfragen) oder er kann sich von einem Mitglied seiner Lerngruppe „interviewen" lassen. Je mehr solcher Befragungen stattfinden, desto stärker wächst die Routine mit Prüfungsfragen, und auch der Prüfungsangst kann so entgegengewirkt werden.
6. Schritt: Transferieren	Eine wichtige Festigungsaktivität ist der Versuch, das Gelernte anzuwenden bzw. in andere Bereiche zu transferieren. Dadurch treten die besonderen Strukturen, Einsichten und Vorgehensweisen des Lerngegenstands nochmals deutlicher ins Bewusstsein (man löst sich von den Texten) und das Gelernte wird durch Erleben gefestigt.
7. Schritt: Intensivieren	Eine Intensivierung des Gelernten kann z. B. dadurch erfolgen, dass man Bilder, Mindmaps oder auch Thesensammlungen verfasst (ggf. auch Antithesen auslotet). Dieser Schritt verstärkt die Fähigkeit zum „souveränen" Umgang mit dem Gelernten.
8. Schritt: Vortragen	Der letzte Schritt einer Prüfungsvorbereitung erprobt die freie Beherrschung des Gelernten. Dieses zeigt sich am besten darin, dass der Lernende in der Lage ist, den Stoff mit eigenen Worten und mit Sachkenntnis und ggf. Verweisen darzulegen."

(aus: Arnold, 2013, S. 172/173)

Die ALPEN-Methode

Sie haben eine stressige Schulwoche zu bestehen? Versuchen Sie den Überblick zu behalten mit der Alpenmethode:

ALPEN-Methode

A Aufgaben zusammenstellen
L Länge der Tätigkeiten schätzen
P Pufferzeiten für Unvorhergesehenes reservieren
E Entscheidungen über Reihenfolge und Prioritäten treffen
N Nachkontrolle: Unerledigtes übertragen

A

L

P

E

N

17 Bildungsarbeit gestalten und Sprache fördern

Grundlagen der Bildungsarbeit

1. Online-Textarbeit: Ko-Konstruktion
Unter diesem Link http://www.fthenakis.de/cms/BetrifftKinder_01-09.pdf können Sie den Fachartikel von Prof. Dr. mult. Fthenakis herunterladen. Der Beitrag erschien in der Zeitschrift „Betrifft Kinder“, Heft 01/2009 und ist frei zugänglich.

1.1 Lesen Sie ihn aufmerksam durch (evtl. zu zweit/im Team), machen Sie sich ggf. Markierungen und Notizen auf dem Ausdruck.

1.2 Erfassen Sie dann möglichst vielseitig den Begriff „Ko-Konstruktion“ so wie Fthenakis ihn definiert, und vervollständigen damit die folgende Tabelle:

Ko-Konstruktion ist …	
Ko-Konstruktion kann …	
Ko-Konstruktion hat …	

Bildungsangebote gestalten

2. Didaktisch analysieren und methodisch planen

2.1 Wählen Sie 3 Bildungsbereiche aus der folgenden Abbildung und überprüfen Sie jeweils Ihre eigenen erforderlichen Kompetenzen (fachliche und sachliche), um ein Bildungsangebot im entsprechenden Bereich durchführen zu können.

Bildungsbereich Musik und Rhythmik

Bildungsbereich Sprache

Bildungsbereich Bewegung und Körper

Bildungsprozesse anregen, unterstützen und fördern

Angestrebte Kompetenzen der Fachkraft:
- Didaktisch-methodisches Wissen zur Förderung von Kindern in den Bildungsbereichen besitzen
- Handlungsmedien und Methoden zielgruppengerecht einsetzen
- Interaktionsprozesse gestalten
- Konzepte zur Planung fachlich begründet einsetzen
- Lernumgebungen partizipativ gestalten
- Bildungsprozesse dokumentieren

Bildungsbereich Mathematik, Naturwissenschaften und Technik

Bildungsbereich sozial-emotionale Kompetenz

Bildungsbereich Naturverstehen und Ökologie

Bildungsbereich Werteerziehung und Religion

Bildungsbereich Kunst und Gestalten

2.2 Beschreiben Sie in einer To-do-Liste Schritte, um erforderliche Kompetenzen erreichen bzw. stärken zu können.

PRAXIS

2.3 Erarbeiten Sie eine didaktische Analyse für eine von Ihnen gewählte Zielgruppe und zu einem der dargestellten Bildungsbereiche.

2.4 Erarbeiten Sie aufbauend eine methodische Planung zu einem Bildungsangebot und führen Sie das Bildungsangebot in der Praxis durch.

2.5 Evaluieren und reflektieren Sie das Angebot mit Ihrer Praxisanleitung.

Bildungsbereich Bewegung und Körper

PRAXIS

3. Planen Sie eine Sinneswoche in der Kita mit vielfältigen Sinneserfahrungen für die Kinder.

3.1 Führen Sie ein Bildungsangebot „Sinnesübung mit dem Apfel“ durch: Bereiten Sie sich differenziert darauf vor, indem Sie sehr konkret fixieren, welche Eigenschaften von welchem Sinn wahrgenommen werden können. Suchen Sie dafür treffende sprachliche Begrifflichkeiten. Beginnen Sie mit einer Tastübung mithilfe einer Tastbox, die den Kindern eine beidhändige Tastübung erlaubt. Es folgt eine Sinnesübung zum Sehen des Apfels (außen und innen). Schließlich dürfen die Kinder den Apfel riechen und schmecken.

3.2 Führen Sie ein Bildungsangebot zum Riechen und Schmecken verschiedener (den Kindern bekannter) Obst- oder Gemüsesorten durch.

3.3 Vergleichen Sie beide methodischen Ansätze und reflektieren Sie Vor- und Nachteile.

3.4 Recherchieren Sie Sinnesmaterial von Maria Montessori sowie deren spezifische „Darbietung“, z. B. Geruchs- oder Geräuschdosen. Versuchen Sie, eine Darbietung in die Praxis umzusetzen.

3.5 Stellen Sie zusammen mit den Kindern (in Anlehnung an Montessori) selbst Sinnesmaterial für das Freispiel her.

4. Führen Sie in der Praxis folgende Sinnesexperimente durch und beschreiben Sie Ihre Erfahrungen:

4.1 Riechen: Sammeln Sie frische oder getrocknete Kräuter in kleinen Stoffbeuteln und nummerieren Sie diese. Stellen Sie zum Vergleich Töpfe mit den Kräutern an einen Nebentisch. Ihre Gruppe soll nun versuchen, die Kräuter durch Riechen an den Säckchen und an den Pflanzen zu Paaren zusammenzubringen.

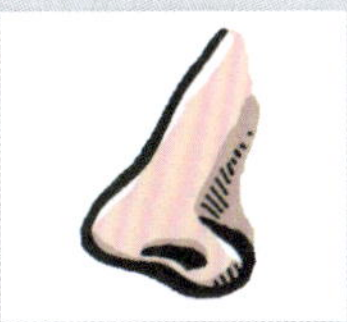

4.2 Fühlen: Suchen Sie sich einige Gegenstände aus, die Sie in Schuhkartons legen. Durch eine Öffnung im Deckel können dann die Kinder hineingreifen. Fordern Sie sie dazu auf, genau zu beschreiben, wie sich der jeweilige Gegenstand anfühlt: Oberfläche, Größe, Form, Konsistenz, Temperatur, ... Vermeiden Sie Alternativfragen wie: Ist er hart, ist er weich, ist er schwer oder leicht etc.? Vielleicht können die Kinder auch erraten, um welche Gegenstände es sich handelt. Es eignen sich dazu Zapfen, Äste, Nüsse, Sand, Perlen, Stroh und vieles mehr. Arbeiten Sie prozess-, nicht ergebnisorientiert.

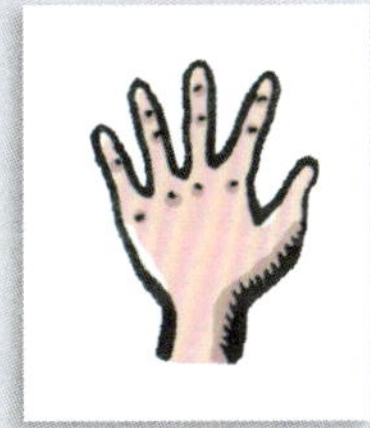

4.3 Schmecken: Verrühren Sie in 2 Schüsseln die gleiche Menge an Vanillejoghurt. Färben Sie dann den Joghurt der einen Schüssel mit einer roten Lebensmittelfarbe. Lassen Sie die Kinder raten, welche Geschmacksrichtung der Joghurt in den Schüsseln hat. Der rot eingefärbte Joghurt wird meist als Erdbeerjoghurt identifiziert.

5. Erarbeiten Sie Materialien zur Aktivierung unterschiedlicher Sinne. Probieren Sie die Materialien selbst aus. Beschreiben Sie, welche Eigenschaften Sie erfahren können.

6. Erläutern Sie, wie Sie Kinder mit Beeinträchtigung im Bereich des Sehens oder Hörens in der Kindertagesstätte dabei unterstützen können, dass sie in das Gruppengeschehen integriert werden.

[**Hinweis:** Zum Bildungsbereich Bewegung und Körper finden Sie in Kap. 21 auch Lernatelierkarten auf S. 214 f.]

7. Entwicklung des Selbstkonzepts

7.1 Betrachten Sie die folgende Abbildung und setzen Sie sie in Bezug zur Bedeutung der motorischen Fähigkeiten des einzelnen Kindes.

Selbstkonzept	
Selbstbild Neutral beschreibbare Merkmale der Persönlichkeit & Fähigkeiten	**Selbstwertgefühl** Bewertung der Merkmale, Zufriedenheit mit den Fähigkeiten

Die Säulen des Selbstkonzepts

7.2 Ziehen Sie Konsequenzen aus Ihren Erkenntnissen für die erzieherische Tätigkeit in der sozialpädagogischen Praxis:

- Welche erzieherische Grundhaltung erwächst aus Ihren Erkenntnissen? Welche Möglichkeiten der didaktischen Arbeit sehen Sie in der sozialpädagogischen Praxis bezogen auf das Arbeitsfeld?
- Welche Konsequenzen haben Ihre Erkenntnisse für die Gestaltung der Rahmenbedingungen in der Kita (Raumgestaltung, Planung, Materialien usw.)?

7.3 Studieren Sie einen gängigen Spielmaterialkatalog für Kitas und wählen Sie geeignete Gerätschaften aus für Kinder unter 3 Jahren, welche die Psychomotorik stärken.

7.4 Fertigen Sie eine didaktische Planung bezogen auf ein Bewegungsangebot für Kitakinder an. Vernetzen Sie Ihre Erfahrungen zur Stärkung des Selbstkonzeptes mit weiteren Bildungsbereichen.

Bildungsbereich Sprache

Praxis

8. Beschreiben Sie, in welcher Art und Weise die unterschiedlichen Sprachkompetenzen der Kinder in Ihrer Praxisstelle wertgeschätzt werden. Bedenken Sie hierbei vor allem mehrsprachige Kinder und auch deren Eltern. Erklären Sie, an welchen Situationen und Gegebenheiten die Wertschätzung deutlich wird.

9. Lernen Sie Kinderlieder in den Sprachen, die in Ihrer Praxiseinrichtung häufig vorkommen.

10. Gestalten Sie ein Plakat mit ca. 25 Wörtern in den Sprachen, die Sie aus Ihrer Kita kennen (Mutter, Vater, feste Wendungen für „Guten Morgen“ o. a.), indem Sie erst die Kinder nach diesen Wörtern fragen und dann die Schreibweise dazu recherchieren. Lernen Sie diese Wörter und Redewendungen auswendig.

11. Sprache und Literacy

11.1 Erarbeiten Sie sich ein Fingerspiel aus einschlägiger Fachliteratur. Berücksichtigen Sie dabei die kindliche Erlebniswelt. Führen Sie das Fingerspiel mit einer passenden Zielgruppe in der Kita durch und reflektieren Sie es im Anschluss mit Ihrer Anleitung.

11.2 Bereiten Sie eines der Grimm'schen Hausmärchen für eine Erzählung in Ihrer Praxisgruppe vor. Befassen Sie sich vorab mit einer Interpretation des Märchens. Mit welchem symbolhaften Gegenstand könnten Sie zu Ihrer Märchenerzählung hinführen (z. B. goldene Kugel beim Froschkönig)?

12. Atelierkarten für das Lernatelier „Bildungsbereich Sprache"
Diese Karten gehören zum „Lernatelier Bildungsbereiche" (weitere finden Sie über das Buch verteilt). Bearbeiten Sie ausgewählte Karten. Siehe auch die Erklärung zum Lernatelier auf Seite 17.

Atelierkarte Bildungsbereich Sprache

Arbeitsziel: Anwendung methodischer Prinzipien

Arbeitsaufgabe: Gestalten Sie eine Bilderbuchbetrachtung.

- Wählen Sie ein zum Thema passendes Bilderbuch.
- Legen Sie ein pädagogisch-didaktisches Hauptziel entsprechend Ihrer Zielgruppe fest.
- Legen Sie den methodischen Ablauf fest.
- Führen Sie die Bilderbuchbetrachtung praktisch durch und zeichnen diese in einem Video auf.
- Reflektieren Sie Ihr Bildungsangebot und dokumentieren Sie das Ergebnis in Ihrem (Portfolio-)Ordner.

Atelierkarte Bildungsbereich Sprache

Arbeitsziel: Transfer von Fachinhalten in praktische Bildungsarbeit

Arbeitsaufgabe: Sprachentwicklung fördern: Seien Sie Vorbild.

- Sie sind Sprachvorbild: Benennen Sie in einer To-do-Liste in hierarchischer Abfolge, welche konkreten persönlichen Herausforderungen sich für Sie ergeben, wenn Sie sich als Vorbild reflektieren.
- Halten Sie konkret 3 Schritte in einer Agenda in Ihrem (Portfolio-)Ordner fest, die Sie verbessern wollen.

Atelierkarte Bildungsbereich Sprache

Arbeitsziel: Anwendung methodischer Prinzipien

Arbeitsaufgabe: Vergleichen Sie verschiedene Kindergedichte zum Thema für unterschiedliche Zielgruppen.

- Sichten Sie verschiedene Werke zur Kinderlyrik.
- Wählen Sie 3 Kindergedichte zum Thema aus.
- Diskutieren Sie (mündlich oder schriftlich) die Gedichte hinsichtlich Ihrer Zielgruppe. Welche Zielsetzungen wären denkbar, sinnvoll?
- Dokumentieren Sie Ihre Überlegungen im (Portfolio-)Ordner.

Atelierkarte Bildungsbereich Sprache

Arbeitsziel: Transfer von Fachinhalten in praktische Bildungsarbeit

Arbeitsaufgabe: Sammeln Sie Laut- und Sprachspiele, Reime und Gedichte als Beitrag zur Literacy-Erziehung.

- Falls es an Ihrer Schule eine „Gedichte-Mappe" gibt: Ergänzen Sie diese um einen weiteren Beitrag zu einer bestimmten Zielgruppe.
- Alternativ können Sie selbst eine Sammlung von Reimen, Gedichten u. a. für Kinder aller Altersgruppen zusammentragen und ansprechend dokumentieren.

Atelierkarte Bildungsbereich Sprache

Arbeitsziel: Transfer von Fachinhalten in praktische Bildungsarbeit

Arbeitsaufgabe: Sprachentwicklung: Schaffen Sie eine förderliche Lernumgebung und Atmosphäre.

- Welche konkreten Möglichkeiten der Umsetzung kennen Sie aus eigener Erfahrung? Tauschen Sie sich im Team aus. Die Bildungspläne für die frühe Bildung von Kindern bieten Hilfestellung.
- Planen Sie ein Bildungsangebot zur Bilderbuchbetrachtung „Der Regenbogenfisch" in türkischer Sprache.
- Legen Sie die Reflexion zum Angebot im (Portfolio-)Ordner ab.

Atelierkarte Bildungsbereich Sprache

Arbeitsziel: Transfer von Fachinhalten in praktische Bildungsarbeit

Arbeitsaufgabe: Sammeln Sie Aktivitäten rund um das Medium „Buch".

- Gestalten Sie als Team für die Schulgemeinschaft eine „Aktivität rund um das Buch".
- Orientieren Sie sich an einer Literaturliste mit prämierten Kinderbüchern.
- Fotos der Aktivität sowie Rückmeldungen von Mitschülerinnen und Mitschülern und anderen sollen in Ihre Dokumentation im (Portfolio-)Ordner aufgenommen werden.

Prüfung

13. **Rahmenbedingungen**

„Sie arbeiten seit 2 Jahren im städtischen Kindergarten *Bullerbü*, einer Einrichtung in der nächsten Kreisstadt. Viele Eltern sehen die zentrale Lage des Kindergartens im Stadtzentrum als großen Vorteil der Einrichtung an. Allerdings hat dieser Standortvorteil auch seinen Preis: Die Lärmbelastung durch die nah am Kindergarten gelegene große Straße mit einer Bushaltestelle ist erheblich. Das Außengelände ist sehr begrenzt, sodass das Personal oftmals auf den gut erreichbaren Spielplatz ausweicht, um dem Bewegungsbedürfnis der Kinder gerecht zu werden. Die Innenausstattung des Kindergartens ist abwechslungsreich und modern. Neben dem Gruppenraum, dem Bewegungsraum und einem großzügigen Flur gibt es ein Atelier und einen Ruheraum. Des Weiteren finden sich in der Einrichtung ein Büro, Waschräume sowie eine Cafeteria. Die Kinder werden in 3 offenen Gruppen betreut und gefördert: der *Käfergruppe*, der *Eichhörnchengruppe* und der *Spatzengruppe*. Sie sind in der *Spatzengruppe* von der seit 20 Jahren tätigen Erzieherin und Kindergartenleiterin Martha Fritsch eingesetzt. Zum Team gehören auch der Erzieher Markus Hübner, der vor Kurzem die FAKS [FAKS = Fachschule für Sozialpädagogik, Anm. d. Verfasser] abgeschlossen hat, der Kinderpflegepraktikant Helmut Steiner und Olga Weber, die im Rahmen der Berufsorientierung von der Mittelschule ein Kurzzeitpraktikum absolviert.

In der *Spatzengruppe* sind 25 Kinder im Alter von knapp 3 Jahren bis 6 Jahren. Darunter finden sich Kinder mit verschiedenem kulturellem Hintergrund. Steve Miller (3 Jahre, 7 Monate) als auch sein Vater, der für einen internationalen Konzern arbeitet und seit einem halben Jahr in Deutschland eingesetzt ist, können so gut wie überhaupt kein Deutsch. Die Zwillinge Esra (4 Jahre, 6 Monate) und Onur Yüksel (4 Jahre, 6 Monate) sind türkischer Herkunft.

Svetlana Krawtschenko (3 Jahre, 4 Monate), ein zartes Mädchen aus der Ukraine, lebt seit 2 Jahren in Deutschland. Fabian Zenner (6 Jahre) besucht bereits im dritten Jahr den Kindergarten. Seine Schwester Johanna (2 Jahre, 9 Monate) zählt zu den jüngsten Kindern der *Spatzengruppe*. Marco Wimmer (5 Jahre, 10 Monate) tritt selbstbewusst auf und hat einen sicheren Stand in der Gruppe. Als zweites Geschwisterpaar sind Yuuki (5 Jahre) und seine Schwester Hina Tanaka (2 Jahre, 6 Monate) in der Gruppe. Die Familie zog erst vor 3 Monaten aus Japan nach Deutschland, da der Vater von einer großen Bank nach Deutschland versetzt wurde."
(Staatsinstitut für Schulqualität und Bildungsforschung, 2013, S. 39)

Die sprachlichen Kompetenzen fördern

Die tägliche Arbeit mit den Kindern in der *Spatzengruppe* macht Ihnen viel Freude. Die Kinder gehen offen auf Sie zu und schätzen den Kontakt zu Ihnen und den Gleichaltrigen in der Gruppe. Da in der Gruppe viele Kinder sind, welche ursprünglich aus anderen Ländern kommen, ist Sprachkompetenz ein übergeordnetes Bildungsziel.
Beim letzten Tandemgespräch mit der Gruppenleiterin haben sie vereinbart, dass Sie sich speziell diesem Bildungsbereich zuwenden und die Kinder bei der Entwicklung ihrer Sprachkompetenzen unterstützen.

13.1 Bearbeiten Sie die Handlungssituation „Die sprachlichen Kompetenzen fördern" mithilfe des Formulars „Bearbeitung einer beruflichen Handlungssituation" von S. 13 ff.
Analysieren Sie die Handlungssituation und formulieren anschließend Ziele. Wenden Sie für Ihre Zielfindung die SMART-Formel an.

13.2 Als pädagogische Fachkraft wissen Sie, dass sich Sprachkompetenz nicht in verbalen Erklärungen vollzieht, sondern im Selbersprechen. Entwickeln Sie eine Sammlung von Ideen für eine alltagsintegrierte Sprachförderung.

13.3 Sprache wird im ersten Lebensjahrsiebt weitgehend über das Lernen am Modell vermittelt. Erläutern Sie, worauf Sie selbst in diesem Zusammenhang zu achten haben. Stellen Sie die wichtigsten dieser Aspekte in einer „Merke"-Liste zusammen.

MERKE-Liste für mein sprachliches Vorbild

- ______________________________
- ______________________________
- ______________________________
- ______________________________
- ______________________________
- ______________________________
- ______________________________

Dokumentieren Sie diese Liste in Ihrem Ordner zur regelmäßigen Überprüfung in der Praxis.

13.4 „Man sagt ja nix, man red' ja bloß!" Nehmen Sie vor dem Hintergrund Ihrer Kenntnisse um die Sprechschwierigkeiten der Kinder Ihrer Gruppe Stellung zu dieser Aussage.
Gehen Sie in einem zweiten Schritt auf Konsequenzen Ihrer Einschätzungen für die sozialpädagogische Praxis ein.

13.5 Sprache hat immer eine Wirkung. Notieren Sie, was Sie aus dieser Einsicht heraus für Ihr sprachliches Vorbild beachten müssen.

13.6 Sie wissen, Worte sind Erinnerung: Erläutern Sie die Bedeutung dieser Kenntnis für den erzieherischen Umgang mit den Kindern Ihrer Gruppe.

PRÜFUNG

Svetlana und die Zwillinge Esra und Onur

Svetlana (3;4 Jahre) kam vor 2 Jahren aus der Ukraine. Sie hat sich erstaunlich schnell in die Gruppe integriert und kann sich gut mit den Kindern sprachlich verständigen. Ihr Wortschatz zeigt noch Lücken auf und manchmal, vor allem, wenn sie schon müde ist, spricht sie auch undeutlich und damit unverständlich. Sie sprechen mit Svetlana, um sie zum Spiel in der Puppenecke einzuladen. Sie hört gar nicht zu, springt schnell weiter zum nächsten Tisch. Dieses Verhalten ist typisch für den Umgang mit ihr. Auch bemerken Sie, dass Svetlana einen Schritt zurückweicht, wenn Sie sich ihr nähern.

Die Zwillinge Esra und Onur (4;6 Jahre) sind türkischer Herkunft. Sie sind seit ihrem ersten Lebensjahr in Deutschland und leben integriert in einer große Familie. Zu Hause wird Türkisch gesprochen, die Eltern verstehen kaum Deutsch, die beiden älteren Geschwister schon. Die Zwillinge verstehen, was Sie ihnen sagen, antworten aber nur zögerlich. Am liebsten spielen und sprechen sie untereinander und dann in türkischer Sprache.

13.7 Bearbeiten Sie die Handlungssituation „Svetlana und die Zwillinge Esra und Onur" mithilfe des Formulars „Bearbeitung einer beruflichen Handlungssituation" von S. 13 ff.

13.8 Beschreiben Sie für Svetlana sowie für Esra und Onur Möglichkeiten gezielter Sprachförderung ...
- im Rahmen der Spielbegleitung im Freispiel,
- als gezielte Bildungsangebote.

Das Raster auf der nächsten Seite kann Sie dabei unterstützen, sich zunächst einen Überblick über die Möglichkeiten zu verschaffen.
[**Hinweis:** Nutzen Sie auch das Formular „Spielbegleitungsmaßnahme", vgl. Kap. 7, S. 84 ff.]

Bildungsbereich Sprache & Literacy		
für Esra und Onur 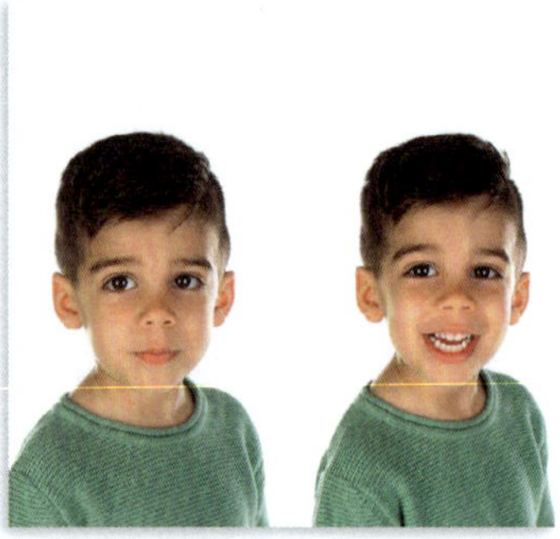	Spielbegleitungsmaßnahme	Bildungsangebot

Bildungsbereich Sprache & Literacy		
für Svetlana 	Spielbegleitungsmaßnahme	Bildungsangebot

PRAXIS

13.9 Gehen Sie durch den Gruppenraum Ihrer Praxisstelle: Welche Spiele wären für die Kinder zur Anregung ihrer individuellen Sprachkompetenz geeignet? Begründen Sie Ihre Auswahl.

14. Spielend sprechen

14.1 Recherchieren Sie verschiedene Spiele zu den in der Tabelle genannten Sprachspielen.

PRAXIS

14.2 Probieren Sie jeweils ein ausgewähltes Spiel in der Praxis aus. Halten Sie Ihre Erfahrungen mit diesen Spielen fest.

Spielart	Durchgeführtes Spiel	Erfahrungen mit dieser Spielart
Kreissing-spiele		
Finger-spiele		
Regel-spiele		
Rollen-spiele		

15. Mit Reimen, Fingerspielen und Liedern, die Sie verinnerlicht haben, können Sie dem Kind spontan begegnen, gemeinsam Verse verändern und neue ausdenken.

15.1 Sammeln Sie Kinderreime, -lieder und -gedichte, die Sie aus Ihrer Kindheit kennen.

15.2 Arbeiten Sie operationalisierte Ziele von Sprachförderung für die gesammelten Reime heraus. Wenden Sie für Ihre Zielfindung die SMART-Formel an.

15.3 Recherchieren Sie nach für Sie neuen und passenden Versen, Liedern oder Gedichten – auch in einer anderen Sprache. Lernen Sie einige auswendig und wenden Sie diese im nächsten Praktikum an.

Erzähl-/Buch- und Schriftkultur

16. Erstellen Sie eine Sammlung von Angeboten aus der Erzähl- und Buchkultur. Legen Sie Wert darauf, dass Sie mindestens 3 Werke aus jedem der abgebildeten Bereiche finden.

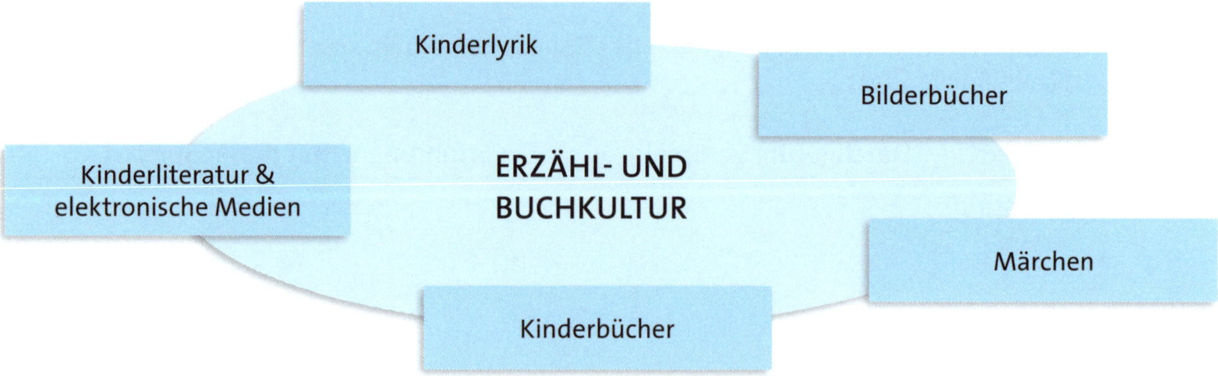

17. Bilderbuchtypen

Nicht das Wort, sondern das Bild nimmt beim Bilderbuch die dominierende Stellung ein. Die Inhalte werden vor allem oder ausschließlich über das Bild vermittelt. Damit ist das Bilderbuch prädestiniert für Kinder, die noch nicht selbst lesen können, aber auch für Kinder, die sich besonders zum Visuellen und Künstlerischen hingezogen fühlen.

Finden Sie für jeden der unter 17.1–18.7 vorgestellten Bilderbuchtypen mind. 3 Beispiele mit möglichst genauer Quellenangabe.

Tauschen Sie sich nach Ihrer Recherche mit Ihren Mitschülern über Ihre Ergebnisse aus und erstellen gemeinsam eine Klassensammlung (digital oder in Papierform).

17.1 Der Inhalt des **textfreien Bilderbuchs** wird ausschließlich visuell vermittelt und ist damit besonders für Kleinkinder und Vorschulkinder geeignet. Die Handlung muss deshalb leicht nachvollziehbar und visuell mitteilsam sein. Das Bild gibt die gesamte Handlungsbreite wieder und muss diese erkennbar machen, damit der Zusammenhang vom Kind erfasst werden kann.

17.2 Das **Bilderbuch mit kleinen Textbeigaben**: Neben dem Bild wird der Inhalt mit Hilfe einfacher und kurzer Textbeigaben ergänzt. Die Dominanz liegt aber nach wie vor beim Bild. Der Text soll helfen, die visuellen Eindrücke in gesprochene Sprache umzusetzen.

17.3 Im Bilderbuch, bei dem **Text und Bild gleichbedeutend** sind, sind weder Text noch Bild dominierend. Vielmehr bilden sie in gegenseitiger Ergänzung eine Einheit. Beide sind zum Verstehen des Handlungsablaufs von gleichrangiger Bedeutung.

18. Bilderbücher lassen sich nicht nur aufgrund der Textmenge, sondern auch durch andere Merkmale unterscheiden. Finden Sie für jeden der im Folgenden vorgestellten Bilderbuchtypen mind. 3 Beispiele mit möglichst genauer Quellenangabe.

18.1 Das **Elementarbilderbuch**, das einfache, oft alltägliche Sachverhalte vermittelt, ist für das recht junge Kind (ab 2 Jahren) gedacht. Es ist textfrei und bildet oft auf einer Seite einen einzigen Gegenstand aus dem nahen Umfeld des Kindes ab: Gegenstände des Alltags, Spielzeug o. a. Das Kind soll dabei mit vertrauten Gegenständen aus seiner Erfahrungswelt konfrontiert werden, sie wiedererkennen, genau betrachten lernen, sprachliche Begriffe daran bilden und somit beim Sprechenlernen unterstützt werden.

18.2 Das **Szenenbilderbuch** (auch Wimmelbuch) ist die erweiterte Form des Elementarbilderbuchs, da es nicht nur einen Gegenstand, sondern eine dem Kind bekannte Szene aus seinem Umfeld nahebringt: die Straße, im Wald, am See, in der Küche, im Zoo ...
Diese Szenen sind geeignet, vom Kind erfasst zu werden, und ermöglichen eine fortgeschrittene Stufe des Bildschauens: Das Kind erfasst Szenen und Veränderungen innerhalb dieser, es wird angeregt zum Erzählen und Fabulieren, es lernt nicht nur Einzelheiten, sondern Zusammenhänge zu erkennen, wird in seiner Fantasie angeregt. Die Initiative des Erzählens liegt beim Kind!

18.3 Das **Märchenbilderbuch** (als eine Sonderform des Bilderbuchs): Dem Märchen ist das Erzählen eigen. Deshalb sind Märchenbilderbücher immer mit Vorbehalt zu betrachten. Wenn sie eingesetzt werden, dann sollten sie auf einem hohen künstlerischen Niveau abbilden und in der Abbildung möglichst viel Spielraum für die Vorstellung des Kindes lassen, also die Welt des Märchens möglichst offen und wenig detailliert darstellen. Der Text hat sich am Inhalt des Originalmärchens zu orientieren; geeignet sind Märchenbilderbücher beispielsweise für schwierigere Märchen, weitgehend unbekannte Märchen oder Kunstmärchen.

18.4 Die **Bilderbuchgeschichte** ist das gängige Bilderbuch für Vor- und auch noch für Grundschulkinder.

Der statische Charakter des Bildgehalts wandelt sich in ein dynamisches Geschehen. Es treten bestimmte Handlungsabläufe auf, die das Kind in einen Zusammenhang zu bringen hat. Ein dynamisches Bilderbetrachten ist beim Kind vorauszusetzen: Das Kind muss entsprechend seinen Beobachtungen Menschen, Tiere und Gegenstände in wirkendem Mit- oder Gegeneinander sehen lernen.

Es sind zu unterscheiden:

- **Wirklichkeitsnahe Bildergeschichten,** die sich mit dem realen Geschehen der möglichen oder gegenwärtigen Welt auseinandersetzen.
- **Fantastische Bildergeschichten:** Fantasie und Wirklichkeit wird vermengt. Die Kinder können somit ihre Wünsche, Träume usw. in und mit den Gestalten des Geschehens im Bilderbuch ausleben.

18.5 Das **Sachbilderbuch** hat Sachverhalte aus dem Umfeld des Kindes als zentrales Thema und will eindeutig Wissen vermitteln. Dabei weitet sich der Themenbereich mit zunehmendem Alter des Kindes vom nahen Umfeld bis zu technischen, naturwissenschaftlichen oder kulturellen Themen. Das Lernen steht als pädagogische Intention im Vordergrund. Dabei soll sorgfältig darauf geachtet werden, dass bestimmte Themen nicht zu früh an das Kind herangetragen werden und es damit überfordert wird.

Inhaltlich unterscheidet man 2 Arten des Sachbilderbuchs:

- Sachbilderbücher, die eine möglichst große Fülle von Welt und Wirklichkeit zu vermitteln suchen, und
- Sachbilderbücher (auch Kinderlexika u. Ä.) mit einem eng begrenzten, spezialisierten Thema.

18.6 Das **Fotobilderbuch**: An die Stelle eines gemalten Bildes tritt das Foto. Das Fotobilderbuch eignet sich besonders gut zur Vermittlung natur- und sachkundlicher Themen.

18.7 Die **religiöse Bildergeschichte**: Die Inhalte sind hier im religiösen, meist im biblischen Bereich zu suchen. Überwiegend sind es biblische Geschichten, die erzählt und abgebildet werden. Sie müssen der Quelle (Bibel) entsprechen, sollen nicht verkitscht oder verniedlicht werden.

19. Mein liebstes Bilderbuch

19.1 Beschreiben Sie Ihr Lieblingsbilderbuch. Begründen Sie Ihre persönliche Wahl.

19.2 Erläutern Sie anhand dessen, was ein gutes Bilderbuch ausmacht.

PRAXIS

20. Eine Bilderbuchbetrachtung planen, durchführen und analysieren

20.1 Erarbeiten Sie eine methodische Planung anhand einer didaktischen Analyse zur Umsetzung einer dialogorientierten Bilderbuchbetrachtung.

20.2 Führen Sie die Bilderbuchbetrachtung in Ihrer Kita durch und filmen Sie sie (Datenschutz beachten!).

20.3 Analysieren Sie den Beitrag hinsichtlich des Vortragens (Stimme und Stimmwechsel, Betonung, Pausen, Art der Fragestellungen usw.), der gestisch-mimischen Begleitung des Vortragens und der Qualität des Dialogs (Partizipation der Kinder, sprachliches Vorbild, Umsetzen von Gesprächsregeln).

20.4 Erarbeiten Sie weitere Ideen für weiterführende Bildungsangebote zu dem von Ihnen gewählten Bilderbuch. Arbeiten Sie im Sinne eines ganzheitlichen Bildungsansatzes.

21. Erstellen Sie ein Bilderbuch-Leporello für Krippenkinder zu einer ausgewählten Thematik. Achten Sie auf Aspekte der Alltagstauglichkeit bei der Anfertigung.

PRAXIS

22. Ein fremdsprachiges Bilderbuch selbst gestalten

22.1 Gestalten Sie ein fremdsprachiges Bilderbuch entsprechend der Zielgruppe in Ihrer Praxisgruppe zum Thema „Tiere auf dem Bauernhof".
Bereiten Sie sich auf das Gespräch mit den Kindern über die Bilder vor. Wie werden z. B. Tierstimmen in den einzelnen Sprachen dargestellt? Der Hund bellt auf Deutsch „wau, wau", auf Türkisch „gaf, gaf".

22.2 Führen Sie eine Bilderbuchbetrachtung mit dem selbst gestalteten Buch in der Praxis durch.

23. Kinder werden durch Märchen emotional angesprochen.

23.1 Wählen Sie ein Hausmärchen der Gebrüder Grimm, welches Sie für Vorschulkinder für geeignet halten.

23.2 Welche Kunstmärchen sind für Kinder im Vorschul- bzw. Grundschulbereich geeignet? Recherchieren Sie.

23.3 Welche Grundgefühle könnten durch welche Erzählpassagen in Ihrem ausgewählten Märchen entstehen?

23.4 Beschreiben Sie, wie Sie die Erzählsituation gestalten, damit eine vertrauensvolle Beziehung zwischen Kind und Ihnen als pädagogischer Fachkraft entstehen kann.
Die folgende Abbildung kann Ihnen Impulse geben.

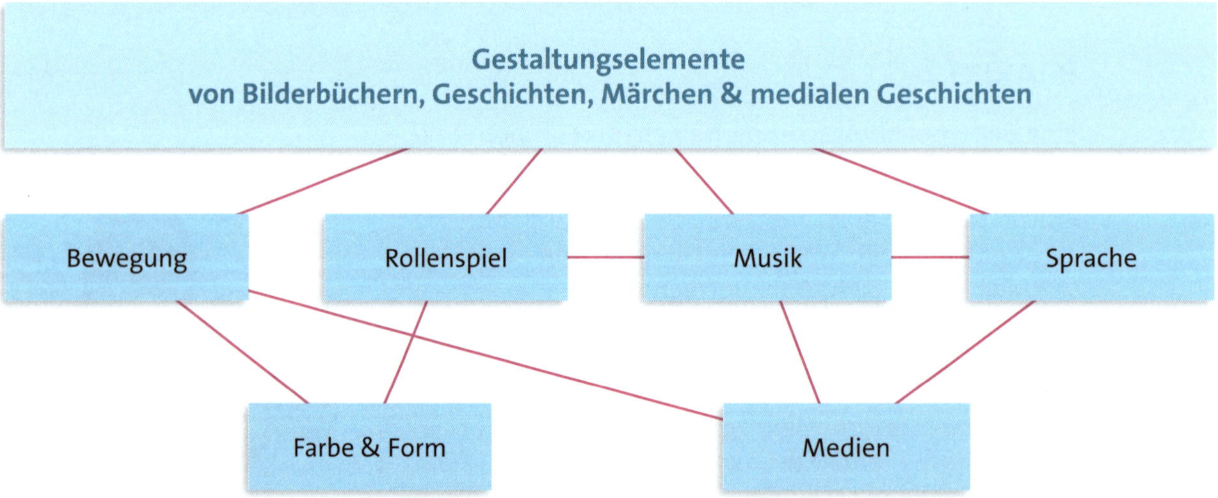

Vielfältige methodisch-didaktische Gestaltungsmöglichkeiten

23.5 Zeichnen Sie die Sitzordnung der geplanten Erzählsituation auf und begründen Sie Ihren Entwurf kurz.

24. **FALLBEISPIEL** Die Mutter eines Kindergartenkindes ist entsetzt, weil Sie den Kindern das Märchen „Aschenputtel" erzählt haben. Sie wirft Ihnen vor, unwahre Grausamkeiten damit zu verbreiten.

Was entgegnen Sie ihr? Und wie erzählen Sie ein Märchen diesbezüglich?

Bildungsbereich sozial-emotionale Entwicklung

25. Atelierkarten für das Lernatelier „Bildungsbereich sozial-emotionale Entwicklung"
Diese Karten gehören zum „Lernatelier Bildungsbereiche" (weitere finden Sie über das Buch verteilt). Bearbeiten Sie ausgewählte Karten. Siehe auch die Erklärung zum Lernatelier auf Seite 17.

Atelierkarte
Bildungsbereich sozial-emotionale Entwicklung

Arbeitsziel: Reflexion von Fachinhalten

Arbeitsaufgabe: Geeignete Lernumgebung für Kinder

- Wie kann eine geeignete Lernumgebung für die Entwicklung sozialer und emotionaler Kompetenzen von Kindern aussehen?
- Ergänzen Sie mit dem, was Ihr Bildungsplan für frühe Bildung dazu sagt.
- Stellen Sie einen inhaltlichen Zusammenhang her zu allgemeinen Aspekten der Spielraumgestaltung. Dokumentieren Sie Übereinstimmungen in Ihrem (Portfolio-)Ordner.

Atelierkarte
Bildungsbereich sozial-emotionale Entwicklung

Arbeitsziel: Reflexion von Fachinhalten und Transfer in praktische Arbeit

Arbeitsaufgabe: Zusammenarbeit mit Eltern im Bereich sozial-emotionaler Entwicklung

- Möglich ist ein Elternabend mit dem Thema „Konflikte mit Kindern konstruktiv lösen". Was finden Sie dazu in der Literatur? [Tipps: Dörfler/Klein, Konflikte machen Kinder stark; Hansen/Knauer, Die Kinderstube der Demokratie]
- Welche Inhalte sollte ein Elternabend mit diesem Thema haben?
- Halten Sie die Literaturhinweise samt wesentlichen inhaltlichen Aspekten im (Portfolio-) Ordner fest.

Atelierkarte
Bildungsbereich sozial-emotionale Entwicklung

Arbeitsziel: Transfer von Fachinhalten in praktische Bildungsarbeit

Arbeitsaufgabe: Konflikte lösen mit Kindern (Methoden)

- Welche Methoden zur Konfliktlösung sind Ihnen geläufig? Ergänzen Sie mit Fachliteratur und Ihrem Bildungsplan für frühe Kindheit (z. B. BEP, Punkt 7.2). Lesen und diskutieren Sie zu zweit.
- Favorisieren Sie für sich einige Methoden und begründen Sie.
- Wählen Sie ein konkretes Material (z. B. ein Bilderbuch), das geeignet ist, mit Kindern (Altersgruppe Ihrer Wahl) über Gefühle zu sprechen.
- Dokumentieren Sie Ihre Arbeit im (Portfolio-) Ordner.

Atelierkarte
Bildungsbereich sozial-emotionale Entwicklung

Arbeitsziel: Reflexion von Fachinhalten und Selbstreflexion

Arbeitsaufgabe: „Mut zum Fehler" – Kindern gegenüber Fehler eingestehen

- Welche Fehler mussten Sie vor Kindern schon einräumen und was waren Ihre persönlichen Erfahrungen?
- [Reflektierte Beziehungsgestaltung] Schreiben Sie eine kurze Selbstreflexion zu immer wiederkehrenden persönlichen Fehlern und deren Überwindung in Ihren (Portfolio-)Ordner.
- [Textarbeit im bayerischen BEP, Punkt 7.2 Der Bildungsplan sieht Fehler einzugestehen als zentralen Aspekt von Konfliktbearbeitung vor. Lesen Sie den Text und ziehen Sie die Inhalte daraus.]

Bildungsbereich Musik und Rhythmik

26. Atelierkarten für das Lernatelier „Bildungsbereich Musik und Rhythmik“
Diese Karten gehören zum „Lernatelier Bildungsbereiche“ (weitere finden Sie über das Buch verteilt). Bearbeiten Sie ausgewählte Karten. Siehe auch die Erklärung zum Lernatelier auf Seite 17.

Atelierkarte
Bildungsbereich Musik und Rhythmik

Arbeitsziel: Reflexion von Fachinhalten

Arbeitsaufgabe: „Rhythmik verbindet die Grundkategorien frühen Lernens: Musik, Sprache, Bewegung und Rhythmus.“

- Wie wird Rhythmik definiert?
- Vergleichen Sie Ihre Definition mit denen der Musikpädagogin Sabine Hirler *(www.sabinehirler.de)*.
- Dokumentieren Sie Ihre Erkenntnisse in Ihrem (Portfolio-)Ordner.

Atelierkarte
Bildungsbereich Musik und Rhythmik

Arbeitsziel: Transfer von Fachinhalten in praktische Bildungsarbeit, Anwendung methodischer Prinzipien

Arbeitsaufgabe: Pädagogische Zielsetzungen der Rhythmik

- Suchen Sie nach konkreten Übungen, die Sie methodisch so aufbauen, dass sie
  – das Lernen in der Gruppe,
  – die Entwicklung von schöpferischen Prozessen
  ermöglichen.
- Verwenden Sie als Hilfestellung einen Bildungsplan für die frühe Kindheit (z. B. den bayerischen BEP, Punkt 7.10) sowie Standardwerke der Rhythmik (z. B. von Sabine Hirler, *www.sabinehirler.de*, oder Susanne Peter: Rhythmik kinderleicht).

Atelierkarte
Bildungsbereich Musik und Rhythmik

Arbeitsziel: Transfer von Fachinhalten in praktische Bildungsarbeit

Arbeitsaufgabe: „Tanz gehört wie Spiel und Bewegung zu den menschlichen Ausdrucksformen.“

- Welche rhythmischen Bewegungserfahrungen können Sie Kindern verschiedener Zielgruppen anbieten? Sammeln Sie konkrete Ideen in Ihrem (Portfolio-)Ordner.
- Bieten Sie zu einem geeigneten Zeitpunkt (z. B. im Rahmen eines Projekttags) eine Tanzeinführung für die Schulgemeinschaft an. Grundlagen zur Tanzgestaltung kann Ihr Bildungsplan für die frühe Kindheit bieten (z. B. der bayerische BEP, Punkt 7.10).

Atelierkarte
Bildungsbereich Musik und Rhythmik

Arbeitsziel: Reflexion von Fachinhalten

Arbeitsaufgabe: Rhythmikmaterial

- Welche Rolle spielen Raum und Material in der Rhythmik?
- Experimentieren Sie mit den schuleigenen Rhythmikmaterialien.
- Recherchieren Sie Rhythmikmaterialien in einem Spielmaterialkatalog (Wehrfritz o. a.). Verwenden Sie die Bilder zur Dokumentation in Ihrem (Portfolio-)Ordner.
- Womit sollte das schuleigene Material ergänzt werden? Schreiben Sie eine Wunschliste (ohne Garantie) für die Fachlehrkraft.

Bildungsbereich Kunst und Gestalten

27. Werkschaffendes Tun fördert das einzelne Kind in vielfältiger Hinsicht. Wählen Sie ein Beispiel solchen Schaffens und erläutern Sie daran die Möglichkeiten der Kompetenzentwicklung in den verschiedenen Bereichen (siehe Abb.).

28. Malorte

28.1 Vergleichen Sie Vor- und Nachteile von gesonderten Mal- und Werkräumen oder Ateliers im Gegensatz zu täglich verfügbaren Materialien in multifunktionalen Räumen für Gestaltungsaktionen. Gehen Sie innerhalb Ihres Vergleichs auf die folgende Abbildung ein.

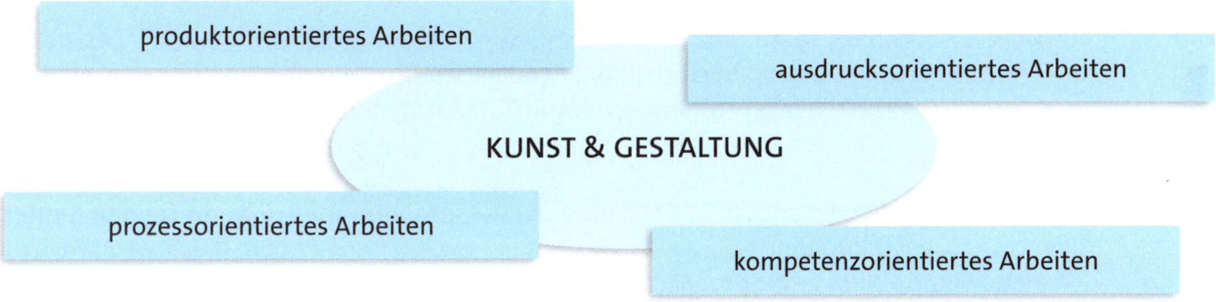

28.2 Erstellen Sie eine Vergleichstabelle.

PRAXIS

28.3 Notieren Sie die Bedingungen, die in Ihrer Praxiseinrichtung bestehen, und stellen Sie Verbesserungsideen heraus.

28.4 Recherchieren Sie den „Malort“ nach Arno Stern. Fassen Sie Ihre Ergebnisse übersichtlich zusammen und legen Sie sie in Ihrem Ordner/Lerntagebuch ab.

29. Kunstwerke betrachten

29.1 Kleben Sie ein Foto eines Kunstwerks Ihres Lieblingskünstlers in Ihr Lerntagebuch. Begründen Sie, warum dieses Kunstwerk Sie besonders anspricht.

29.2 Führen Sie ein Bildungsangebot durch, bei dem Sie mit Kindern Ihrer Kita-/Schulkindgruppe eine Bildbetrachtung eines Kunstwerks durchführen, welches Sie für geeignet halten. [Beispiele: Blaues Pferd/Franz Marc, Burg und Sonne/Paul Klee, Spaziergang über Felsen/Claude Monet]

PRAXIS

30. Planen Sie ausgehend von Werken Ihres Lieblingskünstlers ein Kunstprojekt im Kindergarten. Führen Sie das Projekt mit einer angemessenen Zielgruppe in der Praxiseinrichtung durch und reflektieren es mit Ihrer Praxisanleitung.

Bildungsbereich Naturverstehen und Ökologie

31. Legen Sie dar, inwiefern das Thema „Umweltschutz" Ihren persönlichen Alltag beeinflusst. Welche Ansatzpunkte sehen Sie, um dieses Thema den Kindern in der Kita zu vermitteln?

32. Ermitteln Sie lokale Projekte zur Umwelterforschung im Sozialraum Ihrer Einrichtung, an denen Sie (ggf. mit Ihrer Gruppe) teilnehmen können.

33. **FALLBEISPIEL** Sie machen mit Ihrer Kindergartengruppe einen Beobachtungsgang durch den Wald. Ihnen fällt auf, dass die 4;2-jährige Monika oft die Äste abknickt und dann wegwirft.

33.1 Erläutern Sie, wie Sie ihr altersentsprechend die Relevanz von Bäumen für die Umwelt verdeutlichen können.

33.2 Welche Bildungsmaßnahmen könnten sich anschließen?

34. Erstellen Sie in einer Mindmap Ideen für eine erlebnisreiche Gartenanlage in einer Kindertagesstätte. Bedenken Sie die unterschiedlichen Spielbereiche im Außengelände.

PRAXIS

35. Tauschen Sie sich im Team über Ihre verschiedenen Praxiseinrichtungen aus: Über welche Elemente zur Naturerfahrung verfügt das jeweilige Außengelände? Dokumentieren Sie Ihre Arbeitsergebnisse an einer „sprechenden Wand" u. a. mit vielfältigen Fotos.

36. Der Garten Ihrer Kindertagesstätte soll einen Sinnespfad erhalten. Planen Sie den Sinnespfad mit folgenden Fragestellungen:
- Welche Sinne sollen angesprochen werden?
- Welche Ideen haben Sie zur konkreten Umsetzung?

Recherchieren Sie in der Fachliteratur.

37. Bildungsbereich gleich Erfahrungsbereich

37.1 Welche kennen Sie? Geben Sie Beispiele.

37.2 Ordnen Sie konkrete Lernerfahrungen zu.

37.3 Bereiten Sie ein umfängliches, aktuelles (d. h. dem Jahresverlauf entsprechendes) Bildungsangebot zum Thema „Naturerfahrung" für eine Zielgruppe Ihrer Wahl vor.

38. Methodisch-didaktische Planungen zum Bildungsbereich

38.1 Planen Sie ein Bildungsangebot auf der Basis einer didaktischen Analyse für eine gewählte Zielgruppe.

38.2 Planen Sie zielorientiert einen ortsnahen Naturerlebnistag für eine ausgewählte Altersgruppe.

38.3 Strukturieren Sie einen ergebnisoffenen Projektverlauf zu einem konkreten Thema aus dem Bildungsbereich in 4 Schritten (vgl. Kap. 7)

39. Experimentieren und Forschen als didaktische Einheit

39.1 Stellen Sie mögliche Forscheraufgaben zu Wasser und Luft für eine gewählte Altersgruppe zusammen.

PRAXIS

39.2 Beschreiben Sie den Ablauf eines Experiments in der Praxis für eine Zielgruppe Ihrer Wahl anhand folgender methodischer Schritte im didaktischen Prozess.

Neugierde	Beobachtung	Hypothesen	Experimente	Theorie
natürliches Lernverhalten	ungezieltes, spontanes Beobachten	gezieltes, geplantes Beobachten zur Beantwortung der Eingangsfrage (= Hypothese)	Planung, Durchführung, Reflexion zur qualifizierten, vergleichenden, messenden Beobachtung durch den Versuch	▪ Verallgemeinerung und Generalisierung ▪ Gesetzmäßigkeit ableiten

40. Entwickeln Sie den Ablauf einer Waldwoche mit dem Schwerpunkt „Bilden durch bewegen" für Kinder im Alter von 3 bis 6 Jahren. Achten Sie in Ihren Ausführungen auf die Begründung der einzelnen Bewegungsangebote.

41. Studieren Sie noch einmal die Konzeption des Waldkindergartens (vgl. Aufgaben in Kap. 7).

41.1 Welches Bild vom Kind trägt die Konzeption des Waldkindergartens?

41.2 Welche Bildungsinhalte aus dem Bildungsbereich „Naturverstehen" sind dort an der Tagesordnung? Welche alltäglichen Erfahrungen machen die Kinder zu diesen?

41.3 Diskutieren Sie schriftlich Vor- und Nachteile eines Waldkindergartens für die kindliche Entwicklung und Vorbereitung auf das Schulleben.

41.4 Sammeln Sie Argumente, die Sie Eltern liefern könnten, die in Sorge sind, dass ihr Kind im Waldkindergarten nicht gut auf die Schule vorbereitet wird.

41.5 Welche konkreten Spielmaterialien und -möglichkeiten stehen den Kindern im Wald zur Verfügung?

41.6 Planen Sie 3 Spiele (verschiedene Spielarten), die Sie im Wald und ausgehend von den spezifischen Möglichkeiten dort mit Kindern durchführen können.

42. Atelierkarten für das Lernatelier „Bildungsbereich Naturverstehen und Ökologie“
Diese Karten gehören zum „Lernatelier Bildungsbereiche“ (weitere finden Sie über das Buch verteilt). Bearbeiten Sie ausgewählte Karten. Siehe auch die Erklärung zum Lernatelier auf Seite 17.

Atelierkarte
Bildungsbereich Naturverstehen und Ökologie

Arbeitsziel: Transfer von Fachinhalten in praktische Bildungsarbeit

Arbeitsaufgabe: „Gartentage“ (Umweltbildung)

- Die Bildungspläne empfehlen regelmäßige Aufenthalte in der Natur. Dies können z. B. feste „Gartentage“ sein.
- Planen und gestalten Sie ein zielgerichtetes Miniprojekt zur Gartengestaltung.
- Achten Sie auf die Fachbegrifflichkeit „Miniprojekt“ sowie auf inhaltliche Möglichkeiten.
- Planen Sie für die von Ihnen gewählte Zielgruppe (vgl. Vertiefungsgebiet).
- Beachten Sie: Unbedingt Absprache mit der Schulleitung und der Hausmeisterei. Legen Sie Ihre konkreten Planungen vor.

[Tipp: Im bayerischen BEP Punkt 7.7 finden sich Erläuterungen.]

Atelierkarte
Bildungsbereich Naturverstehen und Ökologie

Arbeitsziel: Reflexion und Vernetzung von Bildungsinhalten

Arbeitsaufgabe: „Waldtage“ (Umweltbildung)

- „Waldtage“ sind eine Möglichkeit der Umsetzung von Umweltbildung mit Kindern. Welche Planungen sind dafür bedeutsam?
- Welche Ziele verfolgen Waldtage? Fertigen Sie eine Mindmap an, an der Sie die Vernetzung mit anderen Bildungsbereichen veranschaulichen. Überprüfen Sie die Ziele anhand der SMART-Formel.
- Welche methodischen Überlegungen sind nötig für solch ein Angebot?
- Arbeiten Sie spezifisch für die von Ihnen gewählte Zielgruppe (vgl. Vertiefungsgebiet). [Tipp: Im bayerischen BEP Punkt 7.7 finden sich Erläuterungen.]

Atelierkarte
Bildungsbereich Naturverstehen und Ökologie

Arbeitsziel: Transfer von Fachinhalten in praktische Bildungsarbeit

Arbeitsaufgabe: „Die Beobachtung der Umgebung als Ausgangspunkt forschender Tätigkeiten.“

- Unternehmen Sie einen Beobachtungsgang im Garten oder in unmittelbarer Natur.
- Bringen Sie 3 Objekte aus der Natur mit, die Impuls für eine Forschungsaufgabe für Kinder sein könnten (Altersgruppe beachten).
- Bereiten Sie ein Experiment mit einem Objekt konkret vor.
- Dokumentieren Sie dieses fotografisch in Ihrem (Portfolio-)Ordner.

Atelierkarte
Bildungsbereich Naturverstehen und Ökologie

Arbeitsziel: Reflexion von Fachinhalten

Arbeitsaufgabe: Nachhaltige Entwicklung – „Agenda 21“ der Vereinten Nationen

- Informieren Sie sich über die „Agenda 21“. Was sind die Leitgedanken? Halten Sie diese in Ihrem (Portfolio-)Ordner fest.
- Fertigen Sie eine Mindmap an: Welche Zielsetzungen bezüglich Umweltbildung mit Kindern ergeben sich aus der Agenda?
- Reflektieren Sie diese Ziele schriftlich hinsichtlich ihrer Art sowie ihrer Qualität (SMART-Formel).

18 Das Spiel

PRAXIS

1. Fertigen Sie eine Spielmaterialliste für Ihre Kita-Gruppe: Sortieren Sie die Spielmaterialien entsprechend ihrer Funktion, z. B. Bauen und Konstruieren, Rollenspiel.

2. Beobachten Sie 5- bis 6-jährige Kinder beim Rollenspiel. Nutzen Sie dazu das Formular „Beobachtungssequenz" von S. 57 f. und gehen Sie dabei auf folgende Leitfragen ein:

2.1 Was sind die bespielten Themen?

2.2 Wie erfolgt die Einigung über Rollenverteilung und Spielverlauf?

2.3 Welche Spielutensilien benötigen die Kinder? Vergleichen Sie mit der Lebenswelt der Kinder.

2.4 Welchen pädagogischen Wert erkennen Sie im Spiel der Kinder? Bedenken Sie die unterschiedlichen Bildungsbereiche.

2.5 Vergleichen Sie die Spielentwicklung mit der Zielgruppe 3- bis 4-Jährige.

2.6 Erarbeiten Sie eine Beobachtungssequenz (entsprechend der Vorlage) zu einem Rollenspiel in der Puppen- oder Bauecke.

3. Beobachten Sie im Freispiel Kinder unterschiedlichen Alters bei Regelspielen unter Berücksichtigung folgender Fragestellungen:

3.1 Welche Spiele werden ausgewählt? Fertigen Sie eine Hitliste an.

3.2 Wodurch ist das Spielverhalten gekennzeichnet? Fertigen Sie ggf. eine Beobachtungssequenz an.

3.3 Wie gehen die Kinder mit Misserfolg um? Erläutern Sie, wie Sie ggf. den Aufbau von Frustrationstoleranz unterstützen können.

3.4 Erstellen Sie eine Liste von Regelspielen ohne Sieger und Verlierer.

4. Lesen Sie die folgenden Fallbeispiele.

FALLBEISPIEL 1 Der 2;3-jährige Jakob sitzt in der Sandkiste und lässt den Sand immer wieder durch seine Finger rieseln. Er hat dabei die anderen Kinder um sich herum vergessen.

FALLBEISPIEL 2 Jana ist 5;7 Jahre alt und füttert ihre Puppe. Dabei redet sie ihr gut zu, ordentlich zu essen, lobt sie und legt sie dann zum „Bäuerchenmachen" über die Schulter. Dabei klopft sie ihr auf den Rücken.

4.1 Ordnen Sie die Spiele den Spielarten zu. Was macht den Unterschied?

4.2 Erläutern Sie, welchen pädagogischen Wert die Spiele jeweils für die spielenden Kinder haben.

4.3 Planen Sie Impulse zur Weiterführung der Spielideen.

PRAXIS

5. Führen Sie eine fachliche Beobachtung auf einem Spielplatz durch. Nutzen Sie dazu das Formular „Beobachtungssequenz" von S. 57f. Berücksichtigen Sie dabei folgende Fragestellungen:

5.1 Welche Spielgruppen, welches Spielalter können Sie erkennen?

5.2 Welche Spielmaterialien und Spielgeräte sehen Sie? Bewerten Sie deren Qualität.

5.3 Welche Spielarten erkennen Sie?

5.4 In welchen Spielformen spielen die Kinder?

5.5 Wie würden Sie als pädagogische Fachkraft die spielenden Kinder begleiten?

5.6 Welche Gefahrenquellen können Sie erkennen und wie sind diese zu vermeiden?

6. **FALLBEISPIEL** Eine häufig anzutreffende Familiensituation: Der Vater muss zur Arbeit, die Mutter möchte unbedingt noch etwas erledigen, der 4;4-Jährige hat unendlich viele Fragen und wird quengelig. Entnervt sagt die Mutter: „Nun geh schon endlich raus und spiel."

6.1 Erläutern Sie die Bedürfnisse des Kindes.

6.2 Nehmen Sie die kindliche Perspektive ein: Überlegen Sie schriftlich, wie sich das Kind nach dieser Spielaufforderung fühlen könnte.

6.3 Bewerten Sie die Anordnung der Mutter. Bedenken Sie hierbei die Merkmale von Spiel.

6.4 Machen Sie unter Berücksichtigung Ihrer Fachkompetenz Vorschläge, wie die Mutter ihr Vorgehen optimieren kann.

7. Lesen Sie nochmals die Rahmenbedingungen zur „Kita St. Martin" in Kapitel 7, S. 82.
Bearbeiten Sie die folgenden 2 Handlungssituationen, evtl. unter Zuhilfenahme des Materials zu Spielbegleitungsmaßnahmen in Kap. 7.

Mehmet

Mehmet (6;4 Jahre) soll im September eingeschult werden. Die deutsche Sprache macht ihm noch deutlich Schwierigkeiten; er spielt gerne mit den Jungen in der Bauecke, spricht aber wenig. Dennoch steht er in einem guten Kontakt mit den anderen Jungen, vor allem, weil er viele Ideen einbringt und schnell umsetzt. Wenn er von seiner Mutter abgeholt wird, sprechen Mutter und Kind türkisch, zumal die Mutter kaum Deutsch versteht.

Eine Gruppe der Jungen findet sich fast täglich schon morgens in der Bauecke ein: Sie planen gemeinsam, was sie bauen wollen, verteilen dann schon mal die Rollen, wer was tun soll. Auch Mehmet spielt gern in der Bauecke: Er schöpft aus der Fülle der Konstruktionsmaterialien, allerdings macht ihm schlussendlich das Aufräumen erhebliche Probleme: Wohin gehört was? Die mitspielenden Jungen sind dann oft schnell weg, bevor er überhaupt merkt, dass die vielen Materialien noch ungeordnet herumliegen.

18

7.1 Bearbeiten Sie die Handlungssituation „Mehmet" mithilfe des Formulars „Bearbeitung einer beruflichen Handlungssituation" von S. 13 ff. Erläutern Sie begründend, um welche Art von Spiel es sich in der vorliegenden Situation handelt.

- Beschreiben Sie den pädagogischen Wert eines solchen Spiels für die Gruppe der Jungen.
- Planen Sie eine Spielbegleitungsmaßnahme für die Bauecke, bei der Sie speziell an den Ressourcen von Mehmet anknüpfen und seine Sprachentwicklung voranbringen können.

7.2 Nennen und erläutern Sie andere Spielarten, die Sie Mehmet anbieten könnten, um Impulse für die sprachliche Bildung zu geben und gleichzeitig seine Ressourcen zu nutzen.

PRAXIS

7.3 Finden Sie am kommenden Praxistag Spielmaterialien in Ihrer Gruppe in der Praxisstelle, welche gezielt die Sprache fokussieren und welche dementsprechend für Mehmet hilfreich sein könnten.

Sonja

Sonja (4;2 Jahre) ist eines der sogenannten „Inklusionskinder" in der Gruppe: Sie hat das Down-Syndrom und ist der „Sonnenschein" der Gruppe. Sonja faszinieren alle Rollenspiele. Immer wenn der Kasperl auf Ihrer Hand sitzt und die Kinder in der Gruppe auffordert, in den Sitzkreis zu kommen, geht sie Ihnen hinterher und vergisst alles um sich. Kinder in der Bauecke kann sie minutenlang still beobachten und im Sandkasten verkauft sie begeistert selbstgebackene Sandkuchen an die Kinder. Sie redet vor sich hin und winkt die Kinder zu sich her.

Am Mal- und Basteltisch nimmt sie nur nach Aufforderung Platz. Gestern boten Sie ihr Perlenmaterial zum Auffädeln an, aber sie lief weg. Wenn Sie in den Garten gehen, streckt sie Ihnen ihre Füße entgegen, um sich die Schuhbänder binden zu lassen. Wenn Sie sie auffordern, es selbst zu versuchen, läuft sie mit offenen Schuhen. Beim Balancieren auf den Holzbalken lacht sie vor Vergnügen und greift nach der Hand eines Erwachsenen.

Eine ihrer besonderen Begabungen ist das Singen. Sonja versteht, was Sie oder die Kinder ihr mitteilen. Wichtig ist Ihnen, oft mit Bildmaterial eine Visualisierung der Mitteilungen vorzunehmen, denn dann fällt es Sonja viel leichter, Zusammenhänge zu erkennen. Spricht Sonja mit Ihnen, müssen Sie sehr genau zuhören, um sie zu verstehen.

7.4 Bearbeiten Sie die Handlungssituation „Sonja" mithilfe des Formulars „Bearbeitung einer beruflichen Handlungssituation" von S. 13 ff.

7.5 Entwickeln Sie entsprechend einem ganzheitlichen Bildungsgeschehen operationalisierte Ziele für die Bildungsarbeit mit Sonja.

7.6 Welche Spielarten und -formen sind geeignet, diese Ziele umzusetzen und die entwicklungsangemessenen Bedürfnisse von Sonja zu berücksichtigen? Geben Sie konkrete Beispiele.

7.7 Erarbeiten Sie eine Spielbegleitungsmaßnahme, die an die Ressourcen von Sonja anknüpft. Nutzen Sie hierzu das Formular „Spielbegleitungsmaßnahme" von S. 84 ff.

7.8 Welchen besonderen Herausforderungen sehen Sie sich durch die Inklusion von Sonja gegenübergestellt? Greifen Sie folgende Impulse auf:

- Kooperationspartner
- Differenzierungsraum
- Binnendifferenzierung
- Ressourcenorientierung
- Ko-Konstruktion
- Elternkooperation

8. Atelierkarten für das Lernatelier „Spiel"
Bearbeiten Sie ausgewählte Karten. Siehe auch die Erklärung zum Lernatelier auf Seite 17.

Atelierkarte Spiel
Arbeitsziel: Reflexion von Fachinhalten
Arbeitsaufgabe: Spielen Sie im Team das Spiel (bitte selbst wählen und hier vermerken)
▪ Welche typischen Merkmale von Spiel konnten Sie erkennen? ▪ Welchen pädagogischen Wert leiten Sie daraus für Kinder bzw. Jugendliche ab? Arbeiten Sie zielgruppenorientiert. ▪ Dokumentieren Sie Ihre Überlegungen in Ihrem (Portfolio-)Ordner.

Atelierkarte Spiel
Arbeitsziel: Reflexion von Fachinhalten
Arbeitsaufgabe: „Spielen bedeutet Lernen."
▪ Machen Sie dies an mehreren praktischen Beispielen, bei denen Spiel eine Rolle spielt, deutlich und bezogen auf unterschiedliche Lernprozesse. ▪ Achten Sie bei der Auswahl auf die Anwendung verschiedener Spielformen. ▪ Wählen Sie solche, die für die von Ihnen gewählte Zielgruppe (vgl. Vertiefungsgebiet) infrage kommen. ▪ Dokumentieren Sie Ihre Überlegungen in Ihrem (Portfolio-)Ordner.

Atelierkarte Spiel
Arbeitsziel: Reflexion von Fachinhalten
Arbeitsaufgabe: Suchen Sie mindestens 5 Spiele, bei denen die Sinneswahrnehmung zentral ist.
▪ Orientieren Sie sich an einer Zielgruppe. ▪ Achten Sie auf eine ganzheitliche Ausrichtung der Spiele, auch in Bezug auf die verschiedenen Sinnesbereiche. ▪ Dokumentieren Sie Ihre Überlegungen im (Portfolio-)Ordner.

Atelierkarte Spiel
Arbeitsziel: Reflexion von Fachinhalten
Arbeitsaufgabe: „Der Spielraum beeinflusst das kindliche Spiel."
▪ Wählen Sie einen wichtigen Grundsatz der Spielraumgestaltung aus, bezogen auf die von Ihnen gewählte Zielgruppe. ▪ Geben Sie möglichst vielfältige praktische Beispiele der Spielraumgestaltung bezogen auf diesen Grundsatz. ▪ Welche hilfreichen Erkenntnisse können Sie diesbezüglich aus der Reggio-Pädagogik gewinnen? ▪ Können Sie diese Beispiele visualisieren für Ihren (Portfolio-)Ordner?

Atelierkarte Spiel
Arbeitsziel: Anwendung methodischer Prinzipien
Arbeitsaufgabe: „Das Regelspiel ist beim Vorschulkind sowie beim Schulkind bedeutsam."
▪ Wählen Sie ein Regelspiel aus, das geeignet ist für Kinder entsprechend der von Ihnen gewählten Zielgruppe. ▪ Welche Bedeutung für die Spiel- und Persönlichkeitsentwicklung der Kinder hat dieses? Arbeiten Sie begründet. ▪ Entsprechend diesen Erkenntnissen: Wie gestalten Sie die Einführung dieses Spiels methodisch? (methodischer Aufbau, methodische Grundsätze u. a.) ▪ Dokumentieren Sie Ihre Überlegungen in Ihrem (Portfolio-)Ordner.

Atelierkarte Spiel, Medien
Arbeitsziel: Transfer von Fachinhalten in praktische Bildungsarbeit
Arbeitsaufgabe: Spezielle Lern-, Spiel- und Malprogramme für Kinder
▪ Recherchieren Sie solche Programme bezogen auf die von Ihnen gewählte Zielgruppe. ▪ Versuchen Sie, möglichst objektivierbare Kriterien zur pädagogischen Bewertung der Programme zu erarbeiten. (Die Kriterien können Sie auch Eltern zur Verfügung stellen.) ▪ Dokumentieren Sie diese in Ihrem (Portfolio-)Ordner.

9. **FALLBEISPIEL** Es ist Freispielzeit im Kindergarten *Peter & Paul* mit einem offenen Konzept, in dem die Erziehenden die unterschiedlichen Funktionsräume und Spielorte vorbereiten und das Spiel dort begleiten. Die Kinder können selbst entscheiden, mit wem sie spielen möchten, an welchem Ort und mit welchem Material. Die Kinder spielen sehr vielfältig:

- Moritz (3;10 Jahre) und Sofie (4;3 Jahre) sitzen am Tisch und spielen Memory.
- Dessi (2;9 Jahre), Alessia (4;9 Jahre) und Kerstin (6;2 Jahre) sitzen draußen auf der Schaukel.
- Charlotte (6;1 Jahre), Paula (4;5 Jahre), Romy (5;9 Jahre) und Jette (4;9 Jahre) spielen in der Sandkiste und „backen" Kuchen.

- Sebastian (4;5 Jahre), Benni (4;9 Jahre) und Rudi (5;1 Jahre) bauen mit Legosteinen auf dem Bauteppich Autos.
- Merle (6;2 Jahre), Sandra (5;8 Jahre), Enni (5;7 Jahre) und Eva (5;2 Jahre) sind im Atelier und malen.
- Am Experimentiertisch stehen Max (4;10 Jahre), Anton (5;11 Jahre) und Rita (6;2 Jahre) und schrauben ein Telefon auseinander.
- Sarah (5;11 Jahre) spielt an der Fensterbank mit der Kugelbahn und schaut immer wieder in den Garten.

9.1 Ordnen Sie die Spiele der Kinder den Spielarten bzw. Sozialformen von Spiel zu.

9.2 Wie gehen Sie mit dieser Diversität im Freispiel um? Beschreiben Sie Ihre erzieherische Grundhaltung.

9.3 Ordnen Sie die Gruppenkonstellationen ein bezüglich Alter und Geschlecht. Beschreiben Sie, welche Konsequenzen Sie daraus für Ihre Spielbegleitung ziehen.

9.4 Stellen Sie Vermutungen an, welche altersspezifischen Bedürfnisse die Kinder zu den Spielen veranlassen könnten.

9.5 Was meint Maria Montessori, wenn sie von „Polarisation der Aufmerksamkeit" spricht, und welche Konsequenzen ziehen Sie für Ihre erzieherische Haltung daraus? Erläutern Sie.

9.6 Welche sinnvollen Möglichkeiten einer ko-konstruktiven Spielbegleitung könnten Sie sich für einzelne Spielgruppen vorstellen? Entwickeln Sie Ideen.

9.7 Erläutern Sie, welche Möglichkeiten von Scaffolding fachlich angemessen wären.

9.8 Entwickeln Sie Spielideen, die die Kinder zur Kooperation anregen.

9.9 Recherchieren Sie in Ihrem Bildungsplan verschiedene Moderationsmethoden und -techniken (demonstrieren, Feedback geben, Vorschläge machen usw.), die Ihnen hilfreich erscheinen in der einen oder anderen Spielsituation.

9.10 Stellen Sie für die einzelnen Spielsituationen günstige Fragen zusammen für eine hilfreiche Interaktion.

9.11 Welche Möglichkeiten haben Sie, die Kinder in ihrem Verhalten zu verstärken?

10. **FALLBEISPIEL** „Nur gespielt?“

In der Kindertagesstätte befindet sich die Gruppe von Micha (5;10 Jahre) im Bewegungsraum; hier kann nach Herzenslust mit den großen Schaumstoffwürfeln, -kissen und -rollen gebaut werden. Es bilden sich kleine Grüppchen von Kindern, die zusammen Höhlen und Gebilde bauen, dabei unterstützen sich die Kinder auch gegenseitig.
Kurz vorher musste die Pädagogin Merle die Gruppenregeln wieder in Erinnerung bringen: Es war ein Streit zwischen Lars und Malte entbrannt, der auch einige umstehende Kinder zum Diskutieren brachte.
Da die Gruppe altersheterogen ist (Kinder zwischen 3 und 6 Jahren), sind die motorischen Kompetenzen noch recht unterschiedlich entwickelt: Manchmal wird versehentlich die Arbeit eines anderen Kindes umgeworfen. Lernen können die älteren Kinder dabei (mit ein bisschen Unterstützung der pädagogischen Fachkraft) Rücksichtnahme.
Zwischen Piotr (4;9 Jahre), Nele (5;11 Jahre) und Lukas (5;6 Jahre) entwickelt sich ein Fangspiel. Man merkt, dass sie die Regeln dynamisch entwickeln, während sie spielen. Sylvie erprobt besonders gerne, wie hoch auf der Sprossenleiter sie schon klettern kann: „Guck mal, ich bin heute höher als gestern!“
Nach dem Mittagessen stellt Merle Papier und Kleister bereit, um gemeinsam das Verhalten von Papier und Kleister zu erforschen. Beim Abschlusskreis dauert es recht lange, bis jedes Kind erzählen darf. Schließlich kommen die ersten Eltern zum Abholen ihrer Kinder. Michas Mutter fragt: „Und, was habt ihr heute Schönes gemacht?“ Er antwortet: „Gespielt!“ Die Mutter guckt überrascht: „Nur gespielt?“

10.1 Lesen Sie die Situation aufmerksam durch.

10.2 Bereiten Sie sich auf ein Elterngespräch vor, bei dem Sie die Mutter von Micha mit der Sorge konfrontieren wird, Micha würde im Kindergarten immer nur spielen und nichts für die Schule lernen. Denken Sie an das Lernprinzip „Vom Greifen zum Be-greifen“. Lesen Sie auch den Fachartikel „Bewegung ist Lernen, Lernen ist Bewegung“ von Yvonne Müllner (verfügbar im Internet unter www.kindergartenpaedagogik.de/2344.html).

10.3 Fragende und forschende Kinder: Überlegen Sie, welche konkreten Möglichkeiten Sie z. B. in der Gestaltung der Lernumgebung, aber auch in den unterschiedlichen Verrichtungen des täglichen Lebens (kochen, putzen, waschen, reparieren usw.) haben, Kinder in dieser Haltung zu unterstützen. Sammeln Sie Ideen.

10.4 Entwickeln Sie eine Ihrer Ideen für im Fallbeispiel vorgestellte Kinder weiter (wahlweise als Spielbegleitungsmaßnahme oder als Bildungsangebot).

10.5 Entwickeln Sie eine Bewegungsbaustelle für eine bestimmte Zielgruppe Ihrer Wahl, welche von den Kindern im Freispiel bespielt werden darf.
Gehen Sie von operationalen Zielen für die Kinder aus, welche Sie mit der Bewegungsbaustelle anstreben und welche auch Michas Mutter konkreten Einblick in Ihre intentionale Bildungsarbeit geben.

11. Beschreiben Sie Erziehungs- und Bildungsziele entsprechend Ihrem Bildungsplan, die man mit dem Einsatz von Naturspielzeug und reduziert vorgestaltetem Spielmaterial erreicht.

Achten Sie dabei auf eine Operationalisierung in den unterschiedlichen Zielebenen.

SPIELMATERIAL-AUSSTELLUNG

1. Gruppenarbeit: Fertigen Sie eine Kopie von den unteren Kärtchen an und zerschneiden Sie sie. Alle Teilnehmenden dürfen nun je 3 Kärtchen mit 3 verschiedenen Kategorien von Spielmaterial ziehen. Sie dürfen untereinander Kärtchen tauschen.
2. Bringen Sie bis zum nächsten Treffen entsprechende Spielmaterialien für eine Ausstellung mit.
3. Begutachten Sie die Spielmaterialien. Qualitätsbewertung: Nach welchen Kriterien kann man bewerten? Legen Sie Kriterien fest. Nun bewerten Sie die Qualität der Materialien anhand dieser Gesichtspunkte.

Babyspielzeug	Babyspielzeug	Babyspielzeug
Spielmaterial zum Liebhaben	Spielmaterial zum Liebhaben	Spielmaterial zum Liebhaben
Spielmaterial zum Bewegen	Spielmaterial zum Bewegen	Spielmaterial zum Bewegen
Spielmaterial zum Malen und Gestalten	Spielmaterial zum Malen und Gestalten	Spielmaterial zum Malen und Gestalten
Spielmaterial zum Bauen und Konstruieren	Spielmaterial zum Bauen und Konstruieren	Spielmaterial zum Bauen und Konstruieren
Spielmaterial zum Rollenspiel	Spielmaterial zum Rollenspiel	Spielmaterial zum Rollenspiel
Spielmaterial zum Miteinanderspielen/ Regelspiele	Spielmaterial zum Miteinanderspielen/ Regelspiele	Spielmaterial zum Miteinanderspielen/ Regelspiele
Spielmaterial zum Musizieren	Spielmaterial zum Musizieren	Spielmaterial zum Musizieren
Spielmaterial zur Sprachförderung	Spielmaterial zur Sprachförderung	Spielmaterial zur Sprachförderung
Spielmaterial zur Förderung mathematisch-naturwissenschaftlicher Fähigkeiten und zum Experimentieren	Spielmaterial zur Förderung mathematisch-naturwissenschaftlicher Fähigkeiten und zum Experimentieren	Spielmaterial zur Förderung mathematisch-naturwissenschaftlicher Fähigkeiten und zum Experimentieren

19 Medienkompetenz

1. Medienkompetente Pädagogen

1.1 Reflektieren Sie Ihre persönliche Nutzung digitaler Medien anhand folgender Leitfragen:
- Welche Medien nutzen Sie?
- Welchen zeitlichen Umfang hat die Nutzung jeweils?
- Welchen Nutzen hat Ihre mediale Präsenz, welche Gefahren sehen Sie?
- Welche Regeln treffen Sie für sich und Ihren Umgang mit Medien?
- Was wollen Sie verändern in Ihrem Umgang mit Medien?

1.2 Diskutieren Sie generelle Vor- und Nachteile der Nutzung digitaler Medien.

2. Medienkompetenz entwickeln

2.1 Informieren Sie sich über Seiten für Kinder im Internet. Wie werden diese Seiten präsentiert und was vermitteln sie den Kindern?

2.2 Legen Sie dar, was am Internetumgang aus pädagogischer Sicht sinnvoll bzw. kritisch zu beurteilen ist.

2.3 Welche Internet-Angebote und -Aktivitäten sind für welche Altersstufen geeignet? Fertigen Sie eine Übersicht an und begründen Sie Ihre Einschätzungen.

2.4 Diskutieren Sie den Einfluss der Medien im Alltag auf junge Kinder und deren Selbstbildungsprozesse.

2.5 Diskutieren Sie Vor- und Nachteile der Nutzung digitaler Medien bereits im Kindergarten. Welche Regeln des Umgangs können weiterhelfen?

3. Medienkompetente Kinder

3.1 Welche Kompetenzen brauchen Kinder grundsätzlich, um Medien sinnvoll nutzen zu können?

3.2 Informieren Sie sich (z. B. auf www.jff.de, der Website des Instituts für Medienpädagogik), welche wissenschaftlichen Untersuchungen und Meinungen zu „Medien in der Krippe“ bestehen.

3.3 Entwickeln Sie einen Informationsbrief für Eltern von 1- bis 3-jährigen Kindern zum Stand der aktuellen Forschung.

3.4 Überlegen Sie konkrete Aktivitäten, wie Kinder und Jugendliche das Internet sinnvoll nutzen können.

3.5 Entwickeln Sie Ideen, wie Sie die Internetnutzung pädagogisch konstruktiv begleiten können.

Konstruktiv mit Medien umgehen

4. Medien kompetent nutzen

PRAXIS

4.1 Beobachten Sie Kinder beim Fotografieren und sprechen Sie mit ihnen über ihre Fotos. Welche Informationen erhalten Sie von den Kindern über ihren Blick durch die Kamera?

4.2 Schauen Sie sich unterschiedliche Werbespots im TV an und analysieren Sie diese in Bezug auf ihre Wirkung auf Kinder unterschiedlichen Alters. Nehmen Sie Stellung zu den selbst aufgestellten Erkenntnissen.

4.3 Spielen Sie ein Gespräch zur Sinnhaftigkeit von TV-Werbung aus unterschiedlichen Perspektiven:
- als pädagogische Fachkraft
- als Geschäftsführer/-in einer Schokoladenfabrik
- als Werbefachkraft
- als Elternteil
- als Kind

4.4 Gestalten Sie eine Filmsequenz zur Werbung für Ihre Schule und stellen Sie sie auf der Lernplattform der Klasse ein.

5. Mediennutzung braucht Regeln.

5.1 Zeigen Sie solche auf, indem Sie das Schaubild vervollständigen.

MEDIENNUTZUNG

braucht Regeln ...

5.2 Welche Aussagen macht Ihr Bildungsplan zu Medienkompetenz?

5.3 Recherchieren Sie andere Bildungspläne. Vergleichen und diskutieren Sie diese zu zweit/im Team.

5.4 Welche Kompetenzen strebt eine gelungene Medienerziehung an?

5.5 Welche pädagogischen Leitlinien im Umgang mit Medien sind bedeutsam? Recherchieren Sie in Ihrem Bildungsplan.

PRAXIS

6.1 Recherchieren Sie in Ihrer Praxisgruppe, welche Medien die Kinder wie lange nutzen. Entwerfen Sie dafür je nach Zielgruppe einen geeigneten Fragebogen für die Kinder/Jugendlichen selbst oder deren Eltern.

6.2 Planen Sie eine Kinderkonferenz zum Umgang mit einem konkreten Medium in Ihrer Praxiseinrichtung. Sprechen Sie die Inhalte mit Ihrer Praxisanleitung ab.

6.3 Lassen Sie die Kinder an der Entwicklung von Regeln partizipieren, indem Sie gemeinsam ein Regelposter gestalten.

6.4 Planen Sie einen Elternabend zum Thema „Medien – Chance oder Gefahr“. Die Zielgruppe richtet sich nach Ihrer Praxisstelle.

7. Gestalten Sie einen Elternbrief für Erziehungsberechtigte von 3- bis 6-Jährigen zur Nutzung digitaler Medien.

PRAXIS

8. Kinder fotografieren ihre Welt.

8.1 Entwickeln Sie zielgruppenspezifische Aktivitäten für das Gestalten mit Fotografie, um mit den Kindern Ihrer Praxisgruppe den Fotoapparat vielseitig zu entdecken.

8.2 Planen Sie eine Spielbegleitungsmaßnahme, bei der die Kinder das Medium „Fotoapparat“ spielerisch und experimentell erfahren können.

8.3 Planen Sie mit den Kindern ein Projekt „Kinder fotografieren ihre Welt“, bei dem Sie die Kinder mit all ihren Ideen einbinden und partizipieren lassen (vgl. Projekt als Methode).

8.4 Gestalten Sie eine „sprechende Wand“ mit den Fotografien zur erlebten Kinderwelt für das Foyer Ihrer Praxiseinrichtung.

9. Welche Wirkung haben unterschiedliche Medien (Printmedien sowie digitale Medien) auf die sinnliche Wahrnehmung und das Sprachverhalten von Kindern im Kleinkind- und im Vorschulalter? Zeigen Sie Unterschiede und Gemeinsamkeiten auf und ziehen Sie ein Fazit für Ihre Arbeit in der sozialpädagogischen Praxis. Beachten Sie dabei Ihr entwicklungspsychologisches Fachwissen.

20 Säuglingskunde

Pränatale Entwicklung und Geburt

1. Beschreiben Sie mit eigenen Worten die Entwicklung eines Babys im Mutterleib von der Befruchtung bis zur Geburt. Nutzen Sie die folgende Tabelle. Gehen Sie auch auf die Veränderungen bei der Mutter ein.

	Entwicklung des Ungeborenen	Veränderungen bei der Mutter
1. Schwangerschafts-drittel _____ bis _____ Woche 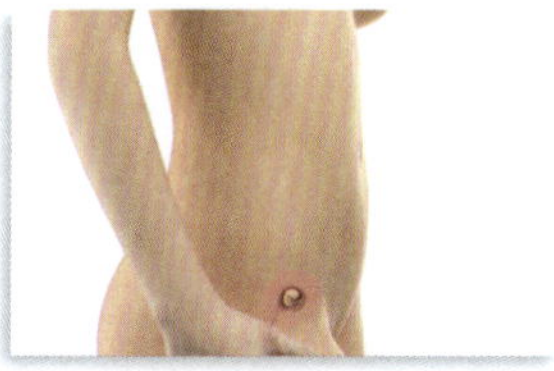		
2. Schwangerschafts-drittel _____ bis _____ Woche 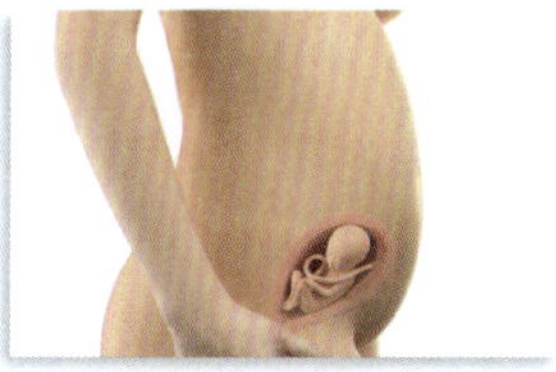		
3. Schwangerschafts-drittel _____ bis _____ Woche 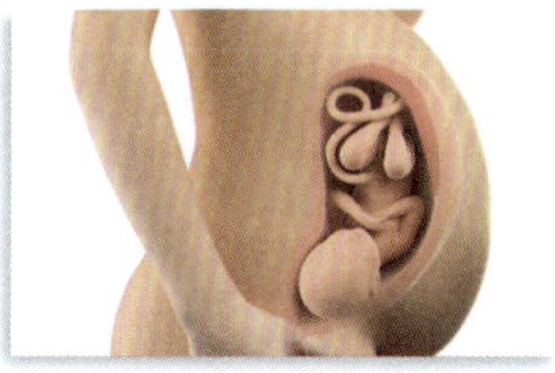		

2. Nennen Sie die 3 Phasen der Geburt.

- ______________________________
- ______________________________
- ______________________________

3. Nehmen Sie Stellung zu folgendem Satz einer Schwangeren: „Vor der Geburt kann ein Kind sowieso noch nichts wahrnehmen."

4. Beschreiben Sie, was unter dem Begriff „Bonding" verstanden wird.

Die Entwicklung im 1. Lebensjahr

5. Beschreiben Sie die Entstehung der „Grenzsteine" der Entwicklung. Welche Bedeutung haben diese bis heute?

6. Das 1. Lebensjahr ist ein bedeutendes Zeitfenster für ganzheitliche Entwicklung.

6.1 Recherchieren Sie die Entwicklung eines Kindes im Alter von 0 bis 12 Monaten bezogen auf die Motorik, die Sinne und die Sprache sowie das Sozialverhalten unter Einsichtnahme verschiedener Entwicklungstabellen (z. B. von K. Beller oder H.-J. Laewen). Legen Sie sich nach dem folgenden Muster eine eigene Tabelle zur frühkindlichen Entwicklung an.

Entwicklungstabelle für das 1. Lebensjahr			
Monat	Grob- und Feinmotorik	Sinne und Sprache	Soziales Verhalten
1 bis 3			
4 bis 6			
...			

6.2 Legen Sie für jeden Entwicklungsbereich 2 Möglichkeiten dar, die Entwicklung eines Kindes positiv zu unterstützen.

7. Erläutern Sie vor dem Hintergrund Ihrer Kenntnisse um die Entwicklung im 1. Lebensjahr die Relevanz der Förderung aller Entwicklungsbereiche von Geburt an.

Grundbedürfnisse

8. Textarbeit zu den Grundbedürfnissen von Kindern

8.1 Lesen Sie den folgenden Text (s. S. 197) und markieren Sie wichtige Textaussagen.

8.2 Fassen Sie den Text in eigenen Worten zusammen.

8.3 Analysieren Sie den Text bezüglich kontextuell notwendiger Schritte für die sozialpädagogische Praxis mit Kindern zwischen 3 und 6 Jahren.

8.4 Entwickeln Sie ein konkretes Beispiel für die sozialpädagogische Arbeit mit Kleinkindern im Alter von 0 bis 2 Jahren zur Förderung ihres Autonomieerlebens in Form einer Spielbegleitungsmaßnahme.

Bedürfnisse von Kindern

„Seit den Untersuchungen von René Spitz (1945) zum Hospitalismus wissen wir, dass die Befriedigung der physischen Grundbedürfnisse (Hunger, Durst, körperliche Hygiene, Schutz vor Kälte oder Hitze) nicht ausreicht, um eine gesunde Entwicklung von Kindern zu gewährleisten. Vielmehr ist eine angemessene Befriedigung der psychischen Grundbedürfnisse die Voraussetzung für eine gesunde Entwicklung. Neugeborene, Säuglinge und Kleinkinder sind auf die Befriedigung der Grundbedürfnisse durch ihre soziale Umwelt angewiesen. Nach den beiden amerikanischen Motivationsforschern Ryan und Deci (2000) werden die 3 psychischen Grundbedürfnisse soziale Eingebundenheit, Kompetenz- und Autonomieerleben unterschieden:

- Das Grundbedürfnis nach **sozialer Eingebundenheit** steht für das Bedürfnis, enge zwischenmenschliche Bindungen und gute Beziehungen einzugehen, sich anderen zugehörig und sicher gebunden zu fühlen und sich als liebesfähig und liebenswert zu erleben.
- **Autonomieerleben** steht für das Grundbedürfnis nach freier Bestimmung und Steuerung des eigenen Handelns und nach selbstbestimmter Interaktion mit der Umwelt.
- Dem Grundbedürfnis nach **Kompetenzerleben** liegt der Wunsch zugrunde, Aufgaben und Probleme aus eigener Kraft und durch eine effektive Interaktion mit der Umwelt zu bewältigen, dadurch positive Ergebnisse zu erzielen und negative zu verhindern (Ryan & Deci 2000).

Der Mensch hat die angeborene motivationale Tendenz, sich mit anderen Personen in seiner sozialen Umwelt verbunden zu fühlen, in dieser Umwelt effektiv zu handeln und sich dabei persönlich autonom und initiativ zu erfahren – dies gilt für Kinder und Erwachsene in gleichem Maße.

In den ersten Lebensjahren sind Kinder darauf angewiesen, dass auch ihre psychischen Grundbedürfnisse von ihrer unmittelbaren sozialen Umwelt befriedigt werden:

- Das Grundbedürfnis nach sozialer Eingebundenheit wird zunächst von den Eltern beantwortet. Elterliches Engagement steht für eine Beziehung zum Kind, die von Freude und Interesse am Kind geprägt ist, in welcher Gefühle offen ausgedrückt werden können und die Bezugsperson emotional und zeitlich verfügbar ist. Fehlendes elterliches Engagement reicht von mangelnder Feinfühligkeit bis zu Vernachlässigung und Misshandlung.
- Autonomieerleben unterstützendes Verhalten beinhaltet die Gewährung von Freiheit und Wahlmöglichkeiten bei einem Minimum an Regeln, so dass eigene Ziele erkannt und verfolgt werden können. Autonomie wird auch als Lern- und Entwicklungsschritt verstanden, als Übergang zu selbst reguliertem Verhalten, der jedoch nicht unabhängig von der Umwelt geschehen kann und somit sehr beeinflussbar ist (Ryan, Kuhl & Deci 1997). Die Unterstützung von Autonomie ist demnach ein wichtiger Punkt im Verhalten von Bezugspersonen. Autonomiebestrebungen können durch übermäßige Kontrolle, Manipulation oder Strafen gehemmt werden.
- Struktur ist notwendig, um das Kompetenzerleben eines Kindes zu stärken; sie umfasst an den Lern- und Entwicklungsstand angepasste Herausforderungen, aber auch Hilfestellung beim Erwerb von neuen Strategien. Das Gegenteil von Struktur – Chaos – ist charakterisiert von Unvorhersagbarkeit, Über- oder Unterstimulation, einem Mangel an Unterstützung und an Kontrolle beim Erreichen von Zielen (Skinner & Wellborn 1991).

Werden die psychischen Grundbedürfnisse ausreichend befriedigt, kann das Kind sich aktiv mit seiner Umwelt auseinandersetzen – das ist die **Grundvoraussetzung des Lernens**. Frühkindliches Lernen findet vor allem eingebettet in vertrauten, emotional bedeutsamen Beziehungen statt. Kinder lernen von Menschen in sozialen Interaktionen und durch emotionale Beziehung zu ihnen. In einer solchen Beziehung kann das Kind sich als aktiv handelnde und selbstwirksame Person erleben. Diese Eigenschaft wird – so die Bindungstheorie und -forschung – in sicheren Bindungsbeziehungen umgesetzt [...]. Ohne sichere Bindungen und gute Beziehungen bewerten Kinder die Grenzen ihrer Handlungsfähigkeit eher als Misserfolg und erleben sich selbst als unfähig, was sich negativ auf das Selbstbild, das Selbstwirksamkeitserleben und die Bildungsmotivation auswirkt (Ahnert 2010)."

(Bayerisches Staatsministerium für Arbeit und Soziales, Familie und Integration/Staatsinstitut für Frühpädagogik München (Hrsg.), 2017, S. 17 f.)

9. Bearbeiten Sie die folgenden Texte zu den Grundbedürfnissen des Kindes in 5er-Gruppen. Jeder Teilnehmende wählt einen Text aus und bearbeitet ihn anhand der folgenden Aufgaben:

9.1 Unterstreichen Sie die wichtigsten Aussagen im Text.

9.2 Überlegen Sie sich 2 Sätze in eigenen Worten, die diesen Text zusammenfassen.

9.3 Nennen Sie pro Satz eine Konsequenz für die sozialpädagogische Praxis in der Krippe.

9.4 Notieren Sie diese beiden Konsequenzen gut leserlich auf einem A4-Blatt, das Sie später in Ihrer Lerngruppe vorstellen.

9.5 Stellen Sie sich gegenseitig Ihre Ergebnisse vor und dokumentieren Sie diese. Tauschen Sie die Ergebnisse untereinander aus.

Tragfähige Beziehungen zu Bezugspersonen

Grundvoraussetzung für die gesunde Entwicklung eines Säuglings ist eine gleichbleibende Bezugsperson oder sind mehrere gleichbleibende Bezugspersonen, auf die er sich verlassen kann. Eine Bezugsperson ist ein anderer Mensch, dem das besondere Vertrauen gilt und der sich dem Kind liebevoll zuwendet. Vertrauen, Liebe und Zuwendung prägen eine solche Beziehung. Auch durch Körperkontakt, wie z. B. Streicheln oder Kuscheln, äußert sich eine tragfähige Beziehung beim jungen Kind. Gerade für Säuglinge ist eine Bezugsperson äußerst wichtig.

Ein „Bindungsverhalten“ besteht aus verschiedenen beobachtbaren Verhaltensweisen wie Lächeln, Schreien, Festklammern, Zur-Mutter-Krabbeln, Suchen der Bezugsperson usw.

Die Bezugspersonen des Säuglings sind die Personen, die die intensivste Beziehung zum Säugling haben, meist sind das seine Eltern.

Ein neugeborener Mensch braucht von Anfang an jemanden, der nach ihm schaut, sich ihm zuwendet und seine Bedürfnisse erfüllt. Dies muss für den Säugling immer so stattfinden, dass er sich darauf verlassen kann. Dieser Kontakt ist also auch geprägt von Kontinuität.

Wenn das Kind etwas älter wird, ist seine Beziehung zu der Bezugsperson nicht mehr so eng. Das Kind geht öfter von ihr weg und wird selbstständiger.

Die Bezugsperson braucht es aber, wenn es sich unsicher fühlt, um sich bei ihr Schutz zu holen.

Tragfähige Beziehung heißt auch, dass man sich gegenseitig wertschätzt, Liebe und Respekt zeigt und sich akzeptiert. Dadurch fühlt sich der Mensch verstanden und kann dem anderen vertrauen. Die Bezugsperson lässt sich auf der seelischen Ebene auf das Kind ein.

Dies ermöglicht dem Kind, später in seinem Leben auch selbst Beziehungen zu anderen Erwachsenen oder Freunden aufzubauen, ist also die Basis für eine stabile sozial-emotionale Entwicklung des Menschen.

Verständnis

Sorgen, Ängste, Nöte und sonstige Bedürfnisse von Säuglingen müssen ernst genommen werden.
Dazu müssen Signale und Regungen des Säuglings verstanden und beantwortet werden: Wenn sich das Kind beispielsweise abwendet oder wegdreht, signalisiert es, dass es keinen Hunger mehr hat. Nach vielleicht anfänglichen Schwierigkeiten werden Bezugspersonen immer mehr Sicherheit erlangen im Verständnis auch nonverbaler Kommunikation mit dem Kind.
Selbst das Schreien des Kindes kann sehr unterschiedliche Ausprägungen und damit unterschiedliche Botschaften enthalten. Eltern dürfen darauf vertrauen, dass sie diese verstehen.
Das Kind, welches so verstanden wird, erfährt, dass es etwas bewirken kann und zuverlässige Zuwendung erfährt. Das schafft Vertrauen und Sicherheit. Kind und Umfeld werden so zu einem „eingespielten Team". Im gegenseitigen Miteinander, getragen von Empathie, lernen beide, sich immer besser aufeinander einzustellen.
Ein gegenseitiger Lernprozess wird angeregt, der im späteren Verlauf der kindlichen Entwicklung weitergeführt wird, schon im Säuglingsalter aber seine Basis erfährt.

Dazu braucht man Einfühlungsvermögen: Umgebende Menschen sollen fühlen können, wie es dem Säugling geht und was diesem evtl. im Moment helfen kann.
Wichtig ist, zu akzeptieren, dass ein Säugling anders denkt und empfindet als der Erwachsene, und ihn unabhängig davon wertzuschätzen. Für Säuglinge ist z. B. die Angst vor der Dunkelheit oder vor dem Alleinsein ganz schlimm. Dies muss immer ernst genommen werden.
Jeder Säugling ist anders. In diesem Sinne darf jedes Kind in seiner Individualität angenommen werden und Bezugspersonen stellen sich auf jeden Säugling ein, um ihn zu verstehen. Nur auf der Grundlage dieses individuellen Verstehens kann man jedem Kind gerecht werden.

Zugehörigkeit

Bereits Neugeborene haben das Bedürfnis dazuzugehören.
Das Bedürfnis nach Zugehörigkeit ist ein existenzielles soziales Grundbedürfnis. Alle Bedürfnisse eines Säuglings werden in sozialer Kommunikation befriedigt. Die Art und Weise dieser Bedürfniskommunikation ist maßgeblich sowohl für die Ausprägung des Zugehörigkeitsgefühls als auch für die Bildung von Verhaltensmustern. Dieser Vorgang des Lernens geschieht über Vorbilder.

Ein Säugling wird gesteuert von bestimmten Erwartungen, die ihn zur Aktivität motivieren. Bestimmte Aktivitäten des Kindes erwarten bestimmte Antworten seitens der Bezugsperson.
Die Kommunikation beginnt mit einer Bedürfnisäußerung des Säuglings. Die dann folgenden zielgerichteten Handlungen wie z. B. Suchen oder Schreien können schon eine innere Befriedigung auslösen. Die letztendliche tiefe Entspannung und Zufriedenheit in einem Zugehörigkeitsgefühl wird mit einer Erhöhung von Serotonin im Stoffwechsel begleitet oder erreicht.
In dieser sozialen Bedürfniskommunikation werden sowohl Erwartungshaltungen als auch Verhaltensmuster geprägt.
Wenn ein Säugling z. B. auf seine Bemühungen, aufmerksame Zuwendung zu bekommen, immer nur Nahrung angeboten bekommt, internalisiert er dies Verhalten, sodass er später gar keine Zuwendung mehr erwartet, sondern nur Nahrung.

Der Säugling braucht also einen regelmäßigen Kontakt mit bekannten Personen, die mit ihm Zeit verbringen, ihm körperlich und seelisch nah sind und ihm somit auch Sicherheit, Schutz und Geborgenheit bieten. Säuglinge befriedigen ihre ursprünglichen existenziellen Bedürfnisse in Kommunikation mit der Mutter oder anderen familiären Bezugspersonen. Die Art und Weise ihrer Befriedigung und damit ihrer Zufriedenheit hängt von der Art und Weise ab, wie sie ihre Bedürfnisse kommunizieren können, bzw. wie diese aufgenommen werden.

Geborgenheit

In der ersten Zeit nach der Geburt muss sich das Kind auf einen vollkommen neuen Lebensraum einstellen. Die sichere, warme, vertraute, eng begrenzte Umgebung im Mutterleib wurde eingetauscht gegen Wiege und Kinderwagen. Die vertrauten Geräusche, die Stimmen der Eltern umgeben nun nicht mehr ständig das Neugeborene.
Jetzt ist es wichtig, dem Säugling die Erfahrung von Nähe und Geborgenheit zu geben, mit ihm zu sprechen, ihm zu erzählen, ihm seine Umwelt zu erschließen, auch wenn er noch nichts zu verstehen scheint, ihn auf den Arm zu nehmen und zu streicheln, wenn er schreit. Er muss wissen, dass er sich auf die Zuwendung der Eltern verlassen kann. So entsteht ein Urvertrauen, das die Grundlage für alle Beziehungen des Kindes sein wird.

Geborgenheit ist also für jeden Säugling ein Grundbedürfnis. Geborgenheit zeigt sich meist in Körperkontakt. Säuglinge brauchen körperliche Nähe, um sich gesund zu entwickeln. Diese „Nestwärme", die sie spüren, gibt ihnen Sicherheit. Der Herzschlag und der Hautkontakt, den sie spüren, beruhigt Säuglinge. Das Bedürfnis der Geborgenheit hängt mit dem Bedürfnis nach Sicherheit und Schutz zusammen.
Das Bindungsverhalten entwickelt sich im 1. Lebensjahr. Bis zur 6. Lebenswoche kann hierbei die Bindungsperson beinahe beliebig wechseln. Dann entsteht – etwa gleichzeitig mit dem ersten personenbezogenen Lächeln – eine zunehmend festere Bindung zu einer oder mehreren Personen (bspw. Mutter, Vater, Geschwister oder Pflegemutter).

Anerkennung

Ein Säugling erfährt, dass er anerkannt wird, wenn man ihn lobt, akzeptiert und respektiert. Er braucht Lob und Zuspruch für alles, was er kann, was er macht und was er versucht. Der Säugling braucht auch Lob und Zuspruch, wenn ihm nicht immer alles gelingt.
Anerkennung heißt, dass man einen Menschen so annimmt, wie er ist. Den Säugling soll man also mit all seinen Eigenarten anerkennen.
Dem Kind das Gefühl von Anerkennung zu vermitteln, ist der erste Schritt, mit dem Bezugspersonen auch zur Selbstsicherheit des Kindes beitragen. Anerkennung und Bestätigung sind das Wichtigste für das Selbstwertgefühl des Kindes.
Alles, was das Kind kann, soll mit Anerkennung bestätigt werden. Das gilt aber auch für solche Dinge, die das Kind noch nicht kann, aber erreichen will.
Auf alle diese Formen der Anerkennung und der positiven Verstärkung reagieren Kinder jeden Alters mit strahlender Freude. Anerkennung ist Motor des Lernens und gilt in Form von Lob als wesentliches Erziehungsmittel.
Anerkennung meint auch die Bestätigung der ganzen Person des Kindes und seines Daseins, unabhängig von Leistungen und Bedingungen.
Neben dem Lob wirken aber auch Zuwendungen in Form von Zeitnehmen, die Auseinandersetzung suchen, ernsthaft in Kontakt treten u.a. als Anerkennung des Kindes und seiner ganzen Person.
Mit zunehmendem Alter reagiert das Kind auf verbalisierte Anerkennung, also das Lob, welches sprachlich positive Rückmeldung gibt, während beim Säugling noch weitaus undifferenziertere Formen von Anerkennung in Mimik und Gestik diese anerkennende Rückmeldung geben.

Anerkennung kann man zeigen, wenn man einem Säugling etwas zutraut und ihn spüren lässt, dass er etwas schaffen kann. Der Säugling kann spüren, dass er einzigartig und etwas ganz Besonderes ist.

10. Beschreiben Sie die Relevanz von Ansprache und Zuwendung für ein Baby.

Feinfühligkeit

11. Feinfühliges Verhalten in der Fachkraft-Kind-Beziehung: Was bedeutet das? (Text 1)
Lesen Sie den folgenden Text aufmerksam und bearbeiten ihn anhand der folgenden Aufgaben.

„Ähnlich wie bei Müttern und Vätern bildet feinfühliges Reagieren auf kindliche Bedürfnisse in der Einrichtung eine gute Voraussetzung für die Entwicklung einer stabilen und Sicherheit gebenden Beziehung.

Feinfühliges Verhalten bedeutet:

- die Signale des Kindes **wahrzunehmen** (also immer wieder auf die verbalen, aber auch nonverbalen Signale des Kindes zu achten: Weint es plötzlich? Wirkt es verkrampft oder gelöst? Wie wirkt sein Gesichtsausdruck, seine Atmung?)
- die Signale des Kindes (richtig) zu **interpretieren** (Dafür ist es sehr wichtig, das Kind gut zu kennen und sensibel zu beobachten, denn hier kommen große individuelle Unterschiede zum Tragen. Es gibt Hinweise darauf, dass Eltern schon bald lernen, an der Tonlage des Weinens ihres Säuglings zu erkennen, ob er gerade Hunger hat, Schmerzen o. Ä.)
- prompt und angemessen auf diese Signale zu **reagieren** (Wie schnell und passend die Reaktion der Bezugsperson ist, ist enorm wichtig für die Beziehung und Bindung. Natürlich können Fachkräfte oder Tagespflegepersonen nicht immer sofort „alles stehen und liegen lassen“, wenn ein Kind weint. Man sollte jedoch immer versuchen, den emotionalen Bedürfnissen jedes Kindes genug Raum und Zeit zu geben.)

Situationen, in denen es die Möglichkeit zu intensiven Eins-zu-eins-Kontakten gibt, eignen sich dazu sehr gut. Dazu gehören zum Beispiel Pflegesituationen (Wickeln, Anziehen, Körperpflege und Hygiene), das Füttern (bei Säuglingen und sehr jungen Kleinkindern), Trösten und Spielen. Solche Situationen können genutzt werden, um die Aufmerksamkeit möglichst ungeteilt dem Kind zuzuwenden, seine Bedürfnisse herauszufinden, darauf zu reagieren und liebevoll mit ihm zu kommunizieren. Genauso wichtig ist es auch, das Bedürfnis des Kindes nach körperlicher Zuwendung zu erkunden und darauf zu reagieren. Säuglinge und Klein(st)kinder haben häufig ein hohes Bedürfnis nach körperlicher Zuwendung und Körperkontakt.“

(Bayerisches Staatsministerium für Arbeit und Sozialordnung, Familie und Frauen; Staatsinstitut für Frühpädagogik München, 2010, S. 44)

11.1 Benennen Sie konkrete Möglichkeiten der Umsetzung feinfühligen Verhaltens für sich und die Kinder im Tagesablauf einer Krippe mithilfe der folgenden Tabelle.

Grundbedürfnisse prägen den Tagesablauf				
Schlafen	Essen	Spielen	Zuwendung	Pflege

11.2 Ordnen Sie den folgenden kindlichen Verhaltensweisen feinfühlige Verhaltensweisen einer Sozialassistentin im Sinne des Textes zu:

1. Baby blickt Sie direkt an ...	
2. Baby fixiert einen Gegenstand ...	
3. Das Kind liegt ruhig ...	
4. Das Baby gähnt herzhaft ...	
5. Das Baby ist unruhig, dreht den Kopf hin und her ...	
6. Das Baby ist unruhig, weint, macht ruckartige Bewegungen ...	
7. Das Baby ist unruhig, weint viel, schläft ...	
8. Das Kind quengelt ...	
9. Das Baby windet sich unruhig ...	
10. Das Baby schläft ...	

12. Feinfühligkeit einfühlsam zeigen

12.1 Die Fähigkeit zur Feinfühligkeit beruht laut Mary Ainsworth (einer Mitarbeiterin von J. Bowlby, dem Begründer der Bindungstheorie) auf 4 Aspekten. Ergänzen Sie hierzu Beispiele in der folgenden Tabelle.

Feinfühligkeit zeige ich, indem ich	Konkretes Beispiel aus der Praxis
▪ Signale des Kindes richtig wahrnehme	➧
▪ diese Signale richtig interpretiere	➧
▪ auf diese Signale prompt reagiere	➧
▪ darauf angemessen reagiere	➧

12.2 Die Feinfühligkeit zeigt sich über verschiedene Ausdruckskanäle. Ergänzen Sie.

SPRACHE	
STIMME	
GESICHT/MIMIK	
KÖRPER	

13. Was kennzeichnet eine feinfühlige Fachkraft-Kind-Beziehung? (Text 2)
Lesen Sie den folgenden Text aufmerksam und bearbeiten ihn anhand der folgenden Aufgaben.

Die besondere Bindung zwischen Eltern und Kindern ist nicht eins zu eins übertragbar auf die Beziehung zwischen Fachkräften und Kindern. Forschungsergebnisse weisen aber darauf hin, dass die Beziehung zwischen Fachkräften und Kindern anhand von 5 Merkmalen beschrieben werden kann (nach Ahnert 2007):

Emotionale Zuwendung Dieses Merkmal bezieht sich darauf, wie sich die Fachkraft dem Kind zuwendet. Eine feinfühlige und liebevolle Kommunikation der Fachkraft mit dem Kind unterstützt den Aufbau einer guten Beziehung.

Sicherheit Eine gute Beziehung wird auch dadurch gekennzeichnet, dass die Fachkraft dem Kind die Sicherheit vermittelt, in Angst erzeugenden oder stressvollen Situationen für das Kind verfügbar zu sein.

Stressreduktion Wenn Kinder sich wehtun, negative Emotionen haben oder starken Stress empfinden, können Fachkräfte dem Kind dabei helfen, seine Emotionen oder seinen Stress zu regulieren und wieder „ins Gleichgewicht" zu kommen.

Explorationsunterstützung Dies bedeutet, ein Kind zu ermutigen, seine Umgebung zu erkunden, in Interaktion mit anderen Kindern zu treten, zu spielen und zu lernen.

Assistenz Kinder in den ersten Lebensjahren brauchen bei vielen Aufgaben noch die Unterstützung der Fachkraft. Wichtig ist hierbei, dem Kind genügend Platz zur Entwicklung seiner Selbstständigkeit zu lassen, es aber bei zu schwierigen Aufgaben entwicklungsangemessen zu unterstützen. Hierbei empfiehlt sich ein möglichst ko-konstruktives Vorgehen.

Wenn Sie feststellen, dass Sie im Beziehungsaufbau mit (bestimmten) Kindern Schwierigkeiten haben, können Sie sich Unterstützung durch das Team holen oder an Supervisionssitzungen teilnehmen. Eigene Bindungserfahrungen können großen Einfluss darauf haben, wie man später Beziehungen zu Kindern gestaltet (nach Stern, 2009).

(Bayerisches Staatsministerium für Arbeit und Sozialordnung, Familie und Frauen; Staatsinstitut für Frühpädagogik München, 2010, S. 43)

13.1 Fünf Merkmale werden von Ahnert als hilfreich für eine feinfühlige Beziehung beschrieben. Benennen Sie diese zunächst in der ersten Tabellenzeile.

PRAXIS

13.2 Setzen Sie diese 5 Merkmale im Laufe Ihres nächsten Praxistags in konkreten Situationen um.

13.3 Beschreiben Sie noch am selben Praxistag diese konkreten Situationen in der Tabelle.

13.4 Reflektieren Sie Ihr Verhalten in Bezug auf „Feinfühligkeit" gegenüber dem Kind.

13.5 Was können Sie zukünftig verbessern?

1	2	3	4	5
Beschreibung der Situationen				
Reflexion des erzieherischen Verhaltens				
Verbesserungsoptionen				

14. Emmi Pickler – Wickeln als Beziehungsgeschehen
Lesen Sie den folgenden Text und beschreiben Sie die von Ihnen wahrgenommenen hilfreichen erzieherischen Maßnahmen. Tauschen Sie sich anschließend zu zweit/im Team darüber aus.

> „Tomi, neun Monate alt, vergnügt lächelnd, aber ein wenig träge, wird von seiner Pflegerin gewickelt. Sie zieht ihm seine Strampelhose aus, doch ihre Hand hält während der Bewegung inne. „Ziehst du bitte dein Bein heraus?“ – Tomi lächelt, die Pflegerin bittet ihn noch einmal und wartet – Tomi zieht sein Bein heraus. Während sie die Windel entfernt, ergreift Tomi seinen Fuß und betrachtet ihn – wendet dann aber seinen Kopf ab und lutscht am Finger. Die Pflegerin beugt sich zu ihm. „Achtest du gar nicht auf mich?“, fragt sie lachend. Das Kind zieht ebenfalls lachend seinen Finger aus dem Mund und greift nach ihrem Kleid. Inzwischen hat sie die Strampelhose in die Hand genommen, um sie ihm anzuziehen. Tomi schaut weg, sie hält das Kleidungsstück in seiner Blickrichtung vor seine Augen: „Schau mal, hier ist deine Strampelhose.“ Als das Kind darauf achtet, bittet sie um sein Bein. Tomi trommelt mit seinen Füßen auf den Wickeltisch. Die Pflegerin zieht ihm, sich ein wenig dem Tempo des Trommelns anpassend, die Hose an: zunächst das erste, dann auch das zweite Bein. Sie tut dies mit leichten, ununterbrochenen Bewegungen und bemerkt lächelnd: „Du sagst, ich soll deinen Fuß halten?“ Sie knöpft die Strampelhose zu und holt die Hausschuhe. Tomi hebt beide Beine hoch, die Pflegerin zieht ihm einen Schuh an und sagt es ihm auch. Mit dem anderen Schuh in der Hand hält sie inne, bittet um seinen Fuß und wartet – diesmal reicht Tomi ihn gerne.“
>
> (Pikler/Tardos, 1997, S. 62)

15. Die Marte-Meo-Methode

15.1 Erkundigen Sie sich über die Methode „Marte Meo“, speziell in Wickelsituationen.

15.2 Versuchen Sie, im Internet ein Video einer Wickel- oder Badesituation nach der Marte-Meo-Methode zu finden. Schauen Sie es und beobachten Sie die Handlungen der pflegenden Person: Stimme, Sprache, Haltung.

Tagesstruktur

16. Beschreiben Sie Faktoren, die bei der Tagesplanerstellung für Kinder berücksichtigt werden sollten, damit sie sich in der Einrichtung wohlfühlen. Gehen Sie dabei auf die folgende Abbildung ein.

Weitere Bausteine im Tagesablauf		
Erledigungen, z. B. Einkauf	Soziale Kontakte	Ausflüge, Reisen

Grundbedürfnisse prägen den Tagesablauf				
Schlafen	Essen	Spielen	Zuwendung	Pflege

17. Erstellen Sie einen Tagesplan bis 16 Uhr für ein 9 Monate altes Baby in der Krippe und begründen Sie die gewählten Phasen. Achten Sie auf sich wiederholende, rhythmisierte Prozesse.

Stressauslöser und Stressabbau

18. Bedürfnisse erkennen heißt Stress vermeiden

18.1 Nennen und erläutern Sie 3 Stressauslöser für Babys und Kleinkinder.

18.2 Legen Sie am Beispiel eines Stressauslösers dar, wie eine empfehlenswerte stressreduzierende Handlung konkret aussehen könnte.

Ernährung

19. **FALLBEISPIEL** Tanja ist Sozialassistentin in einer Kinderkrippe, die auch Säuglinge betreut. Da sie sparsam erzogen wurde und Lebensmittel nicht gerne wegwirft, ärgert sie sich immer, dass ihre Kollegin Hannah nach den Mahlzeiten die Reste der Säuglingsmilch in den Ausguss schüttet. Tanja macht deshalb den Vorschlag, die Milchflaschen mit einem Namensaufkleber zu versehen und Reste bis zur nächsten Mahlzeit in den Kühlschrank zu stellen. Wieder aufgewärmt sei die neue Milchmahlzeit dann noch schneller für die Babys fertig.

Nehmen Sie kritisch Stellung zu dem Vorschlag von Tanja.

20. Kinder wollen sich irgendwann nicht mehr füttern lassen. Schildern Sie schriftlich, wie Sie ein Kleinkind, das lernt, selbstständig zu essen, am besten begleiten können.

21. Sie sollen in der Einrichtung für mehrere Kinder Flaschennahrung zubereiten. Beschreiben Sie, worauf Sie dabei achten müssen.

22. **FALLBEISPIEL** In Ihrer Einrichtung ist ein Säugling, der nach den Milchmahlzeiten häufig weint, weil er Blähungen und Bauchschmerzen hat.

22.1 Welche Ursachen könnten vorliegen?

22.2 Beschreiben Sie verschiedene Möglichkeiten, dem Baby zu helfen und es zu beruhigen.

23. Besorgen Sie sich Informationen über Gläschenkost, z. B. im Geschäft oder Internet. Betrachten Sie auch in einem Geschäft die Etiketten mit den Zutatenlisten verschiedener Gläschen.
Erarbeiten Sie anschließend in einer Tabelle jeweils Vor- und Nachteile...

23.1 der Verwendung von Gläschenkost,

23.2 der Selbstherstellung von Beikost.

23.3 Der Brei ist die erste Beikost. Recherchieren Sie mindestens 3 verschiedene Rezepte für selbst hergestellte Breie (süß und pikant). Erläutern Sie, worauf Sie bei der Auswahl der Rezepte achten.

23.4 Bei der Einführung von Beikost müssen Sie allergiegefährdete Kinder besonders berücksichtigen. Sammeln Sie wichtige Hinweise.

24. **FALLBEISPIEL** Morgens werden in der Kindertagesstätte immer einige Kannen Tee zubereitet, die allen Kindern den ganzen Vormittag über bei Durst zur Verfügung stehen.
Stellen Sie sich vor, Sie sollen den Tee zubereiten und haben die Wahl zwischen folgenden Teesorten:

Instant-Tee
»Morgensonne«
Super schnell – super lecker
Zubereitung: 3 Teelöffel pro Tasse in kaltem oder warmem Wasser auflösen.
Zutaten: Zucker, Traubenzucker, Säuerungsmittel Zitronensäure, Hibiskusblütenextrakt, Aroma, Vitamin C, Hagebuttenextrakt

Beutel-Tee
»Früchtezauber«
Aromatisch, fruchtig frisch
Zubereitung: 1 Beutel pro Tasse oder 3 Beutel für eine Kanne. Mit sprudelnd kochendem Wasser übergießen und 5 bis 8 Minuten ziehen lassen
Zutaten: Hagebutten, Hibiskus, Äpfel, Orangenschalen, Holunderbeeren, Pfefferminze

24.1 Vergleichen Sie die beiden Etiketten miteinander.

24.2 Erläutern Sie, für welchen Tee Sie sich entscheiden, und begründen Sie Ihre Antwort.

24.3 Erklären Sie, warum bereits sehr kleine Kinder aus einer Trinklerntasse, einem Glas oder einem Becher trinken lernen sollten und warum Dauernuckeln schädlich ist.

Spiele

25. Bereit zum Spiel?

25.1 Beschreiben Sie, welche Wahrnehmungen Sie erkennen lassen, dass ein Kleinkind bereit zum Spielen ist.

25.2 Woran erkennen Sie, dass ein Kleinkind nicht mehr spielen möchte?

Kind ist zum Spiel bereit	Kind möchte nicht mehr spielen

26. Bildung als Motor für Entwicklung

26.1 Vergegenwärtigen Sie sich anhand Ihrer selbst erstellten Entwicklungstabelle aus Aufgabe 6 aus diesem Kapitel die Spielentwicklung eines Kindes im 1. Lebensjahr.

26.2 Welche Spielanregungen sind Ihnen für welchen Entwicklungsbereich wichtig und welche Spielmaterialien wählen Sie aus? Gehen Sie chronologisch und begründet vor.

26.3 Nennen Sie mindestens 3 Grundsätze, nach denen sinnvolles Spielzeug für die unterschiedlichen Altersbereiche im 1. Lebensjahr ausgewählt werden sollte. Erläutern Sie diese Grundsätze mit Ihren eigenen Worten.

27. Arbeiten Sie schriftlich unter Anführung von Begründungen aus, welches Spielmaterial Sie für ein 12 Monate altes Kind auswählen ...

27.1 zum Experimentieren,

27.2 zum Bewegen.

28. Kinderlyrik und Bilderbücher für Säuglinge

28.1 Beschreiben Sie die entwicklungsfördernden Eigenschaften von Liedern, Bilderbüchern, Kniereiter- und Fingerspielen für die unterschiedlichen Entwicklungsabschnitte im 1. Lebensjahr.

28.2 Stellen Sie eine Lieder-, Spiele- und Büchermappe für die Arbeit mit Krippenkindern zusammen. Arbeiten Sie in 3 Gruppen.
- Gruppe 1: Kinderlieder
- Gruppe 2: Fingerspiele/Reime
- Gruppe 3: Bilderbücher

28.3 Nehmen Sie Bezug auf ein aktuelles Thema in Ihrer Krippengruppe. Besorgen Sie sich in der Stadtbücherei, zu Hause oder aus dem Internet geeignetes Material.

28.4 Gestalten Sie pro Gruppe mindestens ein A4-Blatt entsprechend Ihrem Thema mit Liedern, Reimen, Kniereitern, Fingerspielen und Buchtipps.

28.5 Stellen Sie sich Ihre Ergebnisse gegenseitig vor und gestalten Sie die Vorstellung dabei mit Beispielen: Lieder z. B. gemeinsam singen, Fingerspiele vorführen, Bücher evtl. ausleihen und mitbringen.

28.6 Dokumentieren Sie die Arbeitsergebnisse in einer losen Blattsammlung für Ihre spätere Arbeit.

21 Gesundheit

Das gesunde Kind

1. **FALLBEISPIEL** Janine ist Sozialassistentin in einer Kindertagesstätte. Für das neue Kindergartenjahr plant sie mit der Einrichtungsleiterin die Einführung eines „Safari-Tags“, der einmal wöchentlich stattfinden soll. Da die Einrichtung ein schönes Außengelände hat und zudem am Waldrand liegt, möchte sie an den „Safari-Tagen“ mit den Kindern bei Wind und Wetter die Natur erkunden, die Kinder draußen toben lassen und der Jahreszeit entsprechend Naturmaterialien für anschließende Bastelarbeiten sammeln.
Leider haben bisher aber längst nicht alle Eltern die erforderliche wettergerechte Kleidung für ihre Kinder in der Einrichtung deponiert. Janine plant deshalb, allen Kindern zum „Safari-Tag“ einen ausführlichen Elternbrief für zu Hause mitzugeben.

1.1 Helfen Sie Janine dabei, einen Elternbrief zu schreiben:
Beschreiben Sie kurz das Vorhaben „Safari-Tag“ und die damit verbundenen gesundheitlichen Vorteile, die das Spielen und Toben in der freien Natur für Kinder hat.

1.2 Erläutern Sie, welche Kleidungsstücke zu einer jahreszeitlich angepassten, wettergerechten Kleidung gehören und von den Eltern für die Kinder in der Einrichtung deponiert werden sollten. Gehen Sie hierbei auch auf das „Zwiebelschalen-Prinzip“ ein.

1.3 Nennen Sie Dinge, die in den Betreuer-Rucksack gehören, z. B. falls sich ein Kind im Wald verletzt.

Unfälle, Unfallvorbeugung und Erste Hilfe

PRAXIS

2. Überprüfen Sie die Ausstattung der Erste-Hilfe-Box in Ihrer Einrichtung. Listen Sie vorhandene und fehlende Bestandteile auf.

3. Entwickeln Sie Beispiele für Sturzverletzungen bei Kindern unterschiedlichen Alters. Überlegen Sie jeweils geeignete Maßnahmen zur Unfallverhütung.

4. Erstellen Sie eine Notfallkartei für häufige Unfälle und Notfälle (z. B. Unfallart – Auswirkung auf den Körper – Erste-Hilfe-Maßnahmen – Vorbeugung).

5. Erarbeiten Sie eine Checkliste „Unfallverhütung und Vorbeugung“ für Ihre Praxiseinrichtung: Welche alltäglichen Gefahren sind gegeben und wie wurden diese minimiert? Was ist noch zu tun? Überprüfen Sie Steckdosen, Treppenzugänge, Kochplatten, Reinigungsmittel u. v. m.

6. **FALLBEISPIEL** Selina kommt schreiend vom Außengelände der Kita in den Gruppenraum gelaufen. Sie ist mit dem Laufrad gestürzt. Die Wunden an Knie und Händen bluten stark und sind mit Erde und Staub verschmutzt. Kleine Steinchen stecken in den Wunden an den Händen. „Es tut so weh!“, jammert Selina.

Erläutern Sie, wie Sie Selina bestmöglich helfen können.

7. **FALLBEISPIEL** Fabian, 5 Jahre, hat starkes Nasenbluten. Seit 10 Minuten sitzt er da, heulend, mit hochgelagertem Kopf, und die Blutung hört nicht auf.

Erläutern Sie begründend, welche Erste-Hilfe-Maßnahmen Sie ergreifen würden.

Umgang mit Medikamenten

PRAXIS

8. Fragen Sie Ihre Praxisanleitung, unter welchen Umständen welche Art von Medikamenten in der Kita gelagert werden dürfen. Finden Sie heraus, wer Medikamente verabreichen darf, und notieren Sie die Voraussetzungen für diese Erlaubnis.

9. Überlegen Sie, wie man Medikamente vor Kindern sicher aufbewahren kann. Stellen Sie Regeln für die Sicherung einer Hausapotheke in Form eines Flyers für Eltern auf.

Die Gesundheit erhalten

10. Beschreiben Sie, was unter Früherkennungsuntersuchungen (U-Untersuchungen) für Kinder verstanden wird und welche Untersuchungen dabei schwerpunktmäßig durchgeführt werden.

11. Begründen Sie, warum Rauchen in Gegenwart von Kindern schädlich für diese ist.

12. 

Betrachten Sie das Foto. Beurteilen Sie, ob die Kinder ausreichend vor der Sonne geschützt sind.
Welche schützenden Maßnahmen empfehlen Sie Eltern, welche dürfen in der Kita erfolgen?
Informieren Sie sich über Maßnahmen zum Sonnenschutz.

PRAXIS

13. Überlegen Sie, welches Kind in Ihrer Praxiseinrichtung besonders vor der Sonne geschützt werden müsste. Begründen Sie Ihre Entscheidung und sammeln Sie Vorschläge zur Umsetzung.

14. Bilden durch Bewegen

14.1 Setzen Sie für eine von Ihnen bestimmte Zielgruppe planvoll und methodisch bedacht Zielsetzungen im Bildungsbereich Motorik um.

14.2 Mit welchen alten und neuen Bewegungsspielen sind diese Zielsetzungen in der Praxis zu erreichen?

14.3 Welche Materialien unterstützen Ihre Aufgabe?

14.4 Beschreiben Sie, welche bewegungsanregende Gestaltung von Lernumgebung Ihnen als zukünftiger erzieherischer Fachkraft möglich ist. Recherchieren Sie hierzu ggf. Anregungen in der Fachliteratur.

14.5 Erstellen Sie ein Infoblatt „Bedeutung der Bewegung in der Kindheit“, das die Eltern für die Relevanz von Bewegung sensibilisieren soll.

15. **FALLBEISPIEL** Kurz vor den Sommerferien dürfen die zukünftigen Schulkinder mit ihren Pädagogen im Kindergarten „Mäusekiste" übernachten. Nach einer spannenden Nachtwanderung sollen sich die Kinder für die Nachtruhe fertig machen. Sozialassistent Tobias beobachtet, dass Jana ungewaschen und ohne Zähne zu putzen in den Schlafsack schlüpft. Als er Jana darauf anspricht, entgegnet das Mädchen, dass sie sich auch zu Hause vor dem Zubettgehen nicht waschen und die Zähne putzen müsse.

15.1 Beschreiben Sie, wie Sie sich in der Rolle der sozialpädagogischen Fachkraft verhalten würden.

15.2 Listen Sie Aspekte der persönlichen Hygiene auf, die Ihrer Meinung nach unbedingt bei Kindern beachtet werden sollten.

15.3 Erläutern Sie, mit welchen Maßnahmen eine sozialpädagogische Einrichtung die Körperhygiene der Kinder fördern und unterstützen kann.

15.4 Zeigen Sie Möglichkeiten auf, wie durch die Erziehung (in der Einrichtung, im Elternhaus) die Zahngesundheit der Kinder nachhaltig gefördert werden kann.

15.5 Bereiten Sie ein Bildungsangebot für Kindergartenkinder vor, in dem Sie „richtiges Zähneputzen" vermitteln.

16. Beschreiben Sie, wie ein idealer Tagesablauf in einer idealen „gesundheitsfördernden" Einrichtung aussehen könnte. Gehen Sie dabei auf die folgende Abbildung ein.

Ganzheitliche Gesunderhaltung des Kindes

Schlaf

17. **FALLBEISPIEL** Sozialassistentin Sandra begrüßt am Morgen zur Bringzeit die Kinder im Eingangsbereich der Kita. Als der 5;10-jährige Liam hereinkommt, gähnt er und reibt sich die Augen. „Guten Morgen, Liam. Du gähnst ja. Bist du noch müde heute Morgen?", fragt Sandra. „Ja, ich konnte gestern Abend nicht einschlafen", sagt Liam.
Auch an den folgenden Tagen der Woche kommt Liam morgens übermüdet in die Einrichtung und benennt als Grund hierfür Einschlafschwierigkeiten.

17.1 Erläutern Sie, welche möglichen Ursachen für Schlafstörungen bei Kindern Ihnen bekannt sind.

17.2 Beschreiben Sie, welche Voraussetzungen hilfreich für einen gesunden Schlaf sind.

17.3 Welche Hinweise zur Behebung der Schlafschwierigkeiten geben Sie Liams Eltern?

Umgang mit Stress

18. Stress als Krankmacher

18.1 Notieren Sie Stresssituationen aus Ihrem Alltag. Legen Sie dar, wie Sie sich in ihnen verhalten.

18.2 Erläutern Sie unter Beachtung der folgenden Abbildung Möglichkeiten, wie Sie Ihren Stress abbauen könnten und warum dies notwendig ist.

Gesundheits-Krankheits-Kontinuum nach A. Antonowsky

18.3 Nennen Sie Stresssituationen, die bei Kindern häufig auftreten.

19. Stress im Kindesalter mit Entspannungsübungen begegnen

19.1 Erklären Sie, welche konkreten Ziele Sie bei Entspannungsübungen mit Kindern verfolgen.

19.2 Welche Möglichkeiten der methodisch-didaktischen Umsetzung von Entspannungsübungen kennen Sie?

19.3 Beschreiben Sie, wie Ihre Entspannungseinheiten beginnen und enden. Worauf ist zu achten?

19.4 Erproben Sie solche Maßnahmen in ihrer Wirkung auf die Kinder.

19.5 Welche Maßnahmen in der Gestaltung des Tagesablaufs, der Räumlichkeiten und des Miteinanders helfen Kindern, Stress zu reduzieren?

19.6 Sehen Sie den „Bayerischen Bildungs- und Erziehungsplan für Kinder in Tageseinrichtungen bis zur Einschulung“ ein, der online frei zugänglich ist (http://www.ifp.bayern.de/imperia/md/content/stmas/ifp/bildungsplan.pdf). Lesen Sie hierin den Abschnitt „Wir kommen zur Stille“ – Meditation mit Kindern von 0 bis 3 Jahren“ und versuchen Sie, diese Meditation auf Ihre praktische Arbeit zu übertragen.

Krankheiten, Vorbeugung von Krankheiten und Hygiene

20. Hygiene als vorbeugende Maßnahme

20.1 Überlegen Sie, welche Hygienemaßnahmen in einer Kindertagesstätte nötig sind, um die Ausbreitung krankheitserregender Keime zu verhindern, z. B. regelmäßiges Reinigen der Tische nach dem Essen mit einem sauberen Lappen. Stellen Sie die Maßnahmen übersichtlich zusammen.

20.2 Gestalten Sie anschaulich und konkret je ein Bildungsangebot für Kinder im Alter von 3 bis 6 Jahren zur Einführung folgender gesundheitserzieherischer Maßnahmen:
- Reinigung des Esstischs
- Hände waschen

21. Umgang mit Kopfläusen

21.1 Nennen Sie Übertragungswege von Kopfläusen in einer Gemeinschaftseinrichtung.

21.2 Erläutern Sie detailliert, welche Maßnahmen bei einem Befall mit Läusen beim Einzelnen und in der Gruppe ergriffen werden sollten.

21.3 Wie klären Sie die Eltern fachgemäß auf? Entwickeln Sie ein Info-Blatt mit notwendigen Verhaltensregeln.

22. Ernsthaft krank

22.1 Erstellen Sie eine Liste der Krankheiten, die dem Gesundheitsamt gemeldet werden müssen.

22.2 Entwickeln Sie einen möglichen Hygieneplan, wenn ein Kind in der Einrichtung Masern hat.

22.3 Beschreiben Sie, wie bei einem Kind am besten Fieber gemessen wird.

22.4 Erläutern Sie, wann ein krankes Kind auf jeden Fall einem Kinderarzt vorgestellt werden sollte.

22.5 Kranke Kinder benötigen neben Zuwendung auch Abwechslung. Notieren Sie Ihre Ideen für die Beschäftigung eines Kindes, das Bettruhe halten soll.

Ernährung

PRAXIS

23. Kinder und Nahrungsmittel

23.1 Erläutern Sie die Möglichkeit, im Alltag Ihrer Praxiseinrichtung Bioprodukte einzusetzen: Welche Produkte könnten dies sein und welche Vor- bzw. Nachteile hätte das?

23.2 Stellen Sie eine Liste Ihrer regionalen Anbieter für frisches Obst und Gemüse zusammen.

23.3 Welche Prinzipien für gesunde Ernährung sind Ihnen wichtig und welche sehen Sie in Ihrer Einrichtung verwirklicht?

23.4 Erarbeiten Sie die Durchführung eines Bildungsangebots mit Kindern Ihrer Praxisgruppe, bei dem Sie ein gesundes Gericht zubereiten. Gestalten Sie ein bebildertes Rezept. Vorschlag: Gemüsesuppe kochen.
Denken Sie vom Einkauf gesunder Lebensmittel bis hin zur Einnahme einer gesunden Mahlzeit.

24. Recherchieren Sie, wie in Waldorfeinrichtungen gespeist wird: Welche Speisen werden angeboten, wie werden diese zubereitet usw.? (Link-Tipp: www.waldorfkindergarten.de/eltern/paedagogik/grundprinzip/ernaehrung.html)

25. Die Gesundheitserziehung in der Kindheit setzt Meilensteine für ein gesundes Leben. Entwickeln Sie im Team einen Aktionstag (Schule/Einrichtung) unter dem Motto „Gesund leben macht Spaß“. Beachten Sie dabei, dass die dargestellten einzelnen Elemente eines gesunden Lebensstils angemessen berücksichtigt werden (s. Abb.).

26 Atelierkarten für das Lernatelier „Gesundheit, Körper und Bewegung"
Diese Karten gehören zum „Lernatelier Bildungsbereiche" (weitere finden Sie über das Buch verteilt). Bearbeiten Sie ausgewählte Karten. Siehe auch die Erklärung zum Lernatelier auf Seite 17.

Atelierkarte
Bildungsbereich Bewegung und Körper

Arbeitsziel: Reflexion von Fachinhalten

Arbeitsaufgabe: „Gesundheit ist mehr als das Freisein von Krankheit."

- Fassen Sie den Gesundheitsbegriff in eigenen Worten zusammen.
- Leiten Sie dementsprechend die Aufgaben für Gesundheitsförderung für Ihre Arbeit ab.
- Dokumentieren Sie in Ihrem (Portfolio-)Ordner.

Atelierkarte
Bildungsbereich Bewegung und Körper

Arbeitsziel: Reflexion von Fachinhalten

Arbeitsaufgabe: Für den Erhalt und die Förderung der Gesundheit des Kindes ist die Familie wesentlich.

- Welche konkreten Möglichkeiten einer Gesundheitspartnerschaft mit der Familie zeigt Ihr Bildungsplan für frühe Kindheit auf? Dokumentieren Sie in eigenen Worten in Ihrem (Portfolio-)Ordner.
- Vor allem im Bereich der Ernährung kann eine Rückkoppelung von Wissen/Erfahrungen in die Familien geschehen. Geben Sie konkrete Beispiele und diskutieren Sie Ihre Erfahrungen zu zweit oder im Team.

Atelierkarte
Bildungsbereich Bewegung und Körper

Arbeitsziel: Reflexion von Fachinhalten

Arbeitsaufgabe: „Gesellschaftliche Prozesse haben Auswirkung auf die Gesundheit."

- Reflektieren Sie solche Zusammenhänge zu folgenden Aspekten:
  a) Übernahme von Eigenverantwortung für den Körper
  b) Positiver, effizienter Umgang mit Stress
  c) Gesundheit und soziale Lage
- Welche Erfahrungen haben Sie ganz persönlich mit genannten Aspekten für sich gemacht? Dokumentieren Sie Ihre Selbstreflexion im (Portfolio-)Ordner.

Atelierkarte
Bildungsbereich Bewegung und Körper

Arbeitsziel: Reflexion von Fachinhalten

Arbeitsaufgabe: „Vom Greifen zum Be-greifen."

- Fassen Sie diesen Gedanken und weitere, die den Zusammenhang zwischen Bewegung und kognitiver Entwicklung darstellen, in einem Kurzprotokoll für Ihren (Portfolio-)Ordner zusammen.
  [Tipp: z. B. bayerischer BEP, Punkt 7.10 Leitgedanken]
- Welche Zusammenhänge mit der Gesundheit des Kindes kann man herstellen?

Atelierkarte
Bildungsbereich Bewegung und Körper

Arbeitsziel: Reflexion von Fachinhalten

Arbeitsaufgabe: „Eine geeignete Lernumgebung basiert auf einer gesundheitsförderlichen Bauweise, Raum- und Sachausstattung sowie Betriebsführung."

- Was ist im Einzelnen gemeint? Dokumentieren Sie schriftlich.
- Was versteht man unter Betriebsführung?
- Recherchieren Sie die geltenden Hygienevorschriften im Kindergartenbereich (z. B. für Bayern: *www.lgl.bayern.de/downloads/gesundheit/hygiene/doc/merkblatt_kindergaerten.pdf*). Dokumentieren Sie diese in Ihrem (Portfolio-)Ordner.

Atelierkarte
Bildungsbereich Bewegung und Körper

Arbeitsziel: Transfer von Fachinhalten in praktische Bildungsarbeit

Arbeitsaufgabe: „Stressmanagement ist Teil von vorbeugender Gesundheitserziehung."

- Welche Anzeichen von Stress kennen Sie bei sich selbst, welche könnten sich bei Kindern einstellen?
- Welche Hilfestellung können Sie gestressten Kindern als Bezugsperson geben?
- Lesen Sie nach zur Grundhaltung „Empathie".
- Bereiten Sie ein Bildungsangebot für die Zielgruppe(n) Ihrer Praxisstelle vor, welche konkret dem Stressabbau dienen.
  Beispiele: Stille-Übung nach Maria Montessori, „Pizza-Massage", Meditation

Atelierkarte
Bildungsbereich Bewegung und Körper

Arbeitsziel: Transfer von Fachinhalten in praktische Bildungsarbeit

Arbeitsaufgabe: Bewegungsräume gestalten

- Wie kann eine motivierende Lernumgebung für Bewegung aussehen? Beschreiben Sie in Ihrem (Portfolio-)Ordner.
- Suchen Sie in einem Spielmaterialkatalog (Wehrfritz, Dusyma o. a.) geeignete Spielgeräte.
- Zeichnen Sie eine Skizze für einen Bewegungsraum für Vorschulkinder.
- Welche konkreten Möglichkeiten sehen Sie, Bewegungselemente in einen Gruppenraum für U3-Kinder zu integrieren? Beachten Sie spezielle Bewegungselemente nach Emmi Pickler.

Atelierkarte
Bildungsbereich Bewegung und Körper

Arbeitsziel: Transfer von Fachinhalten in praktische Bildungsarbeit

Arbeitsaufgabe: Bewegungsstunden anleiten

- Planen Sie schriftlich eine Bewegungsstunde für eine von Ihnen gewählte Zielgruppe.
- Setzen Sie ganz konkrete Möglichkeiten ein zu den methodischen Aspekten wie
  - Lernen durch Einsicht,
  - Lernen am Modell,
  - Lernen durch Verstärkung.
- Dokumentieren Sie Ihre Ausführungen im (Portfolio-)Ordner.

Atelierkarte
Bildungsbereich Bewegung und Körper

Arbeitsziel: Reflexion von Fachinhalten

Arbeitsaufgabe: „Bewegungserziehung braucht Sicherheitsvorkehrungen zur Unfallvermeidung. Gleichzeitig ist es wichtig, Angstfreiheit zu vermitteln."

- Welche Sicherheitsmaßnahmen stellt Ihr Bildungsplan für frühe Kindheit heraus (z. B. bayerischer BEP, Punkt 7.10)? Dokumentieren Sie diese in Ihrem (Portfolio-)Ordner.
- Wie kann eine vertrauensvolle Atmosphäre einer Ängstlichkeit des Kindes entgegenwirken?

Atelierkarte
Bildungsbereich Bewegung und Körper

Arbeitsziel: Transfer von Fachinhalten in praktische Bildungsarbeit

Arbeitsaufgabe: „Verkehrserziehung ist Teil von Sicherheitserziehung, also vorbeugender Gesundheitserziehung."

- Sammeln Sie in einem Überblick verschiedene Möglichkeiten einer vorsorgenden Verkehrserziehung im Alltag. Denken Sie an Ankunfts- und Abfahrtszeiten im Umfeld der Kita sowie an die Möglichkeiten, wie Kinder in die Einrichtung kommen.
- Welche konkreten Möglichkeiten der Zusammenarbeit mit den Eltern gibt es?

PRAXIS

27. Die Gesundheit der Kinder in der sozialpädagogischen Einrichtung bewusst bewahren und stärken.
Reflektieren Sie schriftlich mithilfe folgender Fragen den Umgang mit gesundheitsförderndem Verhalten in Ihrer Praxiseinrichtung:

- „Haben die Kinder in unserer Einrichtung genügend Mitspracherecht, was die Gestaltung von Räumlichkeiten (zum Toben, Bewegen aber auch Schlafen und Ausruhen) anbelangt?
- Gehe ich selbst als pädagogische Bezugsfachkraft genügend auf das kindliche Bedürfnis nach Bewegung, Schlaf, Erholung und Entspannung ein? Achte ich z. B. auf Müdigkeitssignale von Säuglingen und Kleinkindern?
- Bereite ich Mahlzeiten so zu bzw. ist das Essen so vorbereitet, dass es ein Genuss für die Kinder ist?
- Unterstütze ich die Kinder dabei, selbstständig zu essen?
- Gebe ich den Kindern genügend Raum, um mit Essen experimentieren zu können?
- Inwieweit bin ich für die Kinder ein Vorbild, was Ess- und Ernährungsgewohnheiten angeht?
- Wie aufgeschlossen bin ich selbst gegenüber fremden Speisen oder Getränken?
- Gehe ich beim Essensangebot auch genügend auf Kinder mit anderem kulturellen Hintergrund ein?
- Ist mein Pflegeverhalten (Wickeln, Füttern, Hilfe beim Toilettengang) auf zunehmende kindliche Selbstständigkeit ausgerichtet?
- Inwieweit gehe ich bei der Stärkung körperbezogener Kompetenzen genügend auf Kinder mit Behinderungen ein?“

(Bayerisches Staatsministerium für Arbeit und Soziales, Familie und Integration/Staatsinstitut für Frühpädagogik München (Hrsg.), 2017, S. 89)

28. Bewegung, Entspannung, Körperpflege und Ernährung sind in den ersten Lebensjahren die 4 Säulen der gesundheitlichen Bildung.

28.1 Erläutern Sie, wie Sie Sie diese mittels Vorbild und Nachahmung und in einer positiven Erzieher-Kind-Interaktion fördern können.

28.2 Wie können Sie die Lernumgebung so gestalten, dass sie sich bewegungsanregend, schlaf- und ruhefördernd auswirkt und Mahlzeiten in angenehmer Atmosphäre und mit Genuss eingenommen werden können?

28.3 Entwickeln Sie Ideen, wie Sie Kinder bewusst aktiv an der Gestaltung einer gesundheitsfördernden Umgebung beteiligen können.

28.4 Welche Möglichkeiten der Elternkooperation sind denkbar, um die Gesundheitserziehung auch häuslich zu sichern?

29. Ernährung findet im Wesentlichen in der Familie statt.

29.1 Welche Möglichkeiten der Rückwirkung von gesunder Lebensführung und Ernährung sehen Sie aus der Perspektive der Kita?

PRAXIS

29.2 Geben Sie Impulse für gesunde Ernährung im Rahmen eines Beiblatts der Kindergartenzeitung.

29.3 Bereiten Sie einen Elternabend zum Thema „gesunde Ernährung“ vor und recherchieren Sie, welche Kooperationspartner Sie als Experten einbinden könnten.

22 Ernährung und Hauswirtschaft

Aktionen rund ums Thema Lebensmittel

1. „Bedürfnisse sind Beweggründe für Verhalten.“
Wir bereiten gemeinsam ein gesundes Frühstück für 20 Kinder zu und genießen es gemeinsam.

1.1 Entwickeln Sie einen konkreten Einkaufszettel mit den dazugehörigen Kosten. Stellen Sie die Kosten für konventionell produzierte Lebensmittel denen aus biologischem Anbau gegenüber.

Einkaufszettel konventionell	Einkaufszettel bio

1.2 Für welche Einkaufsmöglichkeit (Supermarkt, Wochenmarkt, Naturkostladen etc.) entscheiden Sie sich? Begründen Sie Ihre Wahl.

1.3 Beschreiben Sie Möglichkeiten, wie die Kinder an der Planung, Vorbereitung und Gestaltung des gesunden Frühstücks partizipieren können.

1.4 Reflektieren Sie mithilfe der Maslow`schen Pyramide (s. Abb.), welche Bedürfnisse der Kinder durch dieses Angebot erfüllt wurden. Vervollständigen Sie mit Ihren Überlegungen das Schaubild auf der nächsten Seite.

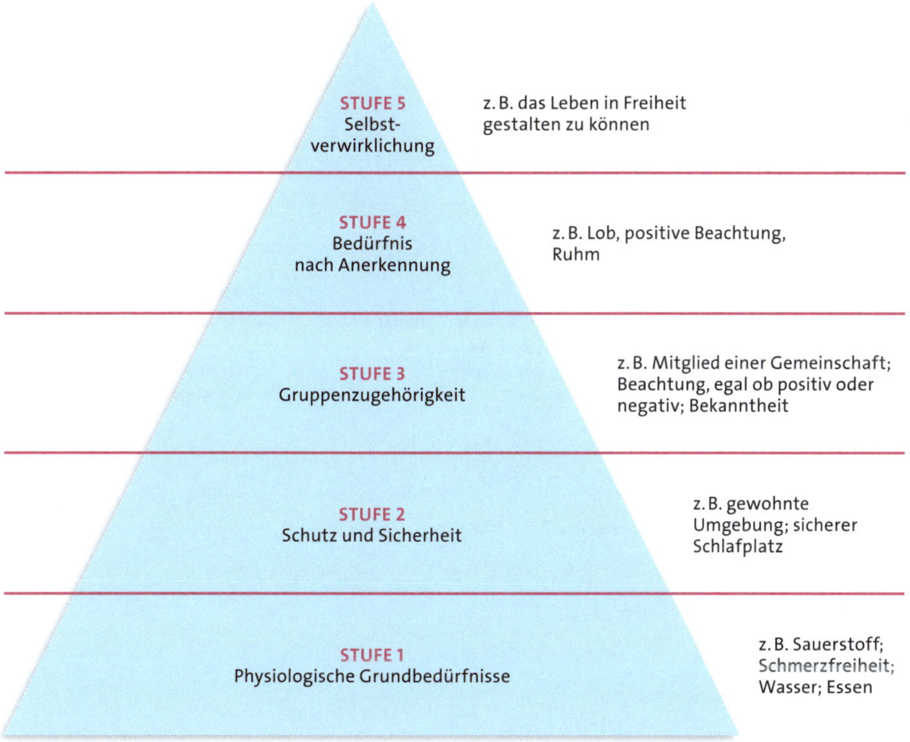

Bedürfnispyramide nach Maslow

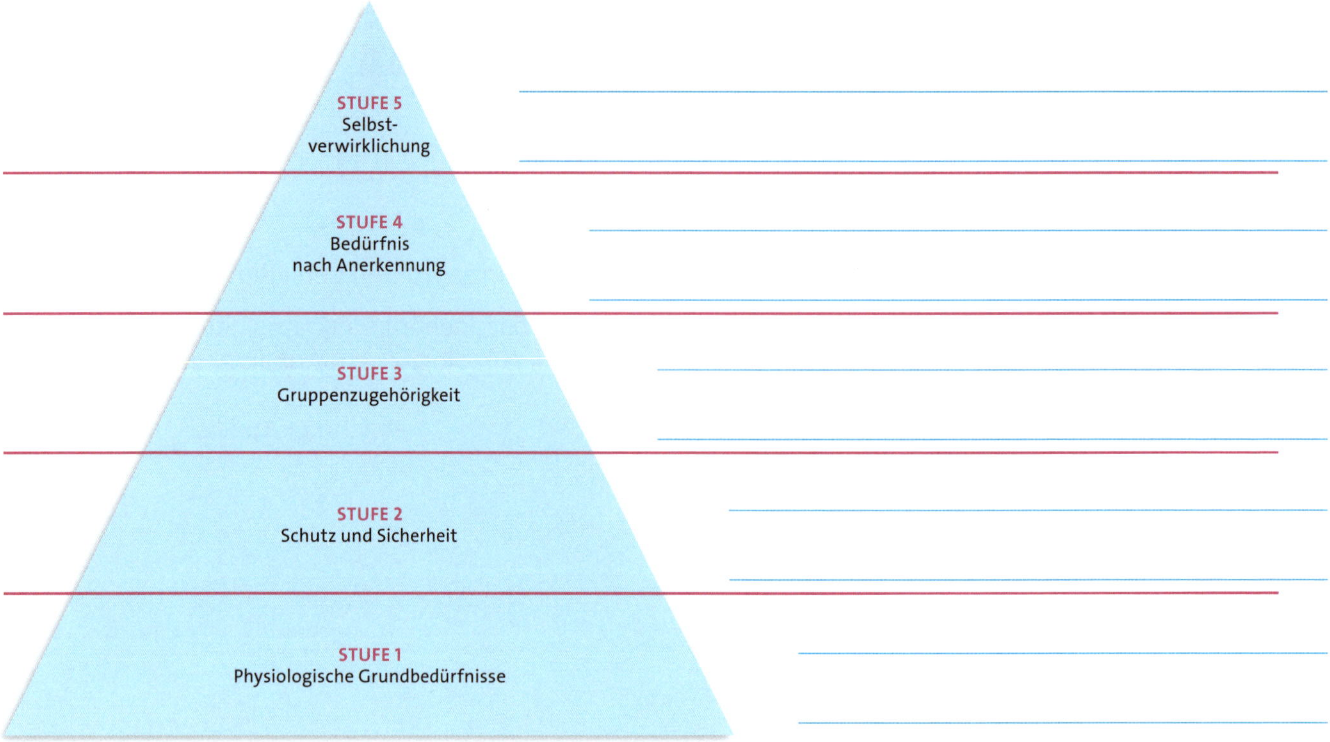

2. Bereiten Sie ein häusliches Bildungsangebot zum Thema Kochen oder Backen vor.

2.1 Beschreiben Sie die Zusammensetzung der Zielgruppe.

2.2 Wählen Sie ein angemessenes Rezept und visualisieren Sie es in einem Bildrezept. Achten Sie dabei auch auf die kindgemäße Darstellung von Maßeinheiten (wiegen, messen, zählen …).

2.3 Planen Sie die Rahmenbedingungen: Skizze zur Raumgestaltung, Zeitplan, Material- und Zutatenliste.

2.4 Kalkulieren Sie die Kosten und klären Sie die Kostenerstattung für das Bildungsangebot.

2.5 Begründen Sie eine Form der Zubereitung, bei der möglichst wenig Nährstoffverlust entsteht (s. folgende Abb.).

Nährstoffverlust bei der Lebensmittelzubereitung

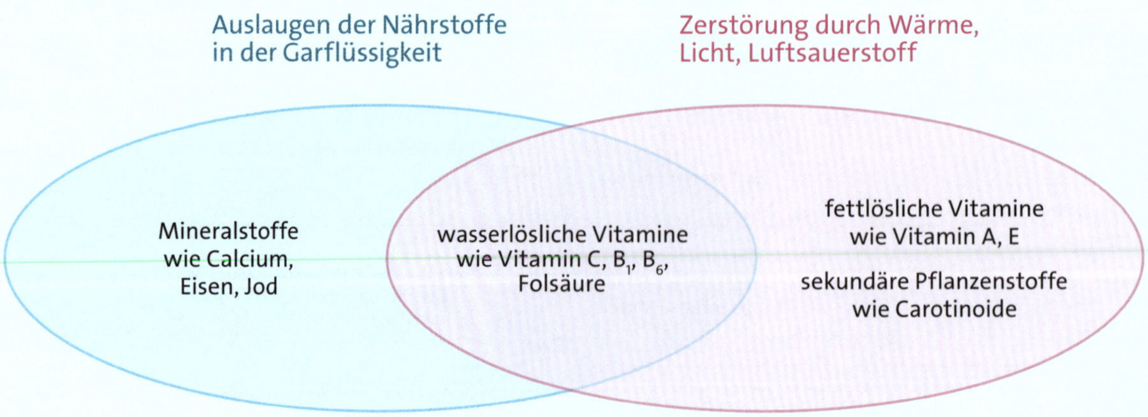

3. Lebensmittel für Kinder – Kinderlebensmittel

3.1 Gehen Sie in einen Supermarkt und sammeln Sie Beispiele für spezielle Kinderlebensmittel. Vergleichen Sie die Werbeaussage mit dem tatsächlichen Inhalt und bewerten Sie das Produkt. Suchen Sie vorteilhaftere Alternativen hinsichtlich Gesundheitswert, Preis und Verpackung. Beziehen Sie in Ihre Überlegungen auch die folgende Abbildung ein.

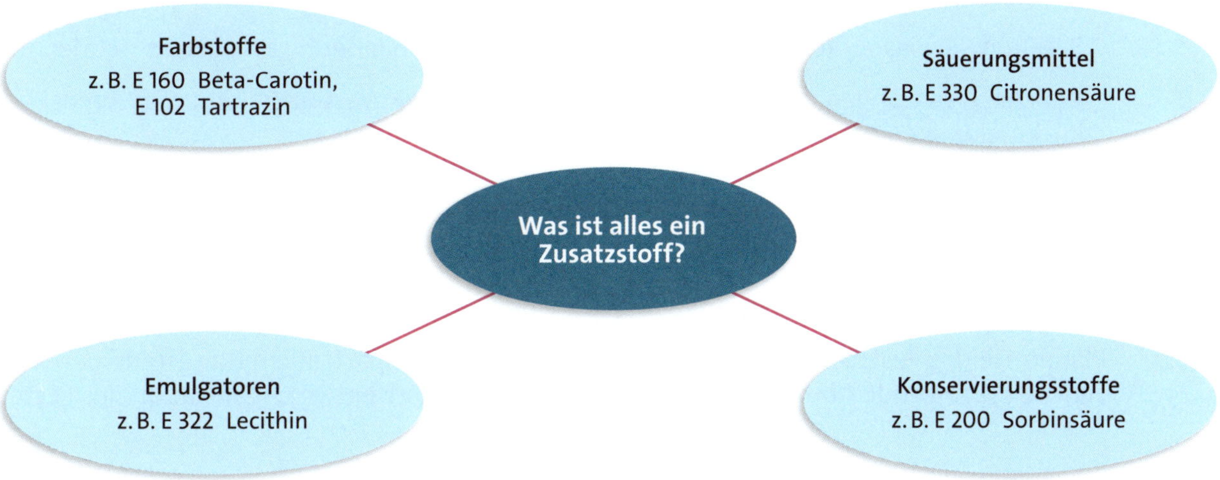

3.2 Gestalten Sie für die Eltern Ihrer Einrichtung ein ansprechendes und anschauliches Informationsblatt „Gesunde Ernährung für Kids". Beziehen Sie dabei die wichtigsten Aussagen der Lebensmittelpyramide und Ihre Erkenntnisse aus der Untersuchung der Kinderlebensmittel mit ein.

4. Diskutieren Sie die Tatsache, dass bestimmten Produkten von der Lebensmittelindustrie Vitamine und Mineralstoffe zugesetzt werden, z. B. mit Vitaminen angereicherte Frühstücksflocken.

Vollwertige Ernährung

5. Welche Nährstoffe bzw. Lebensmittelgruppen werden heute zu viel und welche zu wenig aufgenommen? Notieren Sie Ihre Ergebnisse.

6. Diskutieren Sie die Wertigkeit von Milchprodukten aller Art für Kinder. Denken Sie auch an pflanzliche „Milchprodukte".

7. Überprüfen Sie Ihre eigene Ernährung im Hinblick auf ihre Vollwertigkeit.

7.1 Essen Sie nach den Regeln der DGE?

7.2 Welche Verbesserungen können Sie in Ihrem Kostplan vornehmen?

7.3 Welche 3 Vorsätze setzen Sie kommende Woche um? Reflektieren Sie, wie Sie Ihre Pläne umsetzen konnten.

7.4 Gerade bei der Ernährung gilt: „Früh übt sich ..."
Ziehen Sie Konsequenzen aus dieser Aussage für den Erziehungsalltag.

8. Vollwertig mit Kindern leben

8.1 Recherchieren Sie Kochbücher mit vollwertigen Rezepten für Kinder. Verschaffen Sie sich einen Überblick über die enthaltenen Rezepte.

PRAXIS

8.2 Suchen Sie 3 vollwertige Rezepte für die Kinder in Ihrer Praxisstelle heraus; je eines für die folgenden Mahlzeiten:
- Frühstück
- Mittagessen
- Zwischenmahlzeit

8.3 Bereiten Sie diese 3 Rezepte für sich selbst zu und anschließend gemeinsam mit den Kindern.

8.4 Welche Erfahrungen machen Sie hinsichtlich Frische, Wertigkeit und Geschmack? Welche Rückmeldungen gaben die Kinder?

9. **FALLBEISPIEL** Der *Kindergarten am Schlossberg* plant im Rahmen des interkulturellen Sommerfests ein internationales Büfett gemeinsam mit den Eltern. Es sollen möglichst regionale Produkte der Saison (August) angeboten werden.

9.1 Planen Sie das Fest: Wer macht was? Denken Sie an eine partizipierende Elternkooperation. Nutzen Sie die folgende Abbildung als Hilfestellung für eine effektive Organisation des Festes:

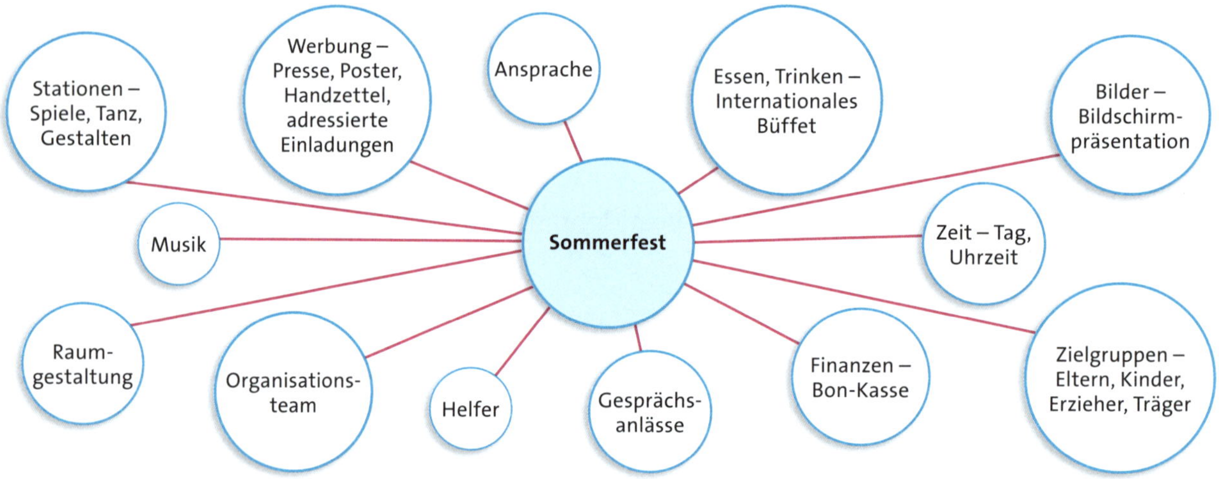

9.2 Welche Speisen könnten auf das internationale Büfett? Tauschen Sie sich im Team aus bzw. recherchieren Sie in Kochbüchern nach entsprechenden Rezepten.

9.3 Im Kindergarten am Schlossberg werden auch muslimische Kinder und deren Familien zum Sommerfest erwartet.

Recherchieren Sie, welche Ernährungsregeln Muslime beachten müssen und überprüfen Sie Ihre Rezeptauswahl dahingehend. Erläutern Sie, wie Sie mit für Muslime ungeeigneten Speisen umgehen wollen, ohne die Angebotsvielfalt einzuschränken.

9.4 Beschreiben Sie den Wert des interkulturellen Sommerfests für die Einrichtung und das zukünftige Alltagsgeschehen in ihr.

PRAXIS

9.5 Welche unterschiedlichen Kulturen und Religionen gibt es in Ihrer Praxiseinrichtung? Recherchieren Sie, ob es ggf. zugehörige Ernährungsregeln gibt, die bei der Verpflegung beachtet werden müssen.

10. **FALLBEISPIEL** Sie machen Ihr Praktikum in einer Einrichtung, die das Mittagessen selbst zubereitet. Am Mittagessen nehmen 19 Kinder, 4 bis 10 Jahre, teil. 4 Kinder essen kein Fleisch, 5 sind übergewichtig. Eines der Kinder hat außerdem eine Histamin-Unverträglichkeit, bei 2 weiteren wurde ein Enzymmangel festgestellt. In Ihrer Teamsitzung stimmen Sie den Speiseplan für die folgende Woche ab.

10.1 Erstellen Sie unter Berücksichtigung der folgenden Abb. einen Wochenspeiseplan für ein vollwertiges Mittagessen.

Lebensmittelunverträglichkeiten

Allergie	Pseudoallergie	Histamin-Unverträglichkeit	Enzymmangel
= eine überschießende, durch das Immunsystem vermittelte Reaktion (Bildung von Antikörpern) frühestens beim 2. Kontakt	= Symptome wie bei einer Allergie ohne Beteiligung von Antikörpern Reaktion schon beim 1. Kontakt	= Empfindlichkeit gegenüber Histamin in Lebensmitteln allergieähnliche Symptome	= Fehlen bestimmter Verdauungsenzyme z. B. Laktoseintoleranz durch zu geringe Aktivität der Laktose im Dünndarm
typische Allergene: Milch, Hühnerei, Soja, Erdnuss	typisch: Zusatzstoffe, natürliche LM-Inhaltsstoffe z. B. von Tomaten, Beeren, Kräutern	histaminreiche LM: Fischkonserven, Rohwurst, Käse, Sauerkraut, Rotwein	typisch: Milch, Milchprodukte je nach Laktosegehalt

10.2 Stellen Sie für die einzelnen Wochentage die Rezepte zusammen.

10.3 Schreiben Sie den Einkaufszettel mit einer Kostenaufteilung.

10.4 Vergleichen Sie die Kosten für Lebensmittel aus konventionellem und biologischem Anbau.

PRAXIS

11. Stellen Sie die Organisation der Verpflegung in Ihrer Praxiseinrichtung bildlich (Fotos oder Zeichnungen) dar.

11.1 Wie gestalten Sie die Mahlzeiteneinnahme/Tischkultur? Gehen Sie auf Vor- und Nachteile dieses Konzepts ein und ziehen Sie Schlussfolgerungen aus Ihren Erkenntnissen.

11.2 Notieren Sie in Tabellenform, wie Zwischenmahlzeiten am Vormittag gestaltet werden. Gehen Sie darauf ein, was und wann gegessen und getrunken wird, wie Tischkultur gepflegt wird und wie die Mahlzeiten organisiert werden.

11.3 Gibt es im Rahmen der Tischkultur kleine Danksprüche oder Tischgebete? Finden Sie passende Anregungen, z. B. in Form von Gebetswürfeln. Erarbeiten Sie selbst ein kleines Kindergebetbuch, welches bei den Mahlzeiten ausliegt.

11.4 Machen Sie Vorschläge für geeignete Zwischenmahlzeiten in Krippe und Kindergarten am Nachmittag. Geben Sie Begründungen für Ihre Auswahl und gehen Sie dabei auch auf die folgende Abbildung ein. Achten Sie dabei besonders auf das Trinken: Welche Getränke sind sinnvoll, welche nicht?

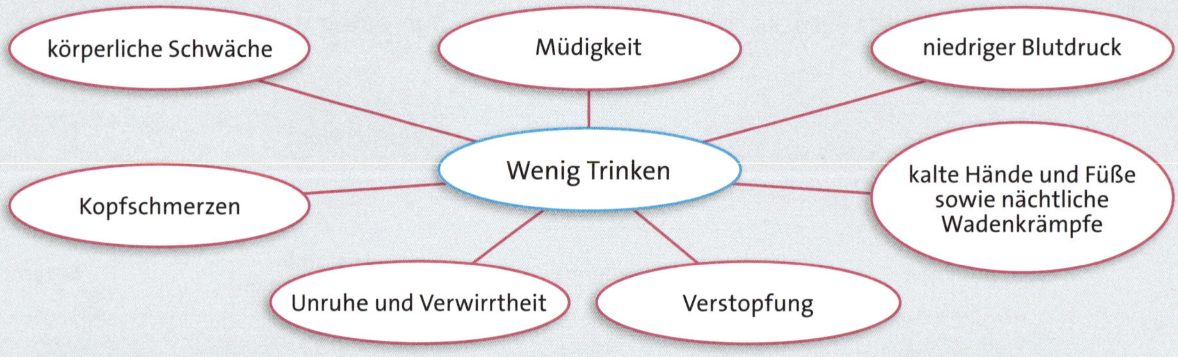

Folgen von Wassermangel

12. Vergleichen Sie die Zusammensetzung von 150 g selbst gemachtem Erdbeerquark mit der von 150 g „Fruchtzwerge". Nutzen Sie die Nährwertangaben auf den Verpackungen.

13. Die „Optimierte Mischkost"

13.1 Erläutern Sie, was unter „optimierter Mischkost" zu verstehen ist.

13.2 Beschreiben Sie ein Beispiel der Umsetzung anhand eines Tageskostplans für Kinder im Alter von 3 bis 6 Jahren. Nutzen Sie die folgende Abbildung als Hilfestellung.
Nennen Sie dabei die entscheidenden Lebensmittelgruppen.

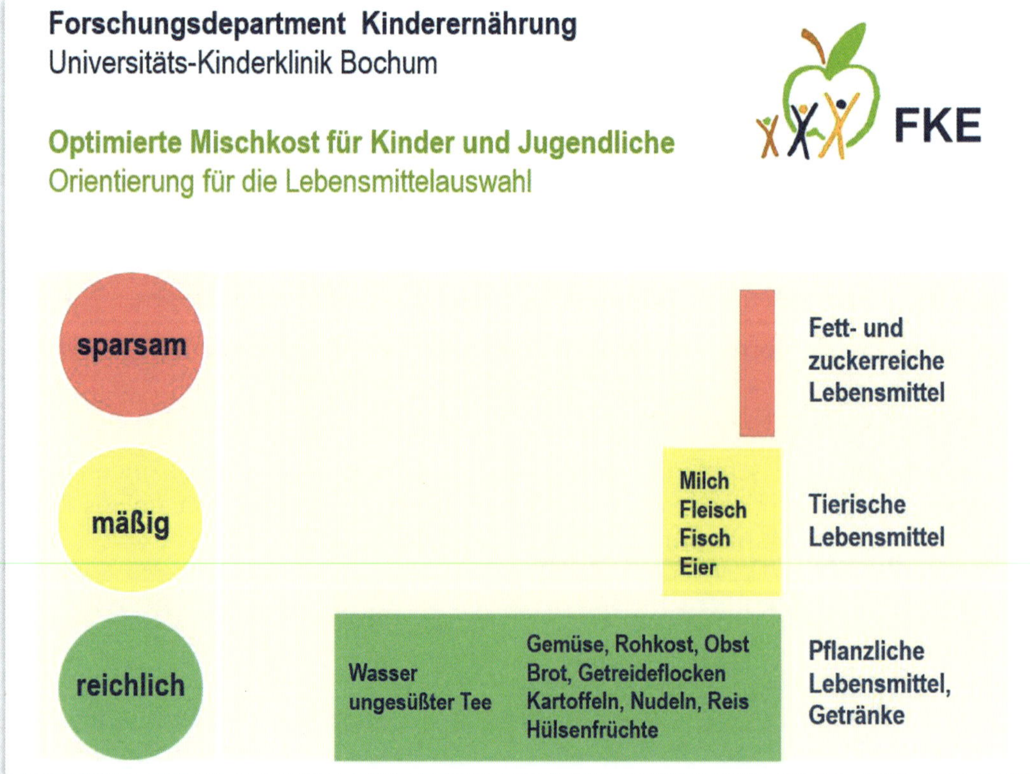

13.3 Viele Menschen in unserer Gesellschaft, auch Eltern, setzen zunehmend auf vegetarische bzw. vegane Ernährung. Was ist diesbezüglich bei Kindern zu beachten? Welche Möglichkeiten haben Sie in der Kita, die Kinder auch an fleischlose Gerichte heranzuführen? Reflektieren Sie dies für Ihre Praxisstelle.

Ernährungserziehung

14. **FALLBEISPIEL** Simon (5;2 Jahre) kommt aus dem Kindergarten zum Mittagessen nach Hause. Seine Mutter ist noch in der Küche beschäftigt. Simon hat Hunger und greift schnell zu einem Schokoriegel und einem Kakaotrunk. Bei Tisch, es gibt Gemüsewrap, hat er keinen Appetit mehr. „Du weißt doch, Mama, dass ich Paprika und Mais nicht mag!", jammert Simon. Doch seine Mutter lässt sich nicht beirren. „Der Teller wird leer gegessen, Gemüse ist gesund. Zur Belohnung gibt es dann noch ein Eis." Mit viel Protest isst Simon den Teller leer. Beim Eis lacht er schon wieder. „Siehst du, du hast alles geschafft! So wirst du auch groß und stark", tröstet die Mutter.

14.1 Beurteilen Sie das Verhalten von Simons Mutter. Nennen und erläutern Sie Probleme, die sich daraus für Simons Essverhalten ergeben.

14.2 Beurteilen Sie vor dem Hintergrund Ihrer fachlichen Kenntnisse Ernährungsregeln, die Sie in Ihrer Kindheit hatten.

14.3 Immer mehr Kinder leiden an Adipositas. Wie können Sie in der Kita bewusst gegensteuern?

14.4 Nehmen Sie Stellung zu folgender Aussage: „Wenn du nicht ordentlich isst, gibt es keinen Nachtisch." Gehen Sie dabei auf die Bedeutung einer vollständigen und vollwertigen Mahlzeit ein.

14.5 Reflektieren Sie Ihr eigenes Essverhalten. Gehen Sie dabei auch auf die folgende Abbildung ein.

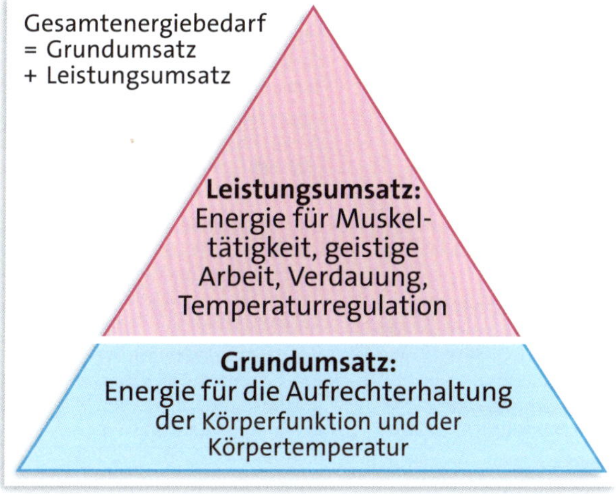

Gesamtenergiebedarf

15. Überlegen Sie geeignete „Tisch- und Essregeln" für die Ernährungserziehung. Erstellen Sie dazu ein ansprechendes Poster für die Kita.

16. „Eine saisonale Küche ist nicht nur frisch, sondern auch umweltschonend."

16.1 Begründen Sie beide Aspekte dieser Aussage. Wo sehen Sie weitere Vorteile?

16.2 Erarbeiten Sie anhand eines Saisonkalenders einen Speiseplan für Kita-Kinder für einen Tag. Berücksichtigen Sie das Mittagessen und 2 Zwischenmahlzeiten.

17. **FALLBEISPIEL** Eine Mutter berichtet, dass ihre Tochter nur noch Kinderlebensmittel, z. B. Riegel, Schnitten, Puddings, als Zwischenmahlzeit essen wolle. Normale Lebensmittel schmeckten ihr nicht.

17.1 Definieren Sie den Begriff „Kinderlebensmittel". Warum sind sie so ansprechend?

17.2 Welche Probleme verbinden sich mit solchen Nahrungsmitteln für Ernährungsgewohnheiten und die Gesundheit?

17.3 Erklären Sie der Mutter, wie sie eine Ernährungsumstellung durchführen kann und welche Vorteile dies für die Familie hat.

Literatur- und Quellenverzeichnis

Arnold, Rolf: Wie man lehrt, ohne zu belehren. Carl Auer, Heidelberg 2013, S. 169–173

Bayerisches Staatsministerium für Arbeit und Soziales, Familie und Integration/Staatsinstitut für Frühpädagogik München (Hrsg.): Bildung, Erziehung und Betreuung von Kindern in den ersten drei Lebensjahren, Handreichung zum Bayerischen Bildungs- und Erziehungsplan für Kinder in Tageseinrichtungen bis zur Einschulung, verlag das netz, Weinheim 2017

Bayerisches Staatsministerium für Arbeit und Sozialordnung, Familie und Frauen/Staatsinstitut für Frühpädagogik (Hrsg.): Der Bayerische Bildungs- und Erziehungsplan für Kinder in Tageseinrichtungen bis zur Einschulung. Cornelsen, Berlin, 5. Auflage 2012 URL: *www.ifp.bayern.de/imperia/md/content/stmas/ifp/bildungsplan.pdf* (Abruf 17.07.2017)

Bayerisches Staatsministerium für Arbeit und Sozialordnung, Familie und Frauen/Staatsinstitut für Frühpädagogik (Hrsg): Bildung, Erziehung und Betreuung von Kindern in den ersten drei Lebensjahren. Handreichung zum Bayerischen Bildungs- und Erziehungsplan für Kinder in Tageseinrichtungen bis zur Einschulung. Verlag das netz, Weimar/Berlin 2010, S. 28

Bensel, Joachim/Haug-Schnabel, Gabriele: Kinder beobachten und ihre Entwicklung dokumentieren. In: Kindergarten Heute Spezial. Herder, Freiburg 2006, S. 58

Bernstein, Saul/Lowy, Louis (Hrsg.): Untersuchungen zur sozialen Gruppenarbeit. Lambertus, Freiburg 1988

Braukhane, Katja/Knobeloch, Janina: Das Berliner Eingewöhnungsmodell. URL: *www.kita-fachtexte.de/uploads/media/KiTaFT_Braukhane_Knobeloch_2011.pdf* (Abruf 11.05.2016)

de Saint-Exupery, Antoine: Der kleine Prinz. Karl Rauch, Düsseldorf 1997, S. 68

de Saint-Exupery, Antoine: Die Stadt in der Wüste (Citadelle). Karl Rauch, Düsseldorf 1956

Dörfler, M./Klein, L.: Konflikte machen Kinder stark. Streitkultur im Kindergarten. Herder, Freiburg 2003

Ellermann, Walter (Hrsg.): Recht und Organisation für Erzieherinnen und Erzieher. Handwerk und Technik, Hamburg 2016

Fthenakis, Wassilios: Bildung neu definieren. URL: *www.fthenakis.de/cms/BetrifftKinder_01-09.pdf* In: Betrifft Kinder, Heft 01/2009, S. 6 ff.

Gordon, Thomas: Familienkonferenz. Die Lösung von Konflikten zwischen Eltern und Kind. Hoffmann und Campe, Hamburg 1972, S. 55

Gordon, Thomas: Lehrer-Schüler-Konferenz. Wie man Konflikte in der Schule löst. Hoffmann und Campe, Hamburg 1977, S. 61

Gudjons, Herbert/Pieper, Marianne/Wagener, Birgit: Auf meinen Spuren. Das Entdecken der eigenen Lebensgeschichte. Bergmann und Helbig Verlag, Hamburg 1996, S. 24

Hansen, R.: Kinderstube der Demokratie. Schleswig-Holsteinisches Modellprojekt 2006. Zitiert nach Maywald, J.: Kinder haben Rechte. Weinheim 2012

Hebenstreit-Müller, Sabine: Beobachten lernen – das Early Excellence Modell. Dohrmann Verlag Berlin (dvb), Berlin 2013

Heinz, Hanna/Pollack, M., FAKS Lindau: Rahmensituation Familienzentrum Kindervilla Kunterbunt

Heller, Elke/Preissing, Christa: Der Situationsansatz. In: klein & groß, Heft 6/2000, S. 22–26

Henning, Gudrun/Pelz, Georg: Merkmale nützlicher Verträge. In: Marona-Glock/Höhl-Spenceley, Sozialmanagement Praxisanleitung. Cornelsen, Berlin 2002

Herold, Cindy/Herold, Martin: Unsere Philosophie. Ulm 2016, URL: *www.sol-institut.de/das-sol-institut/unsere-philosophie/* (Abruf 15.06.2017)

Jugendamt Bielefeld: Was Kinder brauchen – Sieben Grundbedürfnisse. URL: *www.bielefeld.de/ftp/dokumente/WasKinderbrauchen_Internetneu.pdf* (Abruf 25.07.2015)

Kobelt Neuhaus, Daniela/ Refle, Günter: Inklusive Vernetzung von Kindertageseinrichtung und Sozialraum, 2013. URL: *www.weiterbildungsinitiative.de/uploads/media/Exp_37_Kobelt_Neuhaus_Refle.pdf* (Abruf 20.07.2017)

Kühn, Martin: Bausteine einer „Pädagogik des Sicheren Ortes" – Aspekte eines pädagogischen Umgangs mit (traumatisierten) Kindern in der Jugendhilfe, Fachtagung Merseburg, 17./18.02.2006 URL: *www.jugendsozialarbeit.de/media/raw/martin_kuehn.pdf* (Abruf 17.07.2017)

Laevers, F. (Hrsg.): Beobachtung und Begleitung von Kindern (Leuwener Engagiertheitsskala). Centre for Experiential Education, Leuwen/Belgien 2009

Meier, Rolf: Praxis Weiterbildung. Gabal, Offenbach 2005, S. 298

Morgenstern, Christian: Wir fanden einen Pfad. Piper, München 1925

PEKIP e. V.: Leitbild. Duisburg 2005, URL: *www.pekip.de/system/assets/assets/6/PEKiP_e.V._Leitbild.pdf* (Abruf 11.05.2017)

Pikler, Emmi/Tardos, Anna: Miteinander vertraut werden. Wie wir mit Babies und kleinen Kinden gut umgehen – ein Ratgeber für junge Eltern. Herder Spektrum, Freiburg 1997, S. 62

Pikler, Emmi: Laßt mir Zeit – Beziehungsvolle Säuglingspflege. Pflaum, München 2001

Reich, Kersten: Placemat-Methode. In: Methodenpool der Uni Köln. 2012. URL *http://methodenpool.uni-koeln.de/placemat/frameset_vorlage.html* (Abruf 15.06.2017)

Staatsinstitut für Schulqualität und Bildungsforschung: Handreichung Umsetzungshilfen zum Lehrplan für Berufsfachschulen für Kinderpflege. München, 2013, S. 39. URL: *www.isb.bayern.de/download/14486/handreichung_bfs_kinderpflege_gesamt_2013.pdf* (Abruf 03.05.2017)

Stockmann, M./FAKS Regensburg: Arbeitspapier „Pädagogisches Handlungskonzept" vom 05.05.2006, URL: *http://faks-bayern.de/intern/download/pph05/regensburg-leitfaden_handlungssituation.doc* (Abruf 13.04.2014)

Textor, Martin: Lew Wygotski – entdeckt für die Kindergartenpädagogik. In: Klein & Groß, Heft 11/12 1999, S. 36–40

Übereinkommen der Vereinten Nationen über die Rechte des Kindes (UN-Kinderrechtskonvention) vom 20. November 1989

Übereinkommen der Vereinten Nationen über die Rechte von Menschen mit Behinderungen (UN-Behindertenrechtskonvention) vom 13. Dezember 2006

Vandenbussche, E., Kog, M., Depondt, L., Laevers, F.: Die Leuwener Engagiertheitsskala. Beobachtung und Begleitung von Kindern. Centre for Experiential Education. Leuven/Belgien 1995

Vanistendael, Stefan: Wachsen im Auf und Ab des Lebens. In: Sturzbecher (Hrsg.), Kinder stark machen. 2003, S. 37. URL: *http://sturzbecher.de/wp-content/uploads/kinder-stark-machen.pdf* (Abruf 03.07.2017)

Vopel, Klaus W.: Interaktionsspiele. Iskopress, Salzhausen 2012

Wygotski, Lew: Ausgewählte Schriften. Band 2. Pahl-Rugenstein, Köln 1987, S. 83

www.arnostern.com – Pädagoge und Maler Arno Stern

www.sabinehirler.de – Musikpädagogin Sabine Hirler

Bildquellenverzeichnis

123RF GmbH, Nidderau: S. 99 (ANTONINA BILOBROVSKA); 185 (ANTONINA BILOBROVSKA); 186/2 (ANTONINA BILOBROVSKA)

Alamy Ltd., Oxon, Großbritannien: S. 44 (Stock Connection Blue/Alamy Stock Foto)

Forschungsdepartment Kinderernährung (FKE) Universitätklinik für Kinder- und Jugendmedizin Ruhr-Universität Bochum Alexandrinenstraße 5, Bochum: S. 222

Holzdesign – Axel Grund, Gräfenroda: S. 103

iStock.com, Dublin, Irland: S. 34/1 (likstudio), 3 (romrodinka); 45/1 (FatCamera); 65/1 (dondesigns); 102/1 (dondesigns)

Schaalburg, Bianca, Berlin: S. 4; 5; 21; 48; 49; 61; 63; 69; 71; 78; 83; 95; 100; 104; 107; 122; 123; 132; 150; 152; 158; 160; 166; 167; 168; 174; 177; 186/1; 189; 190; 192; 196; 201; 206; 208/1; 216

Shutterstock Images LLC, New York, USA: S. 45/2 (kzww); 137 (Dxinerz-Pvt-Ltd); 172/1 (Gelpi), 2 (Len44ik)

stock.adobe.com: S. 34/2 (Marcel Mooij), 4 (TomaszWojnarowicz), 5 (Maxim Tapikov); 65/2 (scusi); 74 (romy mitterlechner); 93 (Robert Kneschke); 102/2 (Sylwia Nowik); 106 (Peter Kögler); 115 (Petra Röder); 134 (franzidraws); 138 (scusi); 147 (udomsook); 156 (PrintingSociety); 181 (scusi); 183 (scusi); 191/ 1–9 (Hein Nouwens), 10–12 (la_puma), 13–18 (Hein Nouwens), 22–27 (Hein Nouwens); 193/1 (egorka87), 2 (egorka87), 3 (egorka87), 4 (tatianasun); 195/1–3 (Sebastian Kaulitzki); 208/2 (Liddy Hansdottir); 209 (Scusi); 210 (drubig-photo)

Verlag Handwerk und Technik GmbH, Hamburg: S. 165, 191/19–21, 28–30